나만 알고 싶은

아이패드 드로잉의 모든 것

나만 알고 싶은

아이패드 드로잉의 모든 것

프로크리에이트로 시작하는

감각적인 디지털 드로잉

최미경(ENSEE) 지음

CRETA

차례

CHAPTER 2.

핵심 기능 마스터하기

나의 취향 모음, 수집 노트

CHAPTER 3.

다양한 재료로 그리기

그림으로 시작하는 플랜테리어, 식물 도감

CHAPTER 4.

여러 가지 스타일 타이틀 만들기

기록하고 싶은 맛, 레시피 노트

CHAPTER 5.

일러스트 소스 저장과 활용

더 많이 애정하는 법, 위시리스트

CHAPTER 6.

그리기 실력 업그레이드

하루를 오래 간직하는 법, 그림일기

CHAPTER 7.

나만의 굿즈 만들기

취미에서 N잡까지, 내가 그린 그림 활용법

그림으로 기록하는 나의 이야기

안녕하세요. 일러스트레이터 ENSEE(최미경)입니다.

'일러스트레이터'라는 직업으로 저를 소개하며 활동한 지 어느새 18년 차에 접어 들었어요. 18년이라는 시간은 저에게도 와닿지 않는 시간인데요. 그냥 좋아서, 재미있어서 시작했던 그림은 직업이 되고 삶이 되었습니다.

저에게 그림은 때로는 꿈을 꾸게 하고 때로는 이상과 현실의 간극에서 좌절하게 만들기도 해요.

자고 새면 붓을 든다. 이 무슨 지독한 형벌인가.
오늘도 자잘한 수채화를 십수 장 그렸다.
이 지독한 형벌이 내 인생의 구원의 길처럼 되어 있으니
죽자 살자 계속하는 수밖에 없다.
_ 김환기

김환기 화백의 말처럼 어쩌면 그림은 저에게 구원의 길 같은 것이었을지도 모르겠다는 생각이 듭니다. 그래서인지 '잘' 그려야 한다는 마음은 부담감으로 작용해 점점 그리는 즐거움에서 멀어지게 만들기도 했어요. 지금은 대단한 의미가 담긴 그림이 아닌 오늘 아침에 먹은 빵과 커피 한 잔, 길에서 만난 꽃, 친구가 키우는 고양이와 강아지 같은 소소한 일상을 그리며 그리는 즐거움을 찾고 있습니다.

이 책에는 그런 그림들을 그릴 수 있는 방법을 담고 싶었어요.

나의 취향, 예쁜 식물들, 좋아하는 요리의 레시피, 장바구니 속 위시리스트, 기억하고 싶은 하루 등 작은 것이라도 의미 있게 다가온 것들을 그린 그림에는 그 시기의 관심사, 취향, 추억, 이야기들이 선명하게 담기고, 그 자체로 기록이 됩니다.

여러분이 기록하고 싶은 순간은 어떤 모습인가요?

무한한 아이패드 디지털 드로잉의 세계

제가 그림을 시작할 때만 하더라도 디지털 드로잉은 손 그림에 비해 묘하게 인정받지 못하는 분위기가 있었지만, 이제 디지털 드로잉도 손 그림 못지않은 표현이 가능해지면서 한계는 점점 사라지고 필수 스킬 중 하나로 자리 잡았어요. "1인 1아이패드"라는 말이 생겨날 만큼 아이패드가 보급되고 그림에 관심을 가지는 분들도 많아졌습니다.

온, 오프라인 수업을 진행하면서 많은 수강생분들을 만나볼 수 있었는데요. 처음에는 수업 예제를 보며 하나같이 "이런 그림을 제가 그릴 수 있을까요?"라는 의문으로 시작하지만 점점 예제 못지않은 그림들을 그릴 수 있다는 사실에 신기해하셨어요.

약간의 방법만 안다면 그림은 '누구나' 그릴 수 있어요. 아이패드를 사용한 디지털 드로잉은 터치 한 번이면 실수를 되돌릴 수도 있고, 장소와 재료에 구애받지 않고 간편히 사용할 수 있기 때문에 처음 그림을 시작하는 분들에게 더할 나위 없는 그림도구예요.

이 책에는 그리기 위한 프로크리에이트의 핵심 기능부터 다양한 재료의 느낌을 표현할 수 있는 브러시와 텍스처 사용법, 레이어를 활용한 손쉬운 채색 방법까지 조금 더 효율적으로 그릴 수 있는 저의 디지털 드로잉 노하우를 모두 담았습니다.

표현하고 싶은 느낌을 표현하는 방법을 하나씩 알아갈수록 디지털 드로잉이 재미있고 조금 더 가깝게 다가올 거예요.

2023년 8월 최미경(ENSEE) 드림

Ensee

아이패드 드로잉 준비하기

일러두기

1. 국립국어원의 한글 맞춤법과 외래어 표기법을 따랐으나, 관용적으로 굳어진 일부 용어에는 예외를 두었습니다.
2. 프로크리에이트의 최신 버전(2023년 6월 기준)을 바탕으로 집필했습니다.
3. 메뉴 버튼은 [ ]로, 메뉴를 찾아가는 과정은 →로, 그리는 과정에서 중요한 부분은 진하게 강조 표시했습니다.

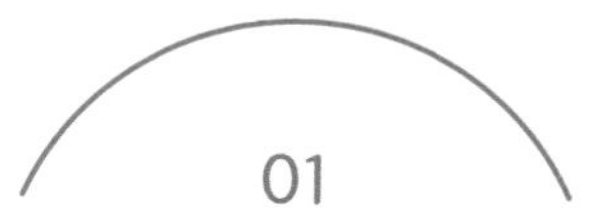

아이패드 드로잉을 위한 준비물

❶ 아이패드와 애플펜슬

아이패드로 그림을 그리려면 **아이패드**와 **애플펜슬**이 필요합니다.
어떤 기종이든 상관없지만 기종에 따라 호환 가능한 애플펜슬이 다르니 구입하려는 아이패드가 어떤 애플펜슬을 지원하는지 확인해 주세요.
아이패드는 기종에 따라 성능이 상이하고 크기도 다양해요. 나의 사용 환경에 맞는 아이패드를 선택합니다. 자주 들고 다니며 사용하고 휴대성이 중요하다면 11형, 전문적으로 그림을 그리거나 큰 화면을 선호한다면 12.9형 아이패드를 추천합니다.

애플펜슬 1세대 호환 기기

iPad Mini 5세대
iPad 6~10세대
iPad Air 3세대
9.7형 iPad Pro
10.5형 iPad Pro
12.9형 iPad Pro 1~2세대

애플펜슬 2세대 호환 기기

iPad Mini 6세대
iPad Air 4~5세대
11형 iPad Pro 1~4세대
12.9형 iPad Pro 3~6세대

❷ 아이패드 액세서리

아이패드 케이스

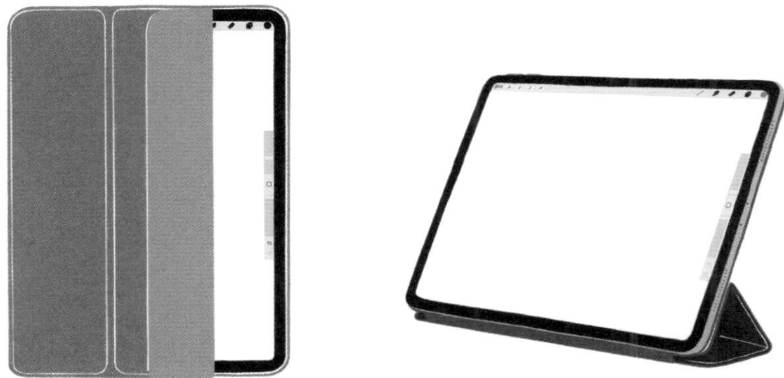

아이패드 보호를 위한 필수 액세서리입니다. 파우치, 케이스, 커버형 등 여러 가지 제품들이 있는데요. 아이패드는 그림을 그릴 때, 필기할 때, 영상을 시청할 때도 항상 세워서 사용해요. 거치대를 따로 준비하지 않아도 커버를 접어서 아이패드를 간단하게 거치할 수 있는 형태의 '스마트 커버 케이스'를 추천합니다.

액정 보호 필름

외부의 충격으로부터 액정을 보호합니다. 강화유리 필름, 종이 필름이 대표적이에요. 강화유리 필름은 두꺼워 가장 튼튼하지만, 빛 반사가 심해서 조명이 있는 곳에서는 화면을 확인하기가 어려워요. 종이 필름은 마찰력이 있어 필기감이 좋고 실제로 종이에 그리는 것 같은 느낌을 주지만 노이즈(레인보우) 현상으로 화질이 저하되어 보이는 단점이 있습니다.

저는 액정 보호 필름을 사용하지 않아요. 선명한 화질을 확인하며 그림을 그릴 수 있습니다.

애플펜슬 팁(펜촉)

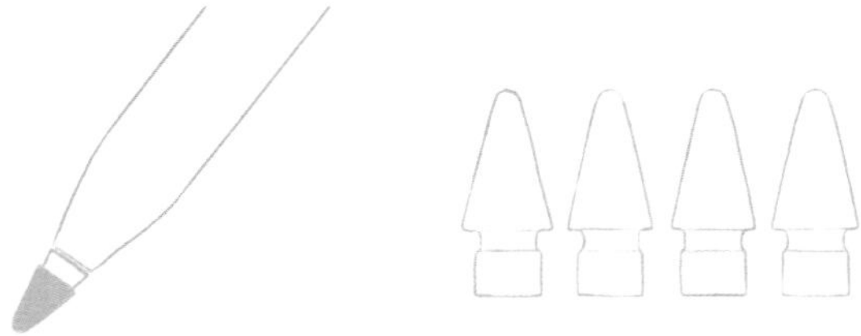

디지털 드로잉에 익숙하지 않을 경우, 미끄러운 액정에서 애플펜슬을 사용할 때 마찰력을 더할 수 있는 종이 필름이나 펜촉, 보호 캡 같은 액세서리를 사용합니다. 정품 펜촉이 아닌 제품은 액정에 손상을 줄 수 있고 보호 캡은 사용하면서 늘어나 벗겨질 수 있어요. 특히 펜촉이나 보호 캡을 종이 필름과 함께 사용하면 마찰력이 늘어나 보호 캡에 구멍이 나거나 펜촉 마모 속도가 빨라집니다. 액정 보호 필름과 애플펜슬 팁 중 하나만 사용하길 권장하며 정품 팁을 구매하고 마모되었을 때 교체하는 방식을 추천합니다. 정품 애플펜슬 팁은 4개에 28,000원으로 정품이 아닌 제품과 가격 차이가 크지 않아요.

애플펜슬 케이스

그립감을 높이고 애플펜슬을 개성 있게 꾸밀 수 있는 애플펜슬 케이스는 붙이는 스킨형과 씌우는 커버형이 있습니다. 스킨은 붙이기도 어렵고 스티커 이음새 부분이 손에 느껴져 그립감이 좋지 않습니다. 커버형은 애플펜슬 전체를 보호하고 그립감이 좋지만 실리콘 제품은 사용하면서 점점 늘어나 벗겨지는 단점이 있어요.

아이패드 거치대

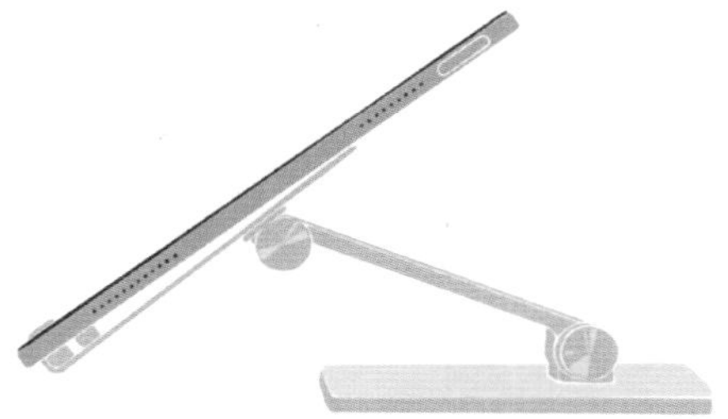

각도와 높이를 조절할 수 있는 거치대는 추천하는 액세서리 중 하나입니다. 높이까지 조절할 수 있는 한 거치대는 대부분 무거워서 휴대하기는 어렵지만, 집에서 작업할 때 손과 목이 편안한 위치에 두고 거치대 높이와 각도를 조절하면 편안한 자세로 그림을 그릴 수 있어요.

프로크리에이트 앱

프로크리에이트는 대표적인 드로잉 앱이며, 직관적인 인터페이스와 간편한 사용 방법으로 누구나 쉽게 디지털 드로잉에 접근하기 좋습니다.

❶ 프로크리에이트 설치하기

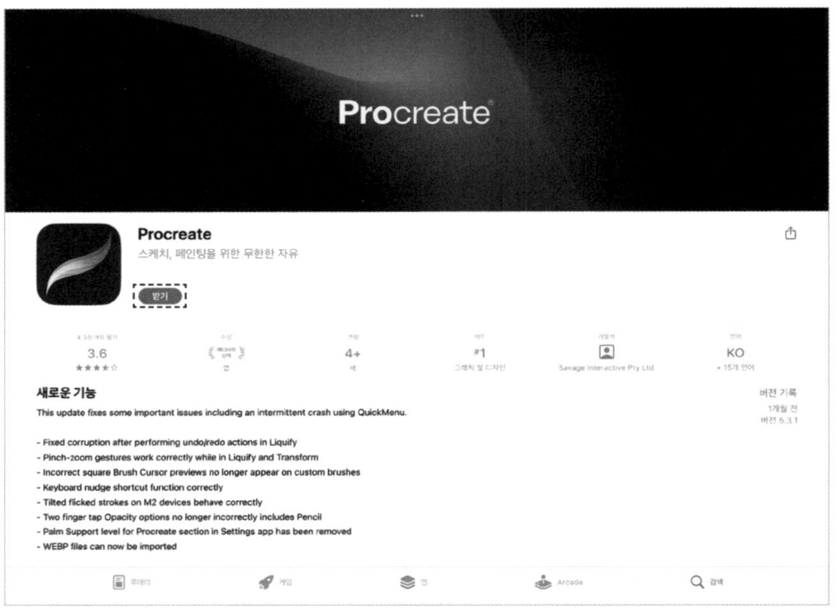

'프로크리에이트' 앱은 앱 스토어에서 유료(12,000원)로 다운로드할 수 있어요. 유료 앱이지만 업데이트를 통해 유용한 기능들이 계속 추가되고, 한 번 결제하면 추가 비용 없이 영구적으로 사용할 수 있습니다. 앱 스토어 검색 창에서 '프로크리에이트' 또는 'Procreate'를 검색한 뒤 **[받기]**를 눌러 앱을 다운로드합니다.

예제 파일 준비하기

❶ ENSEE 예제 파일 소개

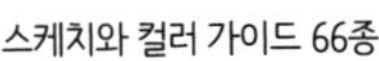

스케치와 컬러 가이드 66종

텍스처 6종

ENSEE 커스텀 브러시 6종

이 책에서는 66종의 스케치와 컬러 가이드, 종이 질감 텍스처 3종, 오일파스텔 텍스처 2종, 캔버스 텍스처 1종과 함께 ENSEE 커스텀 브러시 6종을 제공합니다.

- 스케치와 컬러가이드 사용법 114쪽
- 텍스처 사용법 152쪽
- ENSEE 커스텀 브러시 사용법 61쪽

아이패드 카메라로 QR 코드를 찍으면 예제 파일과 브러시를 다운로드할 수 있어요.

❷ 예제 파일 저장하기 : 스케치, 컬러 가이드, 텍스처

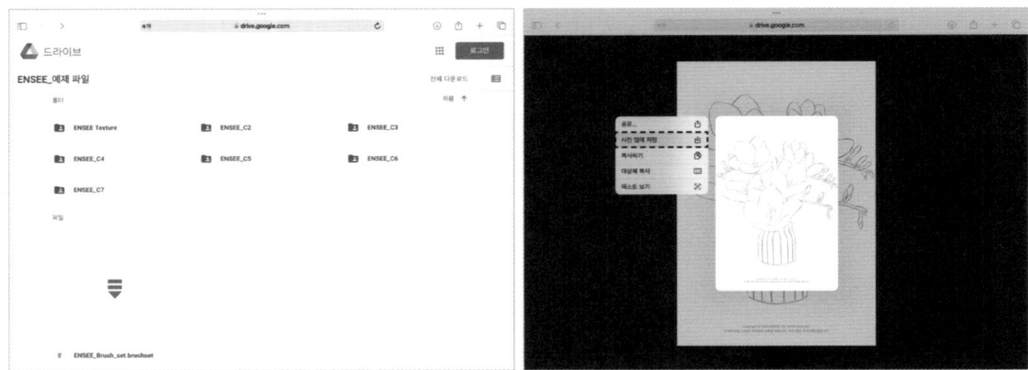

QR 코드 링크에 접속하면 **'구글 드라이브'**에 각 챕터 별로 예제 파일이 정리되어 있어요. 폴더 안의 다운로드할 이미지 파일을 선택하면 **'미리보기' 창**이 나타납니다. 미리보기 창의 이미지를 꾹 누르면 나타나는 옵션에서 **'사진 앱에 저장'**을 눌러 아이패드에 예제 파일을 저장해 주세요.

❸ ENSEE 브러시 세트 설치하기

QR 코드 링크의 구글 드라이브에서 **'ENSEE_Brush_set.brushset'** 파일을 눌러 다운로드해 주세요.

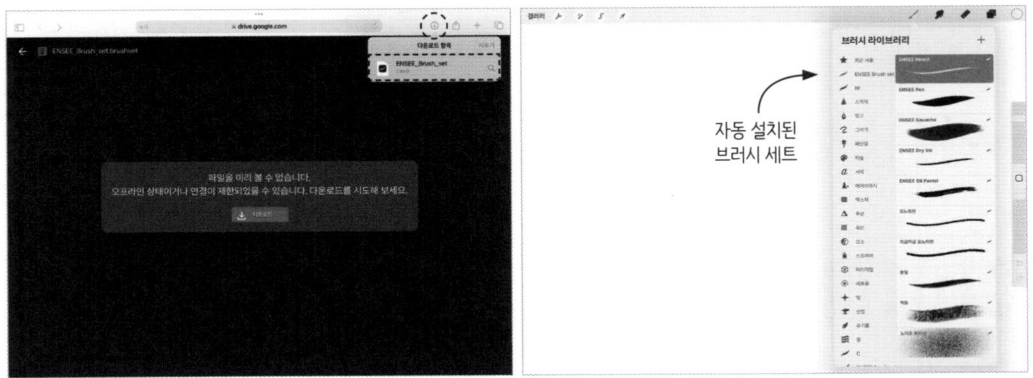

오른쪽 상단 **'다운로드 항목'** 아이콘을 누르면 나타나는 다운로드 파일 리스트에서 브러시 세트 이름 부분을 누르면 프로크리에이트에 브러시 세트가 **자동으로 설치**됩니다.

- 이 책에서 제공하는 모든 파일의 저작권은 저자에게 있습니다.
- 저작권 보호를 받는 저작물이므로 상업적 사용과 무단 전재 및 무단 복제를 금합니다.
- 'ENSEE 커스텀 브러시'를 사용해 제작한 창작물은 상업적 사용이 가능합니다.
- 'ENSEE Texture'를 사용해 제작한 창작물은 상업적 사용이 불가합니다.

아이패드 디지털 드로잉 시작하기

01 첫 화면 살펴보기

02 새로운 캔버스 만들기

03 한눈에 보는 인터페이스

04 제스처 기능으로 편리하게

05 디지털 드로잉의 꽃, 레이어

06 브러시 사용법과 그리기 도구

07 그리기 위한 프로크리에이트 핵심 기능 모음

아이패드 드로잉을 위한 프로크리에이트
주요 기능을 살펴보아요.

#캔버스 #인터페이스 #제스처 #퀵 셰이프 #브러시
#레이어 #알파 채널 #클리핑 마스크 #레퍼런스
#스플릿 뷰 #선택 툴 #변형 툴 #그리기 가이드
#픽셀 유동화 #텍스트 추가

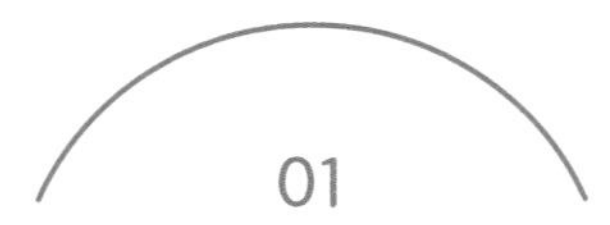

첫 화면 살펴보기

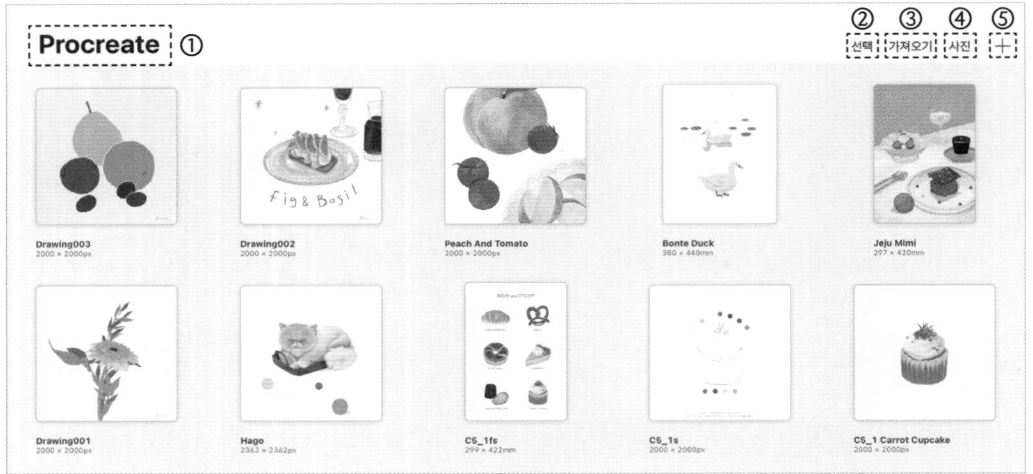

'프로크리에이트' 앱을 실행하면 먼저 보이는 첫 화면을 **'갤러리'**라고 합니다. 갤러리에서 지금까지 그린 그림 '아트워크'를 한 눈에 볼 수 있어요. 지금부터 갤러리 상단의 메뉴들을 하나씩 살펴보겠습니다.

❶ 프로크리에이트 로고

'①Procreate' 로고 부분을 선택하면, 설치된 프로크리에이트의 버전과 정보를 확인할 수 있어요. 앱은 항상 최신 버전으로 유지해 주세요.

❷ 선택

'②선택'을 누르면 아트워크를 선택할 수 있는 **체크박스**가 나타나며 오른쪽 상단 메뉴가 바뀝니다. 아트워크 1개 혹은 여러 개를 동시 선택하면 **[스택]**, **[미리보기]**, **[공유]**, **[복제]**, **[삭제]** 기능을 사용할 수 있습니다.

스택

2개 이상의 아트워크를 **하나의 '폴더'**로 정리해 줍니다. 아트워크가 많아졌을 때 스택 기능을 사용해 종류별로 정리하면 아트워크를 쉽게 찾을 수 있어요.

스택 만들기 : **'②선택'**에서 2개 이상의 아트워크를 선택한 후, **[스택]**을 누르거나 아트워크를 꾹 눌러 다른 아트워크 위로 이동하고 파란색으로 바뀌었을 때 손을 떼면 스택이 만들어져요.

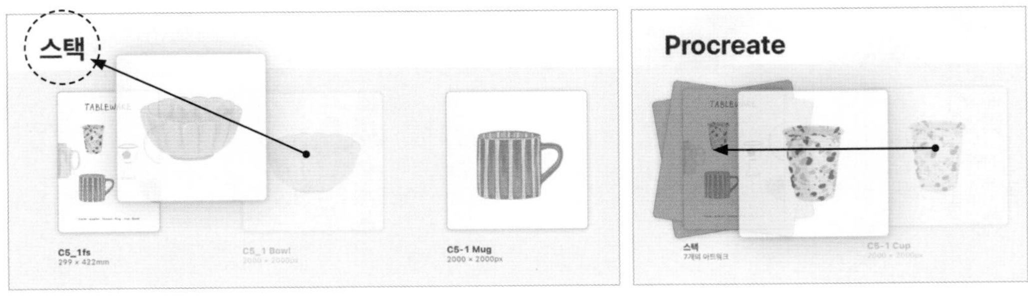

스택 해제 스택 이동

스택 해제 및 이동 : 스택 안의 아트워크를 꾹 누른 상태에서 좌측 상단의 **타이틀 영역(스택)**을 다른 손으로 선택하거나 가져가면 타이틀 부분이 깜빡이면서 아트워크를 갤러리로 꺼낼 수 있어요. 반대로 갤러리의 다른 아트워크를 꾹 눌러서 **[스택]** 위로 이동하면 스택이 파란색으로 바뀌면서 **[스택]** 안에 아트워크를 추가할 수 있습니다.

미리보기

아트워크를 전체화면으로 미리 볼 수 있는 기능이에요. **'②선택'**에서 1개 혹은 2개 이상의 아트워크를 선택한 후, **[미리보기]**를 선택합니다. 여러 개의 아트워크를 선택했을 경우, 화면을 스와이프하면서 아트워크를 미리 볼 수 있습니다.

✚ 갤러리에서 아트워크 썸네일을 손가락으로 확대해도 미리 보기를 사용할 수 있어요.

공유

다양한 파일 형식으로 아트워크를 저장하거나 공유하는 기능입니다.

복제

선택한 아트워크와 동일한 아트워크를 하나 더 생성합니다. 보통 그림을 완성한 후, 다른 수정이 필요할 경우 복제해서 원본을 유지하고 수정하기 위해 복제 기능을 사용해요.

삭제

선택한 아트워크를 삭제합니다. **한 번 삭제하면 되돌릴 수 없으니 항상 유의**하세요.

[공유], **[복제]**, **[삭제]**는 갤러리에서 아트워크를 왼쪽으로 스와이프했을 때도 나타납니다.

❸ 가져오기

아이클라우드 드라이브iCloud Drive **'파일'** 앱에 저장한 이미지 파일을 프로크리에이트로 바로 가져올 수 있습니다.

❹ 사진

아이패드 **'사진'** 앱에 저장한 이미지 파일을 프로크리에이트로 바로 가져올 수 있습니다.

❺ [+] 버튼

크기를 설정해 새로운 캔버스를 만들거나, 스크린 크기, 다양한 규격의 캔버스를 만듭니다.

(새로운 캔버스 만들기 27쪽)

아트워크 이름 변경하고 스택으로 정리하기

갤러리의 아트워크 이름을 변경하고 순서를 바꾸거나 스택으로 분류해 정리하면 아트워크를 보기 편하게 관리할 수 있습니다.

- 캔버스를 처음 만들면 **'제목 없는 아트워크'**라는 이름이 기본값으로 설정되어 있어요. 이 제목 부분을 선택하면 나타나는 입력창에서 **아트워크 이름을 변경**할 수 있습니다.

- 아트워크를 **꾹 누른 상태에서 끌어서 순서를 변경**하거나, 다른 아트워크 위에 가져가면 **스택으로 정리**할 수 있습니다.

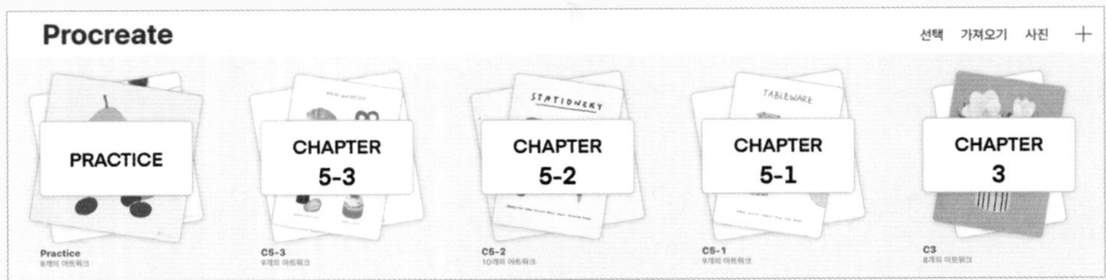

- **스택 안의 첫 번째 아트워크는 갤러리에서 대표 이미지**로 보이게 됩니다. 스택 안에 제목 이미지를 만들어 맨 앞에 두면 갤러리에서 보았을때 조금 더 깔끔하게 보이도록 정리할 수 있어요.

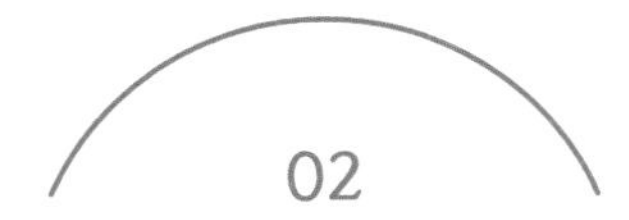

새로운 캔버스 만들기

그림을 그리려면 종이가 필요하죠. 디지털 드로잉에서는 **'캔버스'**가 종이 역할을 합니다.

갤러리 오른쪽 상단의 **플러스 [+] 버튼**을 선택하고 **검은색 폴더** 버튼을 선택하면 **'사용자 지정 캔버스'** 설정 창이 나타나요. 크기, 해상도 등을 설정해 맞춤 캔버스를 만들어 보아요.

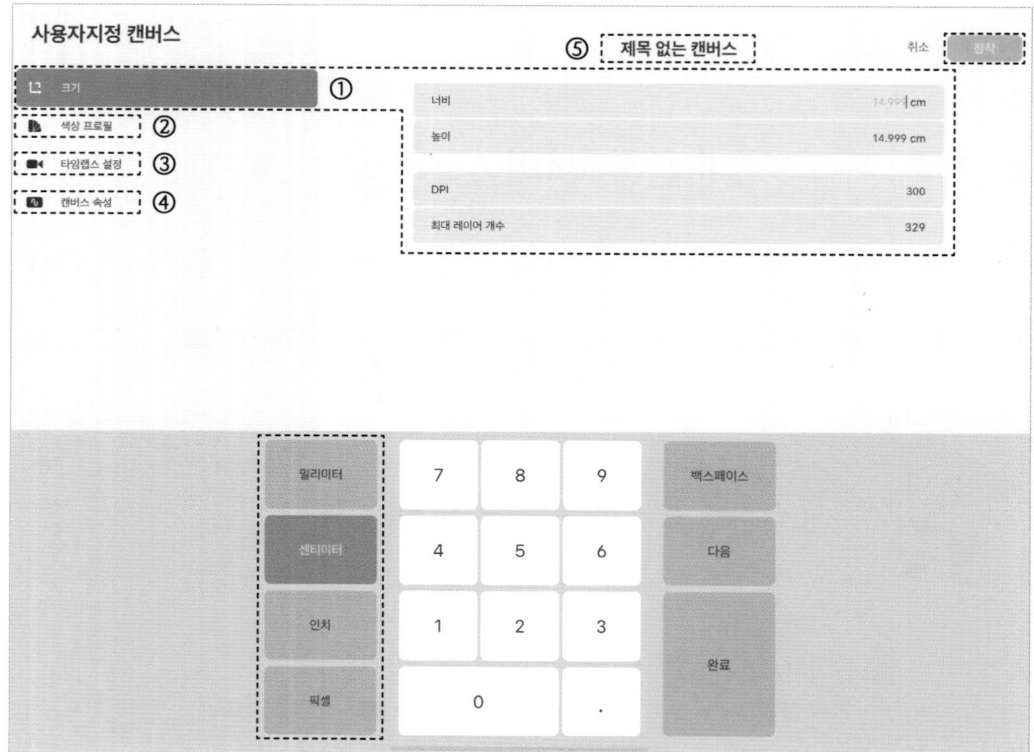

❶ 크기

너비와 높이

캔버스의 가로, 세로 사이즈를 설정합니다. 항상 인쇄할 경우를 생각해서 숫자 키패드 왼쪽 버튼에서 센티미터(㎝)나 밀리미터(㎜)로 설정하고 사이즈를 입력하세요.

DPI

DPI는 해상도를 뜻합니다. 인쇄가 필요한 그림은 최소 300DPI로 설정해야 깨지지 않고 선명한 인쇄 품질을 얻을 수 있어요. 웹에서 사용할 그림은 최소 72DPI로 설정합니다.

최대 레이어 수

사용할 수 있는 최대 레이어 개수를 나타냅니다. 캔버스 크기와 DPI 값이 커질 수록 사용 가능한 레이어 수가 줄어들어요. 아이패드 사양에 따라서도 차이가 있습니다.

❷ 색상 프로필

RGB는 웹용, CMYK는 인쇄용이라고 생각하면 쉬워요. 이 책에서는 **[RGB → Display P3]로 설정**한 후 그림을 그립니다.

RGB

'Red, Green, Blue'의 약자로 3가지 빛으로 표현하는 색상 체계이며 모니터, 아이패드, 스마트폰 같은 디스플레이에서 보이는 작업에 설정합니다.

CMYK

'Cyan, Magenta, Yellow, Black'의 약자로 4가지 색으로 표현하는 색상 체계이며 인쇄가 필요한 작업에 설정합니다.

TIP [RGB → Display P3]는 애플 기기, [RGB → sRGB IEC61966-2.1]은 Adobe 포토샵에서 사용하는 색상 프로필입니다.

TIP CMYK에서 작업할 경우, [Generic CMYK Profile] 색상 프로필을 사용합니다.

TIP

인쇄가 필요한 그림을 그릴 경우

인쇄가 필요한 그림은 보통 색상 프로필을 **'CMYK'**로 설정한 후에 그립니다.

하지만 아이패드 같은 디스플레이 화면은 **'RGB(빛의 삼원색)'**를 사용하기 때문에 CMYK로 작업할 경우 원하는 색상을 정확히 선택하기 어려울 수 있어요. 그래서 저는 인쇄가 필요한 그림도 RGB로 먼저 작업하고, 완성한 후에 CMYK로 색상 프로필을 변경해서 색상을 보정하는 방식으로 작업하고 있습니다.

❸ 타임랩스 설정

프로크리에이트에는 자동으로 그림 그리는 과정을 빠르게 녹화해 주는 **'타입랩스'** 기능이 있어요. 타임랩스 영상의 사이즈와 품질을 설정하는 부분입니다.

❹ 캔버스 속성

캔버스의 배경 색상과 배경 숨김 유무를 설정합니다. 흰색 캔버스가 기본값으로 설정되어 있어요.

❺ 캔버스 제목 설정

사용자 지정 캔버스에서 **'제목 없는 캔버스'** 부분을 선택하면 캔버스 이름을 설정할 수 있습니다. 모든 설정이 끝났다면 **[창작] 버튼**을 선택해 새로운 캔버스를 만듭니다.

TIP

빠르게 새로운 캔버스 만들기

- 새로운 캔버스에서 **플러스 [+] 버튼**을 선택하면 아래쪽으로 아이패드 화면 사이즈인 '스크린 크기'부터 다양한 일반 규격 종이 사이즈와 그동안 만들었던 사이즈의 캔버스 기록들이 있어요.
- 캔버스 목록을 왼쪽으로 스와이프하면 삭제하거나 이름, 사이즈 등 설정 편집이 가능합니다.
- 자주 사용하는 사이즈의 캔버스는 이름을 설정하고 끌어서 순서를 이동해 정리해 두면 목록에서 빠르게 새로운 캔버스를 만들 수 있어요.

A4 : 210×297㎜

A3 : 297×420㎜

일반 엽서 : 104×154㎜

인스타그램 : 2000×2000px

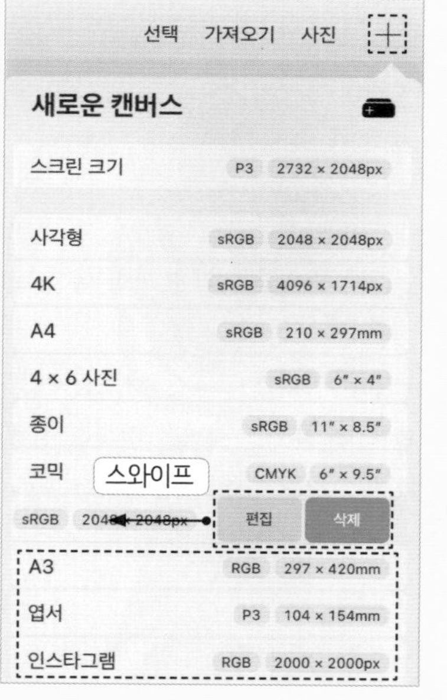

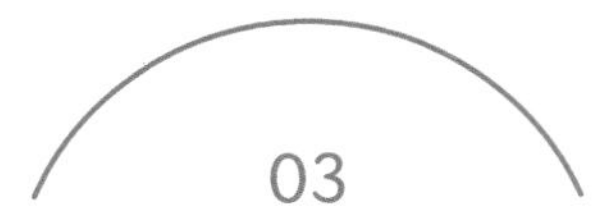

한눈에 보는 인터페이스

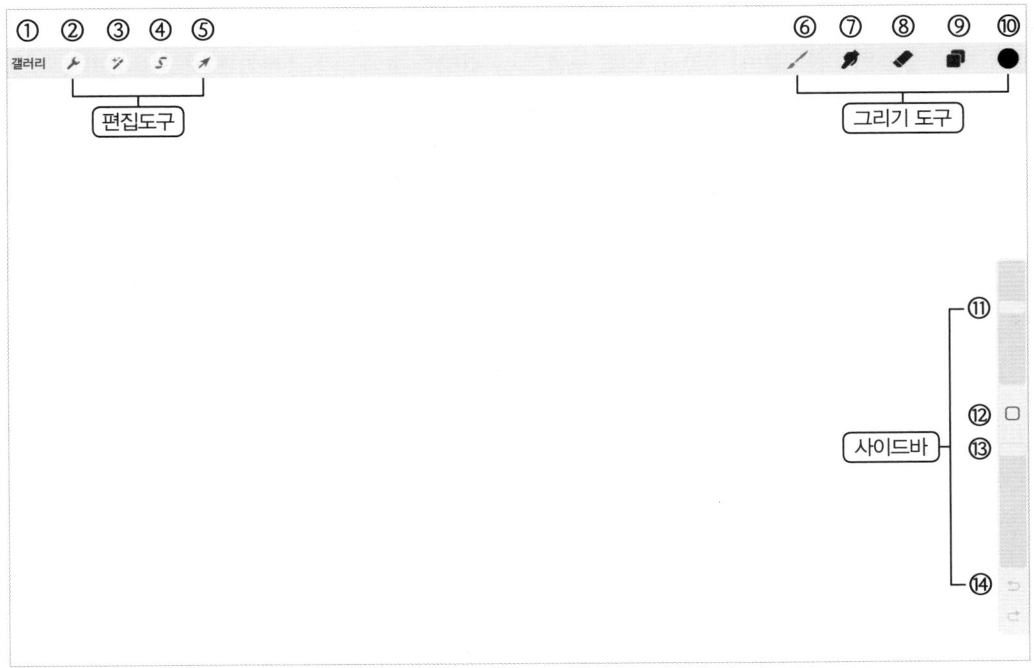

❶ 갤러리

[갤러리] 부분을 누르면 갤러리로 돌아갑니다. 작업 창에서 갤러리로 나가면 실행 취소, 다시 실행 기록이 리셋되니 유의하세요.

왼쪽 상단 '편집 도구'

❷ 동작

파일, 사진, 텍스트를 추가하거나 캔버스 설정 및 애니메이션 어시스트, 그리기 가이드 등을 사용할 수 있고 완성된 이미지를 다양한 파일 형식으로 저장하고 타임랩스 비디오, 인터페이스, 제스처 설정을 하는 등 주요 기능들이 모여있습니다. (핸드북 2쪽)

❸ 조정

그림의 색상, 채도, 밝기를 보정하고 흐림, 노이즈 등 다양한 효과를 적용하거나 픽셀 유동화 기능을 사용할 수 있습니다. (핸드북 18쪽)

❹ 선택 툴

이미지의 일부만 변형하거나 이동하고 싶을 때, **[자동], [올가미], [직사각형], [타원]**의 다양한 방식과 모양으로 원하는 영역을 선택할 수 있어요. 직관적으로 그려서 선택하거나 **[올가미]** 사용 시 점을 찍듯이 선택하면 직선으로 영역 선택이 가능합니다. (79쪽)

❺ 변형 툴

이미지의 일부 혹은 선택된 레이어 전체를 이동하거나 크기를 조절하고, 기울기 등 형태를 변형할 수 있어요. **[선택] 툴**로 영역을 지정하고 사용하는 경우가 많습니다. (81쪽)

오른쪽 상단 '그리기 도구'

❻ 브러시

다양한 모양의 브러시를 사용해 그림을 그릴 수 있는 도구입니다. 프로크리에이트에서 기본 제공하는 브러시나 다운로드한 브러시를 사용할 수 있고 **[브러시 스튜디오]**에서 직접 커스텀하고 공유할 수도 있어요. (57쪽, 핸드북 33쪽)

❼ 스머지

문지르기 도구예요. 색상의 경계를 문질러 풀어주거나 색과 색을 섞을 때 사용합니다. (67쪽)

⑧ 지우개

그려진 영역을 지울 때 사용합니다.

TIP

사용하던 브러시와 같은 스머지, 지우개 도구 사용하기

스머지, 지우개 도구 아이콘을 **길게 꾹 누르면 현재 사용중인 브러시와 동일한 모양의 브러시로 스머지, 지우개 도구가 변경**됩니다.

✚ 브러시, 스머지, 지우개 도구는 **모두 같은 브러시 라이브러리를 사용**하기 때문에 선택한 브러시 특징이 반영됩니다.

예시

① 모노라인 지우개 : 깔끔하게 지워짐
② 구아슈 지우개 : 브러시 질감 느낌으로 지워짐

⑨ 레이어

디지털 드로잉의 가장 큰 특징이자 장점인 레이어를 사용하고 관리하는 기능이에요. 레이어를 추가하면서 그림을 그리거나 혼합 모드를 사용할 수 있습니다. (45쪽)

⑩ 색상

그림을 그릴 색상을 선택합니다. **[디스크]**, **[클래식]**, **[하모니]**, **[값]**, **[팔레트]**와 같이 총 5가지 색상 패널을 사용할 수 있어요. (색상 패널과 색상 팔레트 98쪽)

색상 원형을 캔버스로 끌어오면 색상을 채우는 **[컬러 드롭]** 기능을 사용할 수 있어요. (64쪽)

사이드바

⑪ 도구 크기 조절

브러시, 스머지, 지우개 **'도구'의 크기를 조절**합니다. 슬라이더를 위로 올리면 도구의 크기가 커지고, 내리면 작아져요.

⑫ 네모(스포이드)

색상을 추출하는 **[스포이드]** 기능이 기본값으로 설정되어 있지만 **'동작 → 설정 → 제스처 제어'**에서 다른 기능으로 바꿀 수 있습니다.

⑬ 도구 불투명도 조절

브러시, 스머지, 지우개 **'도구'의 불투명도를 조절**합니다. 슬라이더를 아래로 내릴수록 브러시가 투명해져요. 스머지, 지우개 도구에서는 불투명도라기보다 '문지르는 강도, 지우는 강도'라고 이해하면 쉬워요.

⑭ 실행 취소 / 다시 실행

작업을 뒤로 되돌리는 **[실행 취소]**, 다시 앞으로 되돌리는 **[다시 실행]** 기능을 사용할 수 있어요. 길게 누르면 빠르게 **[실행 취소]**하거나 **[다시 실행]**합니다.

주로 **두 손가락 탭**(실행 취소), **세 손가락 탭**(다시 실행) **제스처를 사용**하기 때문에 사이드바의 기능은 잘 사용하지 않아요.

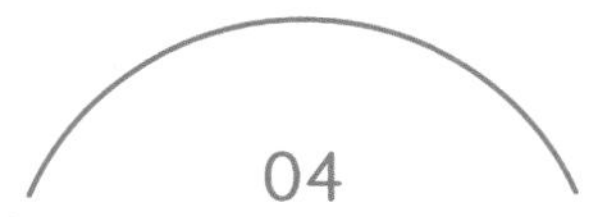

04

제스처 기능으로 편리하게

프로크리에이트에는 아이패드의 터치 제어 특징을 활용한 **[제스처]** 기능이 있어요. 몇 가지 간단한 제스처로 화면을 자유자재로 확대하거나 축소할 수 있고 빠르고 효율적으로 그림을 그릴 수 있습니다.

기본 제스처

❶ 캔버스 확대 · 축소

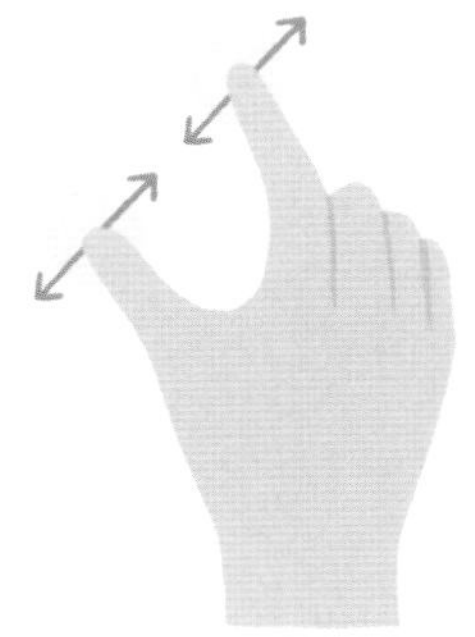

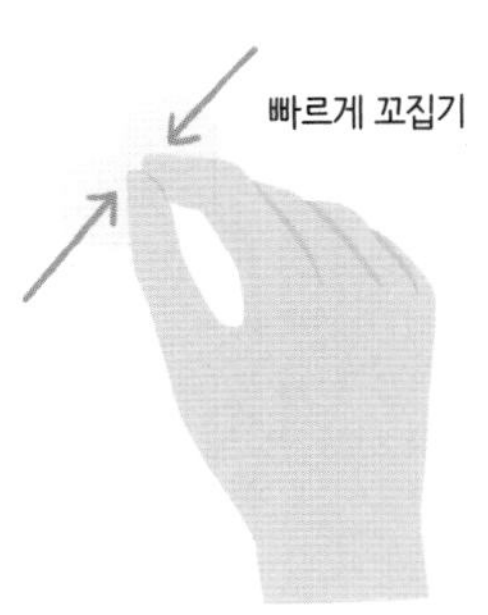

두 손가락으로 화면을 펼치면 캔버스를 확대할 수 있어요. 반대로 두 손가락으로 화면을 꼬집으면 캔버스가 축소됩니다.

✚ 캔버스가 확대된 상태에서 빠르게 꼬집으면 캔버스를 화면 크기에 딱 맞게 맞출 수 있어요.

❷ 캔버스 회전

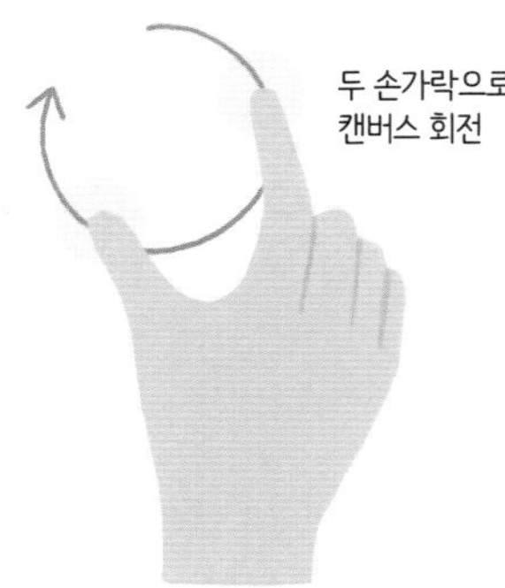

두 손가락으로 화면을 회전하면 캔버스의 각도를 변경할 수 있어요. 그림을 그릴 때 손이 편한 방향으로 종이를 돌려 놓고 그리는 것과 같습니다.

❸ 실행 취소 및 다시 실행

캔버스를 두 손가락으로 터치하면 이전 작업으로 되돌릴 수 있는 **[실행 취소]** 기능을, 세 손가락으로 터치하면 다시 앞으로 되돌릴 수 있는 **[다시 실행]** 기능을 사용할 수 있습니다.

✚ 터치한 상태를 길게 유지하면 빠르게 뒤로 돌리거나 앞으로 되돌릴 수 있어요.

❹ 복사 및 붙여넣기

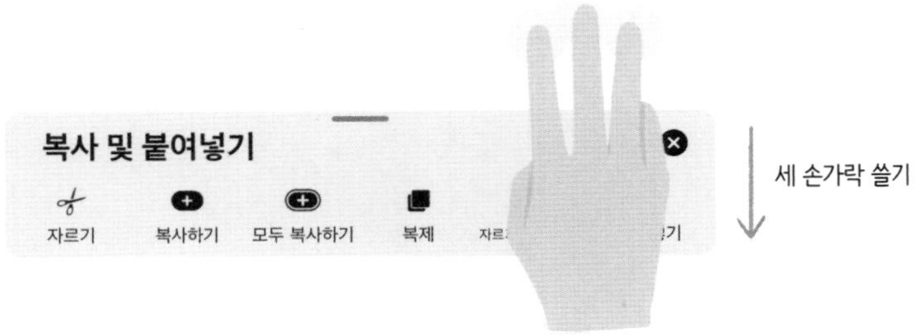

세 손가락으로 화면을 위에서 아래로 쓸면 **'복사 및 붙여넣기'** 옵션 창이 나타나요. **[자르기]**, **[복사하기]**, **[모두 복사하기]**, **[복제]**, **[자르기 및 붙여넣기]**, **[붙여넣기]** 기능을 바로 사용할 수 있습니다. (84쪽)

❺ 전체화면 보기(인터페이스 숨기기)

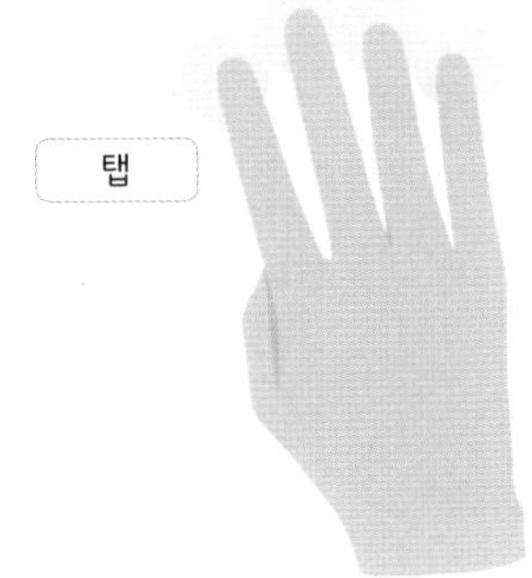

화면을 네 손가락으로 터치하면 주변 인터페이스가 숨겨지면서 캔버스를 **[전체화면]**으로 넓게 볼 수 있어요. 다시 네 손가락으로 터치하거나 상단의 **[전체화면 종료] 버튼**을 누르면 인터페이스가 다시 나타납니다.

❻ 레이어 지우기

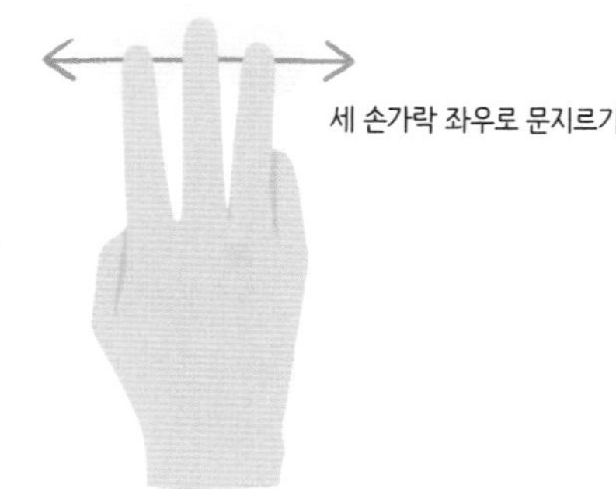

화면을 세 손가락을 터치한 상태에서 좌우로 빠르게 문지르면 선택한 레이어의 이미지 전체가 지워져요. 레이어에 그려진 그림을 한 번에 지울 수 있어요.

❼ 색상 추출(스포이드 툴)

캔버스를 터치한 상태에서 유지하면 색상을 추출할 수 있는 **[스포이드] 툴**을 사용할 수 있어요. 터치를 유지하고 손가락을 이동하면 터치한 부분의 색상이 추출됩니다.

✚ 사이드바의 □(네모)도 같은 기능을 하지만, 제스처를 사용하는 게 더 간편해요.

❽ 퀵 셰이프Quick Shape

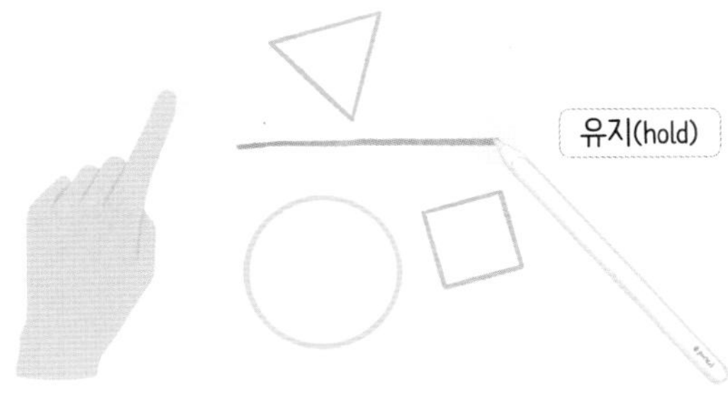

직선이나 곡선, 도형을 그린 후 펜슬을 떼지 않고 유지하면 반듯한 모양으로 보정해 주는 **[퀵 셰이프]** 기능을 사용할 수 있어요. **[퀵 셰이프]** 상태에서 다른 손으로 화면을 터치하면 일정한 각도의 직선, 정사각형, 정삼각형 등 정확한 도형도 손쉽게 그릴 수 있습니다. (77쪽)

❾ 사이드바(슬라이더) 정밀 조정

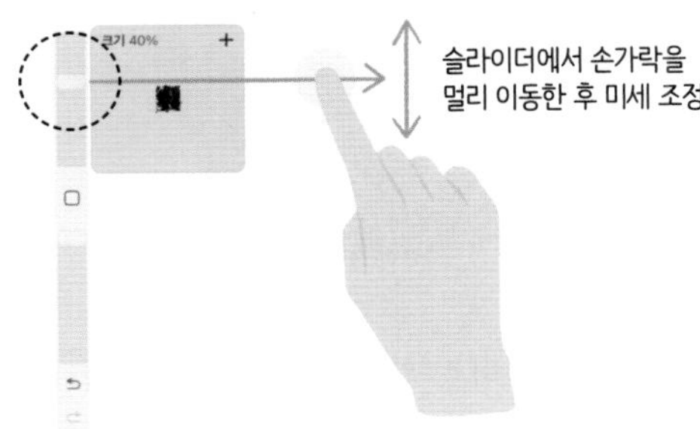

프로크리에이트의 모든 슬라이더는 정밀하게 조절할 수 있습니다. 슬라이더를 선택한 상태에서 손가락을 슬라이더에서 멀리 이동한 후, 위아래로 끌어 조절합니다.

✚ 손이 슬라이더에서 멀어질수록 더 미세하게 조정할 수 있어요.

편리한 제스처 추가 설정하기

제스처는 **[동작 → 설정 → 제스처 제어]**에서 변경하거나 추가할 수 있습니다. 자주 사용하는 기능에 제스처를 추가하거나 자주 사용하지 않는 제스처는 비활성화해서 사용자 환경에 맞게 편집할 수 있어요.

기본 제스처 외에 편리한 제스처를 추가로 설정해 볼게요.

1. 레이어를 바로 선택할 수 있는 '레이어 선택' 제스처

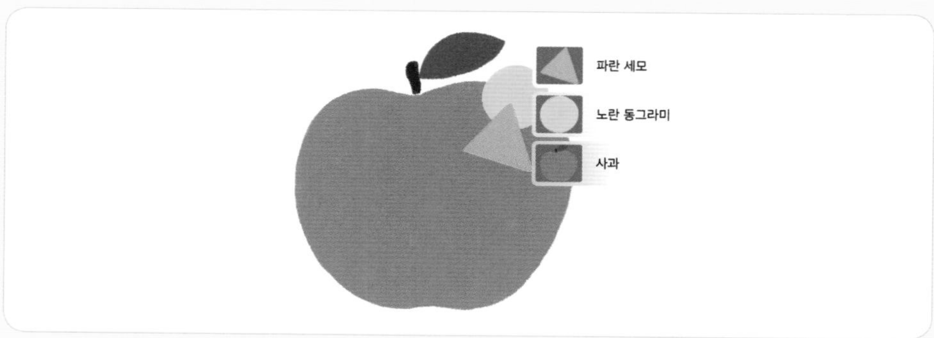

[동작 → 설정 → 제스처 제어 → 레이어 선택]에서 '□+터치', '□+Apple Pencil'에 체크하기

사이드바의 '□'를 누른 상태에서 손가락이나 애플펜슬로 화면을 선택하면 해당 부분의 레이어 목록이 나타나고 원하는 레이어를 바로 선택할 수 있는 제스처입니다. 레이어 창을 열어서 선택할 레이어를 찾아야 하는 번거로움을 줄일 수 있어요.

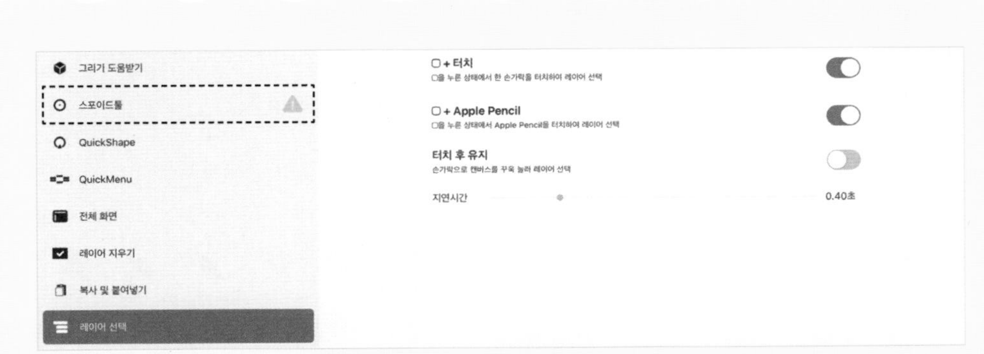

'□+터치', '□+Apple Pencil' 제스처는 원래 **[스포이드] 툴** 제스처입니다. 사용 중인 제스처를 다른 기능에 추가하면 옆에 **'노란색 느낌표'** 아이콘이 뜨면서 기존 제스처는 비활성화됩니다.

2. 실수를 방지하는 '손가락으로 페인팅 켬' 제스처 해제하기

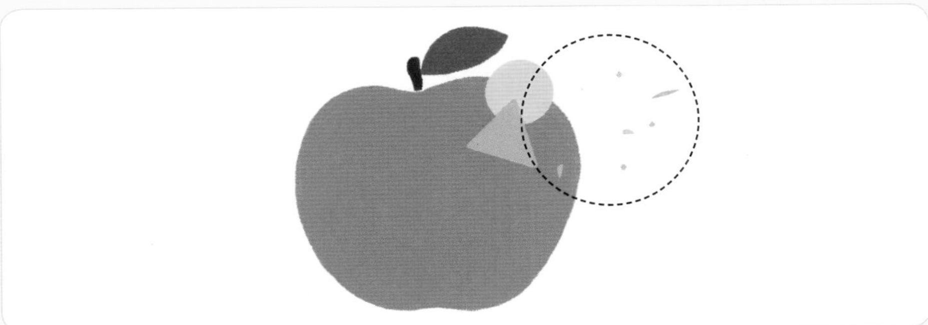

[동작(🔧) → 설정 → 제스처 제어 → 일반]에서 '손가락으로 페인팅 켬' 해제하기

'손가락으로 페인팅 켬' 제스처를 해제하면 그림을 그리다가 손이나 손바닥이 닿아 나도 모르게 점이 찍히거나 그려지는 실수를 방지할 수 있습니다.

레이어 제스처

레이어 창에서도 자주 사용하는 기능을 제스처로 빠르게 적용할 수 있어요.

❶ 레이어 병합 제스처

두 손가락으로 2개 이상의 레이어를 꼬집으면 하나의 레이어로 빠르게 **[병합]**할 수 있어요. 꼬집는 레이어 사이의 레이어들도 함께 하나로 병합됩니다.

❷ 레이어 동시 선택 제스처

손가락이나 애플펜슬로 레이어를 오른쪽으로 스와이프하면 여러 개의 레이어를 **[동시 선택]**할 수 있어요. 동시 선택하면 레이어 창 오른쪽 상단에 나타나는 메뉴에서 그룹화하거나 삭제할 수 있고, **[변형] 툴**을 사용해 한 번에 이동하고 변형할 수 있습니다.

❸ 레이어 불투명도 제스처

두 손가락으로 레이어를 터치하면 캔버스 상단에 **[불투명도]**를 조절하는 파란색 슬라이더가 나타나요. 캔버스에서 손가락이나 애플펜슬을 좌우로 움직이면 레이어의 불투명도를 조절할 수 있습니다.

❹ 알파 채널 잠금 제스처

두 손가락으로 레이어를 오른쪽으로 스와이프하면 **[알파 채널 잠금]**이 설정됩니다. 알파 채널 레이어는 레이어 창에서 투명한 영역이 바둑판 무늬로 나타나요. 같은 제스처로 잠금을 해제할 수도 있어요. (알파 채널 잠금 50쪽)

❺ 레이어 영역 선택

두 손가락으로 레이어를 꾹 누른 상태를 유지하면 레이어의 그려진 영역을 **[선택]**할 수 있어요. 투명한 부분은 선택되지 않습니다.

디지털 드로잉의 꽃, 레이어

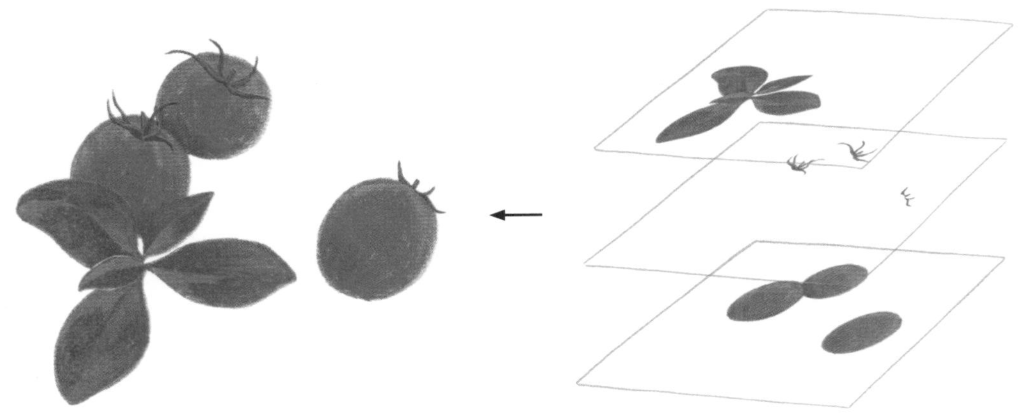

'레이어 Layer'는 투명한 필름에 나눠 그린 그림들이 층층이 겹쳐서 하나의 이미지로 보이는 방식이라고 생각하면 이해하기 쉽습니다. 레이어를 나눠 그리면 그림의 다른 부분에 영향을 주지 않고 필요한 레이어만 선택해서 삭제하거나 수정할 수 있어요.

디지털 드로잉의 최대 장점인 레이어에 대해서 차근차근 알아볼까요.

❶ 레이어 인터페이스 살펴보기

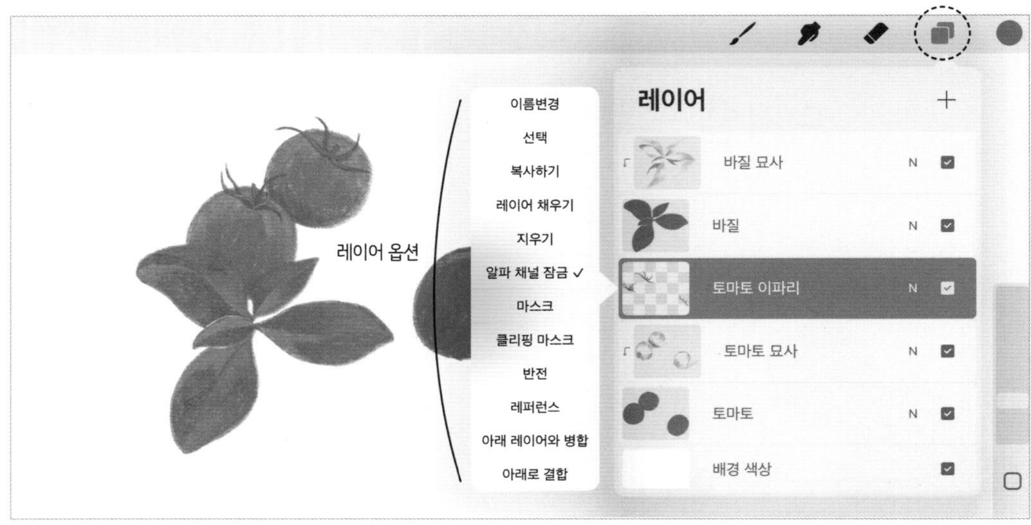

캔버스 오른쪽 상단 **[레이어( )]** 모양을 선택하면 레이어 창이 나타나요.

플러스 [+] 버튼

레이어 창 상단의 **플러스 [+] 버튼**을 선택하면 **새로운 레이어를 추가**합니다.

작은 영문[N]

레이어의 **불투명도를 조절하고 혼합 모드를 설정**할 수 있는 창이 나타나요. 설정되어 있는 혼합 모드의 영문명 앞 글자가 표시되는데 '보통Normal'이 기본값으로 설정되어 있어 'N'으로 표시됩니다.

체크 박스

캔버스에서 **레이어를 숨기거나 나타내는 기능**이에요. 체크 박스를 해제하면 레이어가 잠시 가려집니다. 체크 박스를 길게 꾹 누르면 다른 레이어는 모두 안 보이고 캔버스에서 해당 레이어만 확인할 수 있어요. 다시 체크 박스를 길게 꾹 누르면 모든 레이어가 나타납니다.

선택된 레이어

선택된 레이어는 **진한 파란색으로 표시**됩니다. 항상 어떤 레이어에 그리고 있는지 확인하세요.

배경 색상 레이어

배경 색상 레이어를 선택하면 **배경 색상을 변경**할 수 있어요. 삭제할 수는 없지만 체크 박스를 해제해서 숨길 수 있습니다. 체크 박스 해제 시 나타나는 격자무늬는 배경이 투명하다는 것을 의미해요.

레이어 옵션

선택된 레이어를 한 번 더 터치하면 왼쪽으로 옵션 창이 나타나요. **이름 변경, 선택, 복사하기, 아래 레이어와 병합, 아래로 결합(그룹)** 등 레이어 설정부터 알파 채널, 클리핑 마스크 등 다양한 레이어 마스크 기능을 사용할 수 있습니다. (핸드북 44쪽)

❷ 새로운 레이어 추가하기

새로운 캔버스를 만들고 오른쪽 상단의 레이어 창을 열면 '배경 색상'과 '레이어 1'이 기본값으로 생성되어 있어요. 레이어 창 상단의 **플러스 [+] 버튼**을 누르면 새로운 레이어를 추가할 수 있습니다.

✚ 레이어는 캔버스를 만들 때 설정되었던 **'최대 레이어 개수'**만큼만 만들 수 있어요.

❸ 레이어 이름 변경하기

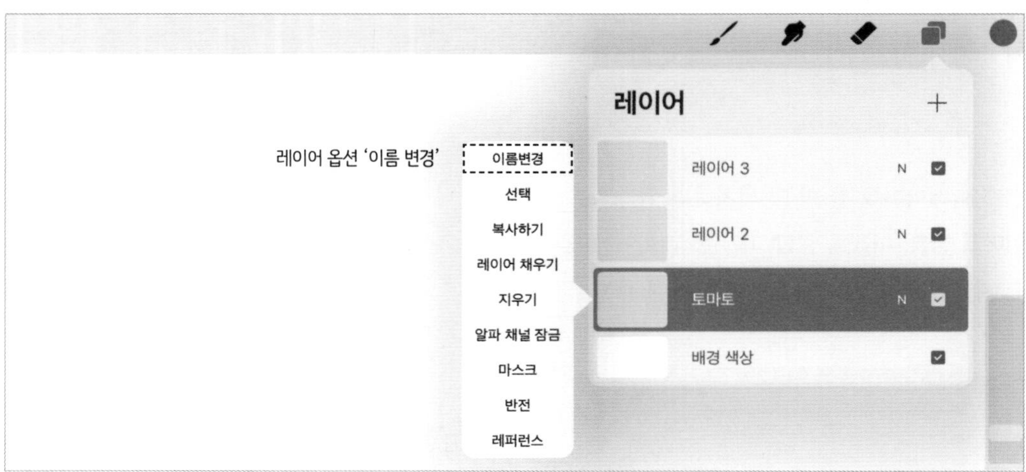

선택된 레이어를 한 번 더 터치하면 **'레이어 옵션'** 창이 나타나요. **[이름 변경]**을 선택해 레이어 이름을 설정합니다. 레이어에 이름을 설정해 두면 레이어가 많아져도 원하는 레이어를 쉽게 찾을 수 있어요.

❹ 레이어 순서 변경하기

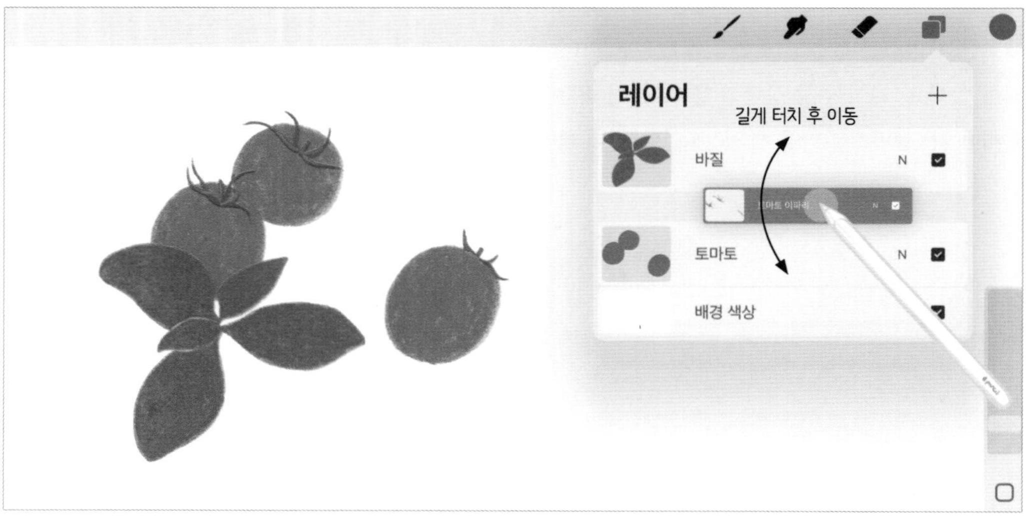

레이어를 길게 터치한 후, 위아래로 이동하면 레이어 순서를 변경할 수 있어요. 가장 위에 있는 레이어가 캔버스에서 맨 앞에 보이게 됩니다. 그림에서 어떤 요소가 위에 오고 아래에 갈지 레이어 순서를 생각하며 그림을 그립니다.

❺ 레이어 잠금, 복제, 삭제

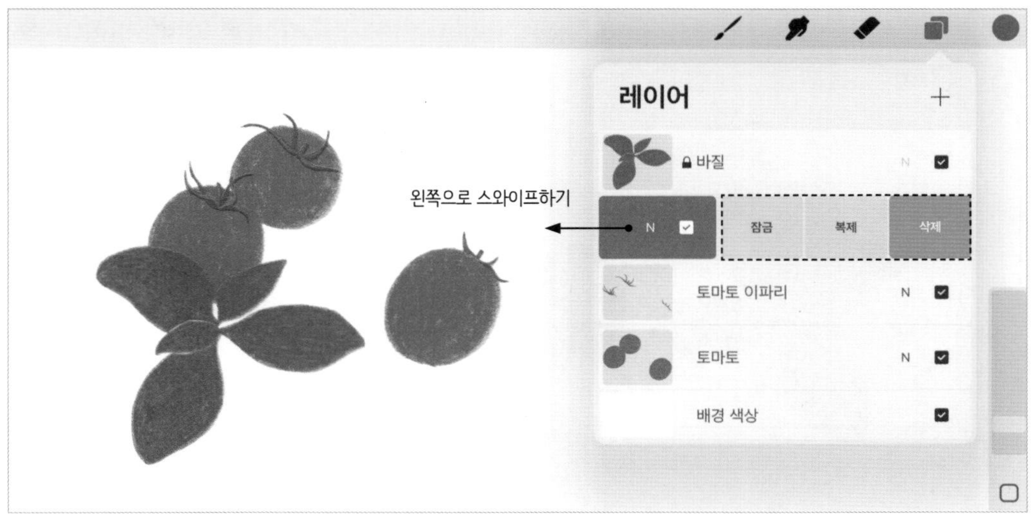

레이어를 왼쪽으로 스와이프하면 **[잠금]**, **[복제]**, **[삭제]** 옵션이 나타납니다.

잠금

변경하면 안 되는 레이어에 **[잠금]** 설정을 하면 레이어 앞에 자물쇠 모양이 나타나면서 잠금 기능이 활성화됩니다. 다시 왼쪽으로 스와이프하면 나타나는 **[잠금 해제]**를 선택해 자물쇠 모양이 사라지고 레이어를 변경할 수 있어요.

복제

선택한 레이어와 동일한 레이어를 하나 더 생성합니다.

삭제

불필요한 레이어를 삭제합니다. **[실행 취소]**로 삭제한 레이어를 되돌릴 수 있지만 **'갤러리'**로 나가면 되돌릴 수 없으니 유의하세요.

❻ 알파 채널 잠금

레이어 옵션 창에서 **[알파 채널 잠금]**을 선택하면 레이어의 그려진 영역에만 그릴 수 있는 알파 채널 마스크가 활성화됩니다. 그려진 영역 밖으로 나가지 않게 묘사를 하거나 무늬 등을 그릴 때 사용해요. 알파 채널 잠금이 활성화된 레이어는 미리 보기에서 그려지지 않은 배경 영역이 바둑판 무늬로 나타나고, **바둑판 무늬 영역에는 그림이 그려지지 않는다는 것을 의미**합니다.

❼ 클리핑 마스크

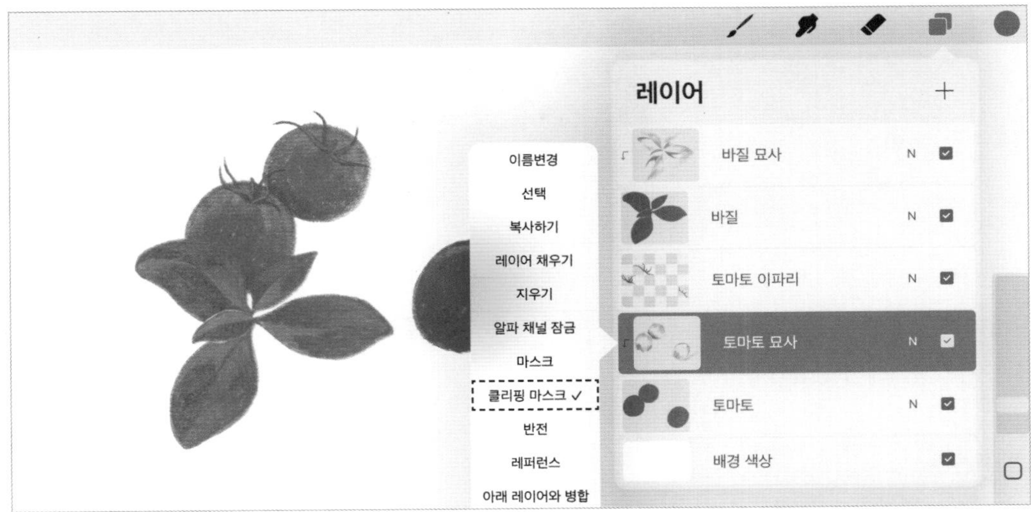

레이어 옵션 창에서 **[클리핑 마스크]**를 선택하면 레이어 앞에 **화살표 모양**(↲)이 나타나면서 마치 아래 레이어에 쏙 들어간 듯 아래 레이어의 그려진 영역에서만 보이게 됩니다.

주로 새로운 레이어를 추가하고 **[클리핑 마스크]**를 적용해 아래 레이어 영역 밖으로 나가지 않게 묘사하거나 무늬 등을 그릴 때 사용합니다.

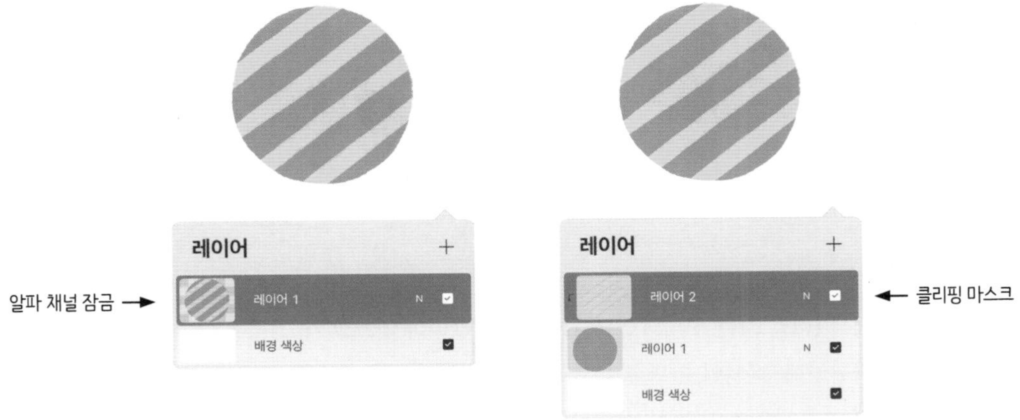

레이어의 그려진 영역에서만 그릴 수 있고 보인다는 점이 '알파 채널 잠금'과 비슷해 보이지만 **[클리핑 마스크]는 레이어가 분리되어 있어 따로 수정하거나 이동, 변형**할 수 있다는 차이점이 있어요.

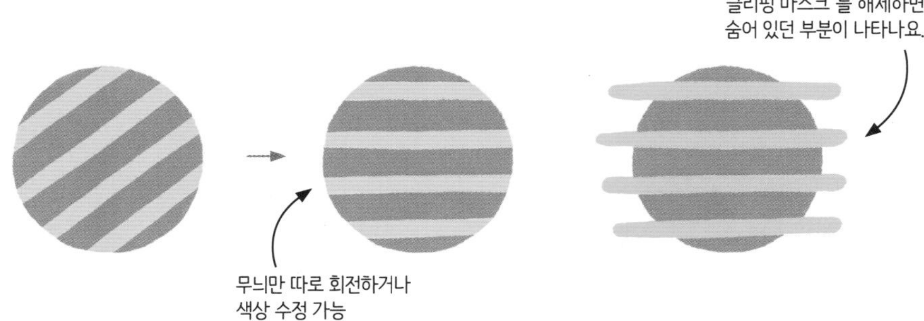

나중에 수정해야 하는 그림이라면 필요할 경우에는 '알파 채널 잠금'보다 '클리핑 마스크'를 사용하는 것이 작업하기에 수월합니다.

❽ 마스크

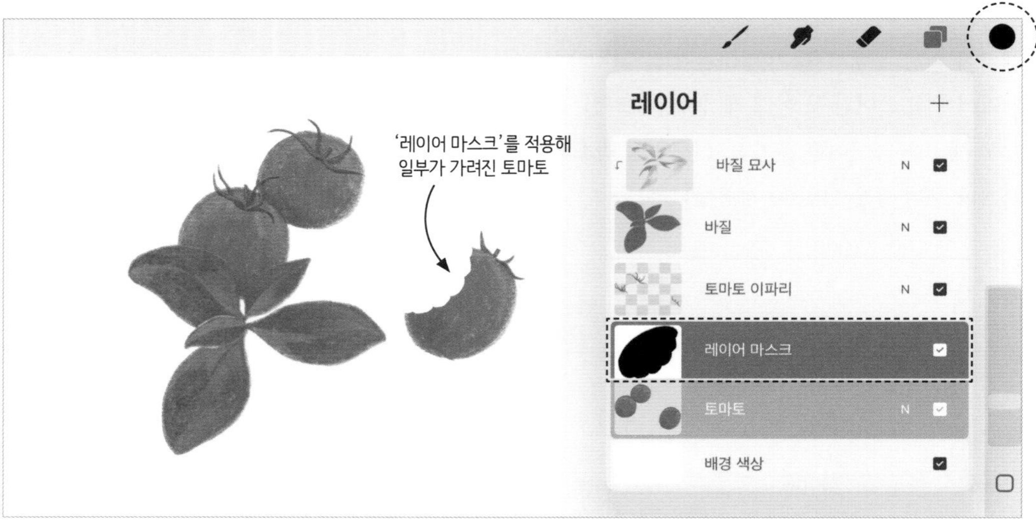

레이어 옵션 창에서 **[마스크]**를 선택하면 레이어 위로 **'레이어 마스크'**가 만들어져요. 이때 색상 원형이 검은색으로 바뀌는데 '레이어 마스크'에서 **검은색은 숨기는 색, 흰색은 나타나는 색을 의미**합니다. '레이어 마스크'에 검은색으로 그린 부분이 마치 지우개로 지운 듯이 지워지지만, 실제로는 지워진 것이 아니라 마스크를 써서 코와 입을 가리는 것처럼 잠시 가려진 것과 같아요. 원본을 유지하면서 일부를 가려야 할 때 사용합니다.

⑨ 레이어 불투명도 조절하기

레이어의 **작은 영문**[N]을 선택하면 레이어의 불투명도를 조절할 수 있는 창이 나타나요. 파란색 슬라이더를 좌우로 움직여 불투명도를 조절합니다. 레이어를 두 손가락으로 터치해도 캔버스 상단에 불투명도를 조절할 수 있는 파란색 슬라이더가 나타나니, 편한 방법으로 불투명도를 조절해 보아요.

⑩ 레이어 그룹 만들기

2개 이상의 레이어를 오른쪽으로 스와이프해서 동시 선택하면 레이어 창 상단에 **[삭제]**, **[그룹]**이 나타나는데, **[그룹]**을 선택하면 여러 개의 레이어를 하나의 그룹으로 묶어서 정리할 수 있어요. **[그룹]**으로 정리하면 레이어의 독립성은 유지하면서 한 번에 이동하거나 변형할 수 있습니다.

⑪ 레이어 병합하기

프로크리에이트는 **사용할 수 있는 레이어가 제한되어 있어서, 레이어들을 병합해서 정리**해 주는 것이 좋아요. 병합할 레이어들을 두 손가락으로 한 번에 꼬집거나, 레이어 옵션에서 **[아래 레이어와 병합]**을 선택하면 2개의 레이어 혹은 그룹이 하나로 합쳐집니다.

레이어의 독립성을 유지하면서 하나로 묶어주는 **'그룹'**과 달리 **'병합'**은 **1개의 레이어**로 합쳐지기 때문에 더 이상 수정이 필요하지 않은 레이어들만 **'병합'**으로 정리하는 것이 좋습니다.

⑫ 레이어 혼합 모드

레이어의 **작은 영문[N]**을 선택하면 불투명도를 조절하는 슬라이더 아래로 다양한 **혼합 모드**가 나타나요. 혼합 모드는 텍스처(질감)를 합성해 그림에 종이 질감을 더하거나 필터 효과, 그림자, 빛을 표현할 때에도 사용합니다.

혼합 모드는 종류가 많고 같은 혼합 모드일지라도 적용하는 이미지가 가진 특성에 따라 결과가 달라지기 때문에 적용해 보며 어울리는 혼합 모드를 찾아서 사용하는 것을 추천해요. (핸드북 30쪽)

가장 자주 사용하는 혼합 모드, 곱하기와 스크린

• 곱하기 혼합 모드

어두운 색상을 더 어둡게 표현하고 밝은 색상일수록 나타나지 않아요. 그림자나 명암을 표현할 때 사용하며, 스케치 레이어에 곱하기 혼합 모드를 적용하면 흰색 배경 부분은 나타나지 않고 스케치 선만 나타나서 스케치를 참고하면서 그림을 그릴 수 있습니다.

• 스크린 혼합 모드

밝은 색상을 더 밝게 표현하고 어두운 색상일 수록 나타나지 않아요. 그림의 하이라이트나 빛을 표현할 때 사용합니다.

곱하기('창문의 그림자' 표현)

스크린('블라인드의 빛' 표현)

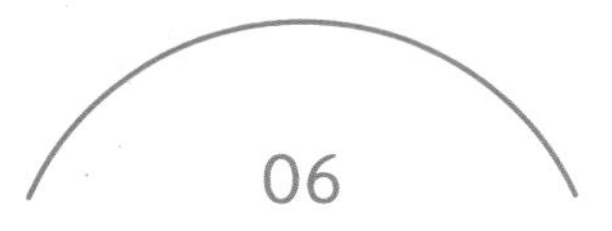

브러시 사용법과 그리기 도구

디지털 드로잉에서 브러시는 전체적인 그림 느낌에도 영향을 주지만 적절한 브러시 선택은 몇 번의 붓 터치만으로 표현하고 싶은 재료의 느낌과 가깝게 그려질 수 있도록 도와줍니다. 이 책에서는 연필, 구아슈, 오일 파스텔 같은 재료의 느낌을 담아 직접 커스텀한 브러시 5종과 프로크리에이트 기본 브러시 4종을 사용합니다.

❶ 자주 사용하는 브러시 세트 만들기

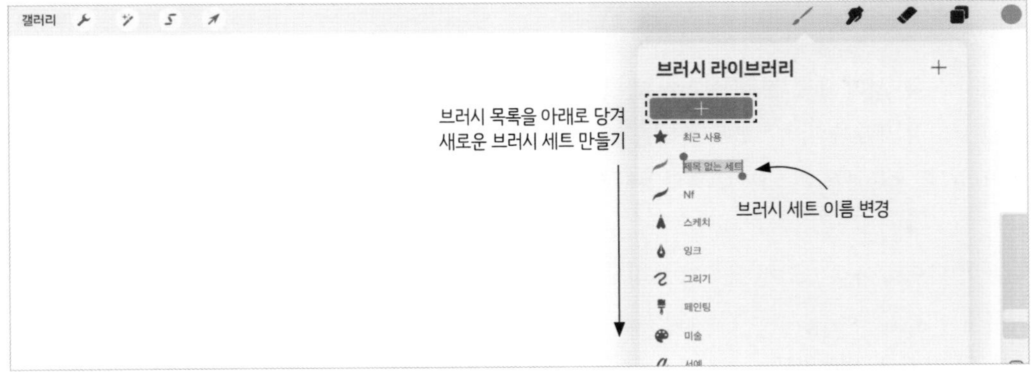

자주 사용하는 브러시는 하나의 폴더에 모아 **브러시 세트**로 만들어 두면 원하는 브러시를 찾는 수고를 덜 수 있고 바로 사용하기에 편리합니다.

1. 오른쪽 상단 **브러시** 모양 을 선택하면 **'브러시 라이브러리'**가 나타나요.
2. 왼쪽의 브러시 목록을 아래로 당기면 나타나는 **파란색 플러스[+] 버튼**을 선택하면 새로운 **'브러시 세트'**가 만들어져요.

3. 기본값으로 설정되어 있는 '제목 없는 세트'의 이름을 원하는 이름으로 변경해 주세요.

4. 새로운 브러시 세트에 브러시들을 하나씩 옮겨 보겠습니다.

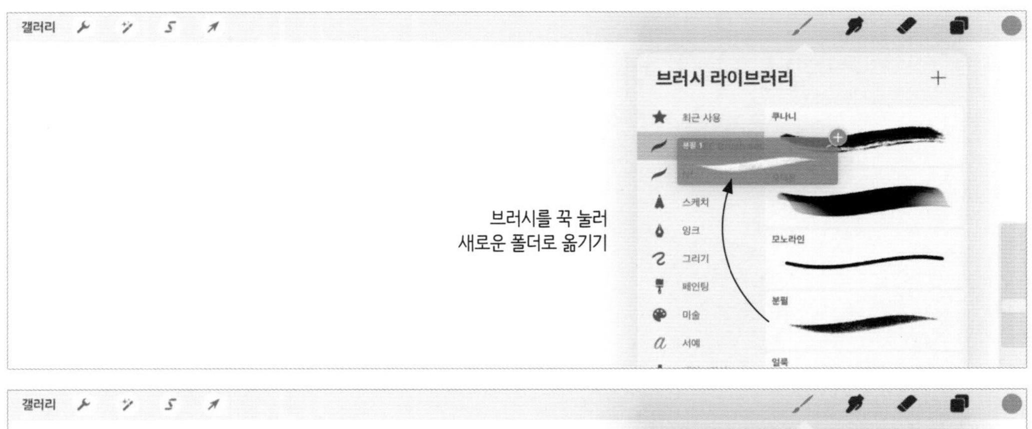

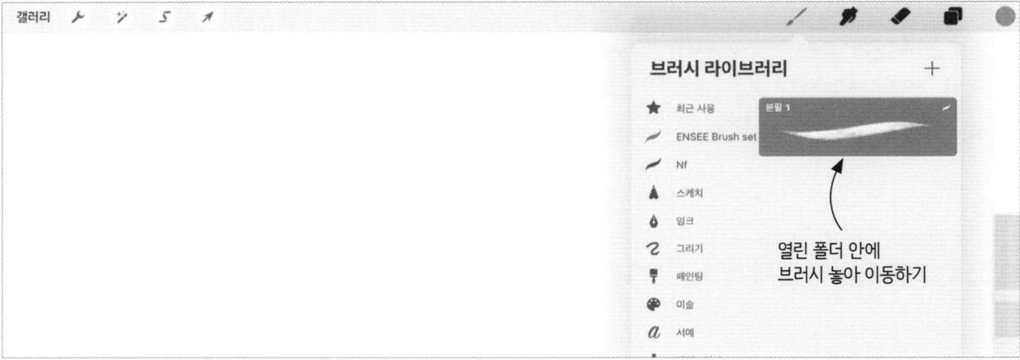

브러시 목록 **'서예'**에서 **'분필'** 브러시를 찾아 꾹 누른 상태에서 끌어서 **새로운 브러시 세트** 위로 가져오면 브러시 세트가 깜빡이면서 폴더가 열려요. **열린 폴더 안에 끌어온 브러시를 놓아 이동**합니다.

✚ 브러시를 **오른쪽으로 스와이프하면 동시 선택**이 되고 여러 개의 브러시를 한 번에 이동할 수 있어요.

같은 방법으로 아래 브러시 목록의 브러시들을 새로운 브러시 세트 폴더 안으로 모아 정리해 주세요.

[ENSEE 커스텀 브러시]	[프로크리에이트 기본 브러시]
ENSEE Pencil	서예 → 모노라인
ENSEE Pen	서예 → 분필
ENSEE Gouache	페인팅 → 벽토
ENSEE Dry Ink	머티리얼 → 노이즈 브러시
ENSEE Oil Pastel	

TIP

기본 브러시와 복제 브러시 이동

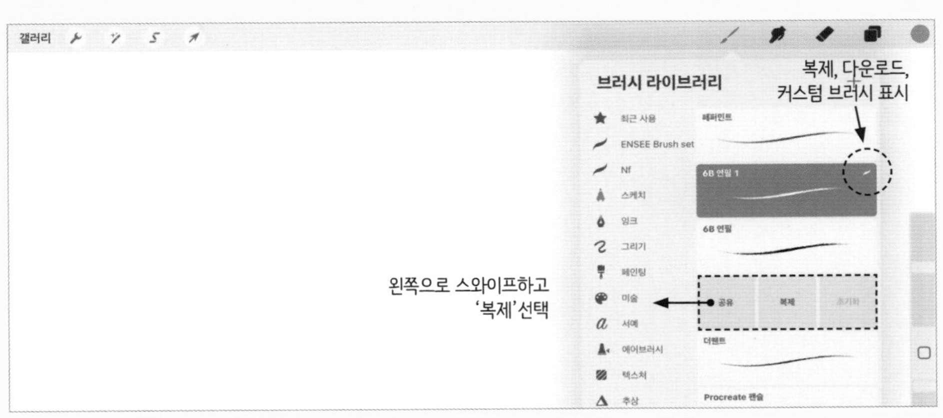

- 복제하거나 다운로드한 브러시에는 오른쪽 상단에 **물결 모양 아이콘**이 나타납니다.
- 브러시를 다른 폴더로 이동할 때, **기본 브러시는 자동으로 복제**되어 다른 폴더로 이동하지만 커스텀 브러시는 자동으로 복제되지 않기 때문에 왼쪽으로 스와이프해 **'복제'**를 선택하고 **복제한 브러시를 이동**해 주세요. 그래야 원래의 폴더에도 브러시 위치를 유지할 수 있습니다.

[브러시 옵션]

- 공유 : 브러시를 다른 기기나 아이클라우드로 공유할 수 있습니다.
- 복제 : 브러시를 커스텀하거나 다른 폴더로 이동할 때, 원본을 유지하기 위한 **브러시 복제본**을 만들 수 있습니다.
- 초기화 : 커스텀한 **브러시를 초기화**합니다.

✚ 복제한 브러시에는 '삭제' 옵션이 나타나요.

브러시 목록에 나만의 '최애' 브러시 고정하고 사용하기

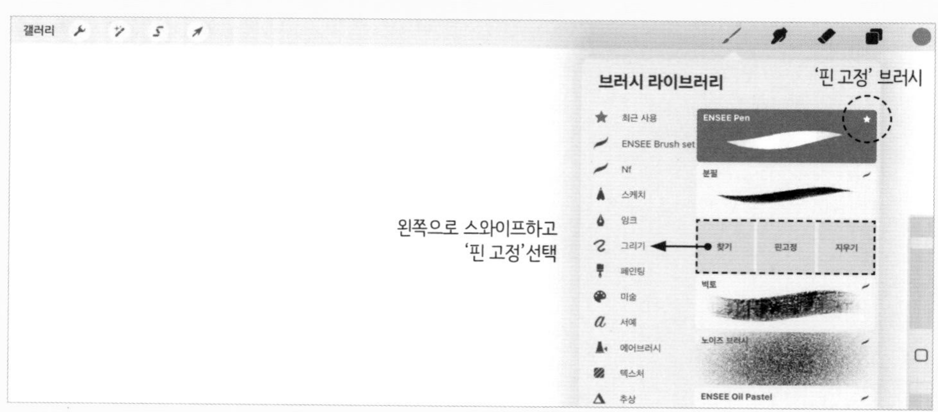

- 브러시 목록 왼쪽 상단 **'★ 최근 사용'**에는 가장 최근에 사용한 브러시가 최대 8개까지 순서대로 기록됩니다.
- 브러시를 왼쪽으로 스와이프하면 나타나는 옵션에서 **'핀 고정'**을 선택하면 오른쪽 상단에 **별 모양 아이콘★**이 나타나면서 **최근 사용에 고정**됩니다. 핀 고정 브러시는 최대 10개까지 사용할 수 있어요. 자주 사용하는 나만의 **'최애' 브러시를 최근 사용에 핀 고정**하고 사용해 보아요.

['최근 사용' 브러시 옵션]

- 찾기 : 브러시 **원본이 있는 위치**를 찾아줍니다.
- 핀 고정 : **'최근 사용'에 브러시를 고정**합니다. 핀 고정 브러시는 **별 모양** 표시가 나타나요.
- 지우기 : '최근 사용'에서 **브러시 기록을 지웁니다.**

❷ ENSEE 커스텀 브러시 특징과 사용법

ENSEE 연필 브러시(ENSEE Pencil)

단단하며 부드러운 느낌의 연필 브러시입니다. 필압으로 선의 굵기와 연필의 진한 정도를 조절할 수 있고 애플펜슬을 기울여 사용하면 연필로 문지른 듯한 질감을 표현할 수 있어요. 스케치를 할 때 사용하거나 색상을 설정하면 색연필 브러시로도 사용할 수 있습니다.

ENSEE 펜 브러시(ENSEE Pen)

번지는 잉크처럼 살짝 거친 느낌의 선과 투명한 특징이 있는 브러시입니다. 거친 질감을 살려 외곽선을 그리고 채색할 때 사용해요. 애플펜슬을 기울여 사용하면 거칠고 넓은 종이 질감을 표현할 수 있어요. 필압으로 선의 두께를 조절하며 세밀한 부분을 그리다가 애플펜슬을 기울여 질감이 느껴지는 묘사를 쌓을 때 사용하기 좋은 브러시예요. 가장 자주 사용하는 브러시 중 하나입니다.

ENSEE 구아슈 브러시(ENSEE Gouache)

매트하게 마른 구아슈 느낌의 브러시입니다. 필압에 따라 농도가 조절되며, 겹쳐 칠할수록 불투명해지는 특징을 가지고 있어요. 단독으로 사용하기보다 밑색 위에 묘사를 쌓거나 블렌딩할 때 사용해요. 강한 필압으로 채색할수록 붓 터치 질감과 농도가 짙어집니다. 넓은 부분을 묘사할 때 적합합니다.

ENSEE 드라이 잉크 브러시(ENSEE Dry Ink)

마른 느낌의 거친 질감이 느껴지는 브러시입니다. 거칠게 그려지는 선의 느낌은 손그림 느낌을 더해줍니다. 애플펜슬을 기울여 사용하면 더욱더 거칠고 넓게 표현할 수 있어요. ENSEE 구아슈 브러시와 함께 사용하기 좋아요.

ENSEE 오일 파스텔 브러시(ENSEE Oil Pastel)

꾸덕꾸덕하게 뭉개지는 느낌의 오일 파스텔 브러시입니다. 부드러운 오일 느낌으로 주변 색과 어우러져 부드럽게 블렌딩됩니다. 1가지 색상만 사용해도 풍부하게 색감을 표현할 수 있어요.

❸ 그리기 도구와 친해지기

선 긋기

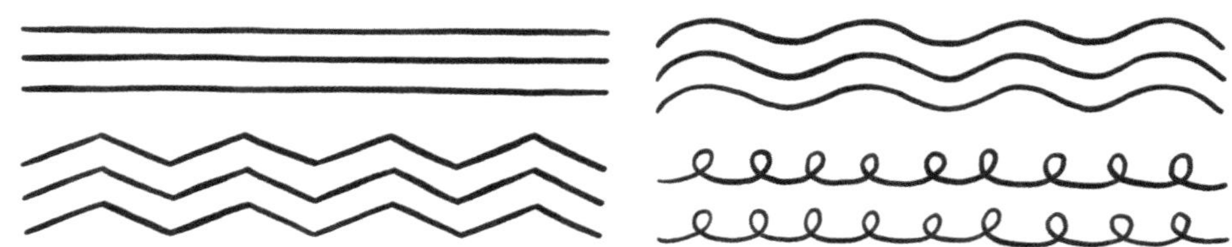

아이패드 화면은 종이보다는 마찰이 부족해서 처음에는 선을 긋는 게 어렵게 느껴질 수 있어요. 빈 캔버스에 **'ENSEE Pen' 브러시**를 사용해 직선, 지그재그, 물결, 스프링 선 등 다양한 선을 자유롭게 그리며 연습해 보세요.

필압과 기울기 조절하기

브러시 중에는 필압에 따라 선의 두께가 변하는 브러시가 있고 농도가 변하는 브러시가 있어요. **펜, 드라이 잉크, 오일 파스텔 브러시는 선의 두께가 변하는 특징**이 있고 **연필, 구아슈 브러시는 선의 두께도 변하지만 필압을 강하게 그릴수록 진하게, 약하게 그릴수록 연하게 농도까지 함께 변하는 특징**이 있습니다.

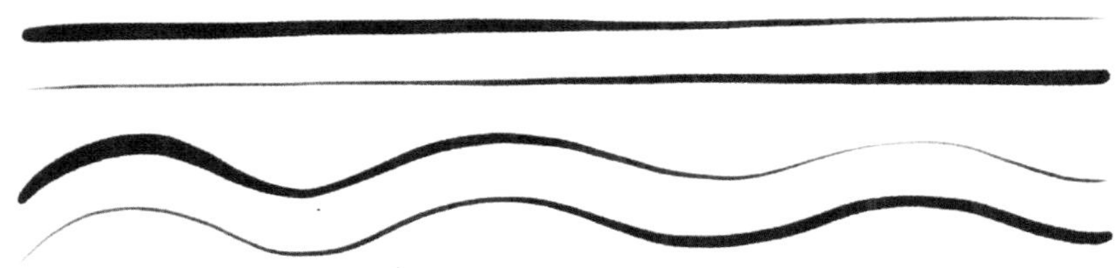

필압에 따라 **선의 두께**가 변하는 **'ENSEE Pen'** 브러시로 힘을 주며 두꺼운 선을 그리다가 점점 힘을 풀면 얇은 선이 그려지는 걸 느끼며 필압으로 선 두께를 컨트롤하는 연습을 해보세요. 반대로 처음에는 힘을 빼고 그리다가 점점 힘을 주어 얇은 선에서 두꺼운 선으로 필압을 조절하며 그려보세요.

필압에 따라 **농도**가 변하는 **'ENSEE Gouache'** 브러시로 점점 옅어지는 그라데이션을 표현해 보세요. 힘을 주고 진하게 그리다가 점점 힘을 풀면서 연하게 그려 필압으로 농도를 조절해 보세요.

'연필, 펜, 드라이 잉크' 브러시는 애플펜슬을 기울여 그릴 때 질감이 넓게 나타나는 특징이 있어요. 애플펜슬을 기울여 넓은 질감으로 채색해 보세요. 기울기 특징을 활용하면 텍스처를 더하지 않아도 질감이 풍부한 묘사를 할 수 있습니다.

④ 색 채우기, 컬러 드롭Color Drop

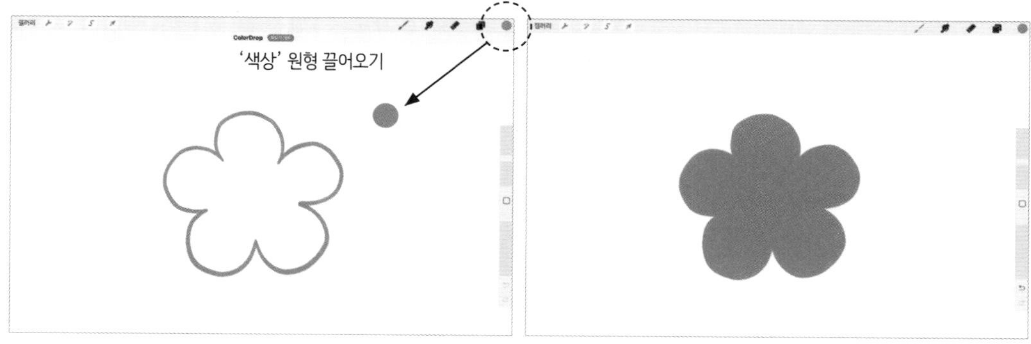

프로크리에이트의 **'컬러 드롭'** 기능을 사용하면 한 번에 색을 채울 수 있어요. 오른쪽 상단의 **'색상 원형'**을 캔버스로 끌어와 색을 채울 영역 안에 놓아줍니다. 이때 구멍 난 곳이 없는 **닫힌 도형**이어야 색상이 밖으로 나가지 않고 영역 안에 채워져요.

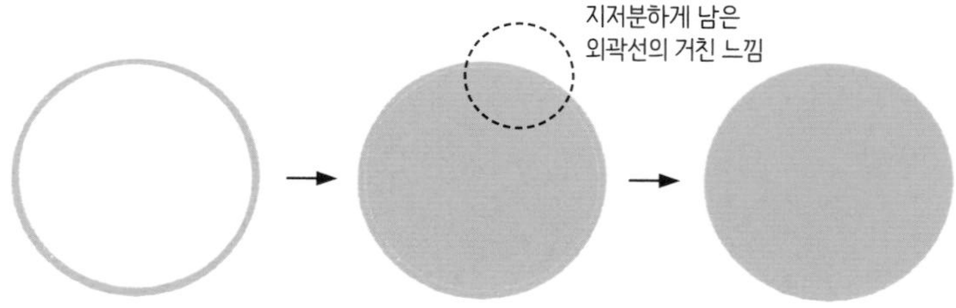

드라이 잉크 같은 거친 느낌의 브러시로 그린 후에 **컬러 드롭**으로 색을 채우면 외곽선 부분에 브러시의 거친 느낌이 남아 있어요. 그럴 때에는 브러시로 지저분한 부분을 한 번 더 채색해서 정리해 주세요.

컬러 드롭을 사용하지 않고 브러시로 채색해서 색을 채워보세요. 브러시가 가진 특징과 자연스러운 질감이 남아 손 그림 느낌을 더할 수 있습니다.

닫힌 도형인데 컬러 드롭으로 색이 채워지지 않을 때, Color Drop 임계값

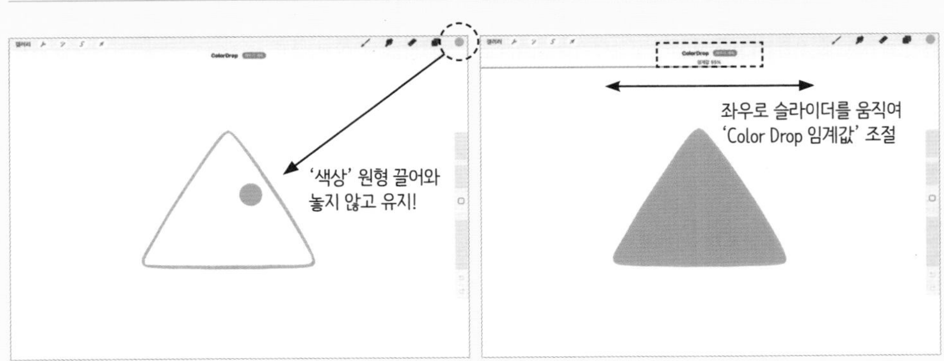

분명 **닫힌 도형**인데 컬러 드롭으로 색이 채워지지 않을 때에는 **색상의 양**을 조절해 보세요.

색상 원형을 색을 채울 영역으로 끌어와 **놓지 않고 유지**하면 상단에 **'Color Drop 임계값'** 슬라이더가 나타나요. 색상 원형을 놓지 않은 상태에서 좌우로 슬라이더를 움직여 색상 양을 조절해 보세요.

얇은 벽으로 만든 성에 페인트를 많이 부으면 벽이 무너지면서 페인트가 쏟아지겠죠? 마찬가지로 얇은 선으로 그린 도형 안에 붓는 색상 양이 많으면 성벽이 무너져서 페인트가 쏟아지는 원리와 같습니다.

Color Drop 임계값을 조절했는데도 색상이 밖으로 나간다면 어딘가 선이 닫히지 않은 부분이 있는 것이니, 브러시 크기를 키워 선을 두껍게 한 번 더 그린 후에 컬러 드롭을 사용해 주세요.

TIP

컬러 드롭으로 채색할 때, 같은 색 이어서 채우기

'컬러 드롭Color Drop'을 사용해 채색할 때, **'채우기 계속'** 기능을 사용하면 다른 부분에도 같은 색을 이어서 채색할 수 있어요.

색을 채울 영역에 **컬러 드롭**으로 색을 채우면 캔버스 위쪽에 [Color Drop **채우기 계속]** **버튼**이 나타납니다. 이 버튼을 바로 선택해 주세요.

TIP **[Color Drop 채우기 계속] 버튼**은 빠르게 선택하지 않으면 바로 사라집니다.

[Color Drop **채우기 계속]** **버튼**을 누르고 [Color Drop]으로 표시가 바뀐 후에 같은 색을 채울 영역을 터치하면 해당 영역에 같은 색이 채워집니다.

✚ 상단에 있는 다른 툴을 누르면 '채우기 계속'이 종료됩니다.

❺ 브러시와 스머지 도구를 사용한 블렌딩

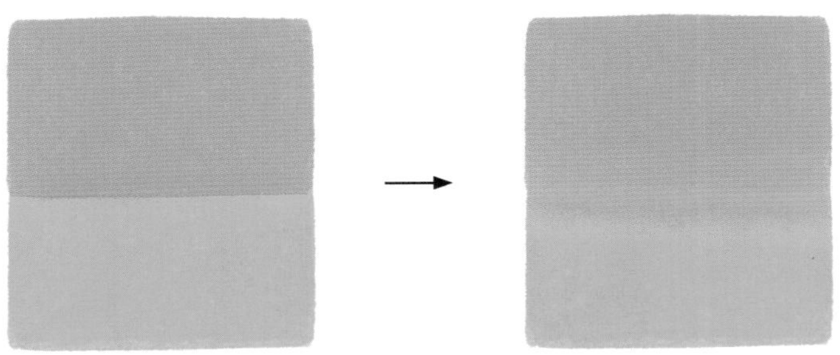

브러시나 스머지 도구를 사용해 블렌딩하면 **색의 경계를 풀어 색을 섞거나 자연스러운 그라데이션을 표현**할 수 있습니다.

'브러시' 블렌딩

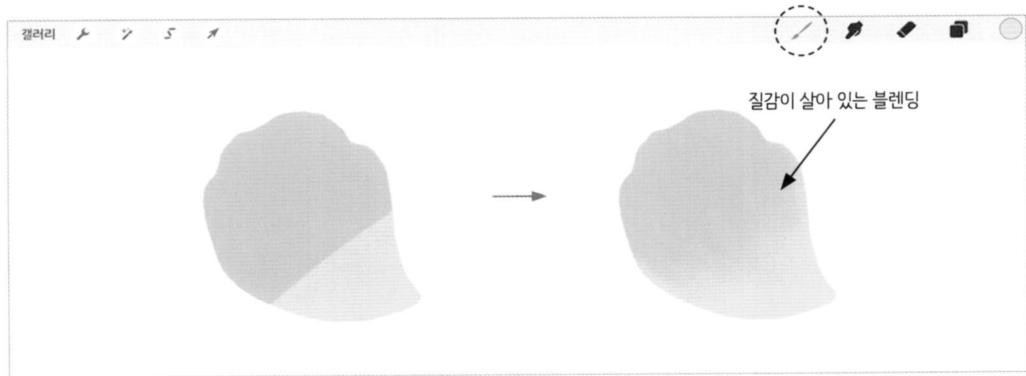

오른쪽 상단 **'브러시'** 도구를 선택한 후, 필압으로 농도가 조절되는 브러시를 사용하거나 브러시 불투명도를 조절하며 색 경계 부분의 색상을 추출해 힘을 빼고 살살 채색하면 색이 자연스럽게 섞이며 블렌딩됩니다. 브러시 블렌딩은 **브러시가 가진 질감을 살리면서 블렌딩**할 수 있다는 장점이 있어요.

'스머지 도구' 블렌딩

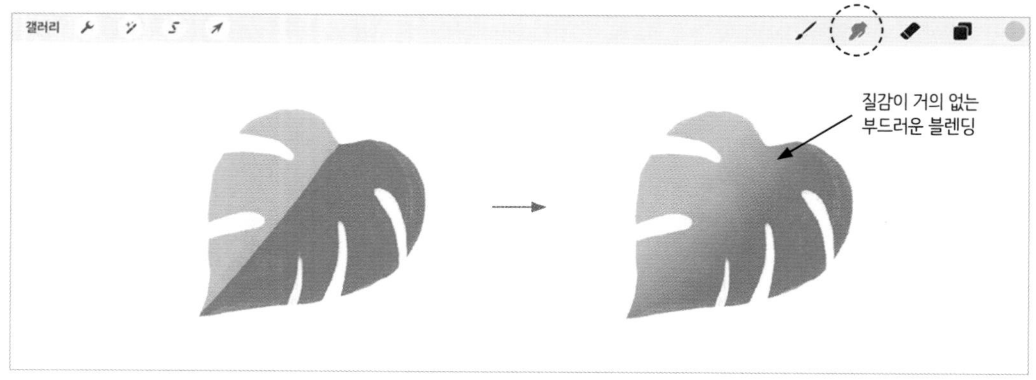

오른쪽 상단 **'스머지'** 도구를 선택한 후, 색 경계 부분을 문지르면서 색을 풀어주면 색이 섞이면서 블렌딩됩니다. 스머지 블렌딩은 손쉽게 경계를 문질러서 풀어줄 수 있다는 장점이 있지만, 브러시가 가진 질감이 사라진다는 단점이 있어요.

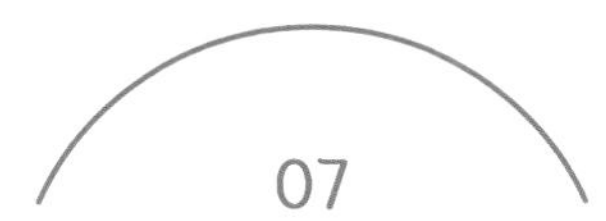

그리기 위한 프로크리에이트 핵심 기능 모음

❶ 이미지 저장하고 공유하기

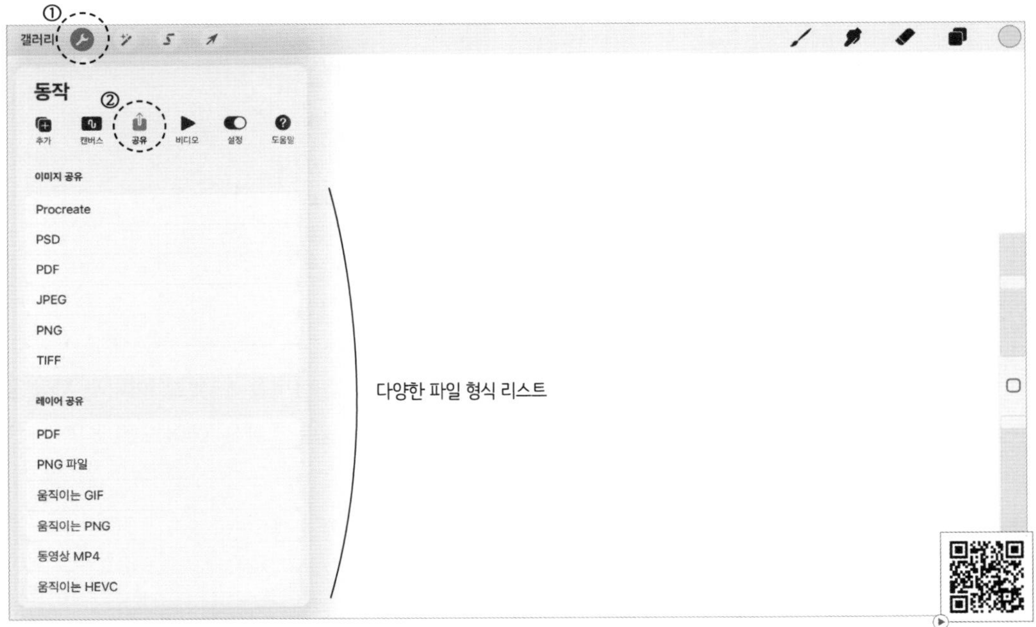

[①**동작**]에서 [②**공유**]를 선택하면 여러 가지 파일 형식으로 이미지를 저장하고 공유할 수 있습니다.

가장 자주 사용하는 파일 형식 알아보기

이미지 공유 : 다양한 파일 형식으로 이미지를 저장합니다.

- Procreate : 프로크리에이트 전용 파일입니다. 레이어와 타임랩스가 함께 저장됩니다.
- PSD : 포토샵 전용 파일입니다. 레이어가 그대로 저장되어 수정, 편집이 필요할 때 사용해요.
- JPEG : 이미지 파일 형식입니다. 용량이 가벼워 널리 사용하지만 투명한 부분을 저장할 수 없어요.
- PNG : 이미지 파일 형식입니다. 투명한 부분을 저장할 수 있기 때문에 레이어처럼 저장이 가능합니다. 배경이 없어야 하는 스티커 같은 이미지를 만들고 저장할 때 사용합니다.

레이어 공유 : 활성화된 레이어를 한 장씩 저장하거나 동영상처럼 레이어로 작동하는 파일 형식으로 저장합니다.

- 움직이는 GIF : 레이어를 차례로 보여주는 애니메이션을 움직이는 '이미지 파일'로 저장합니다.
- 동영상 MP4 : 애니메이션을 움직이는 '동영상 파일'로 저장합니다.

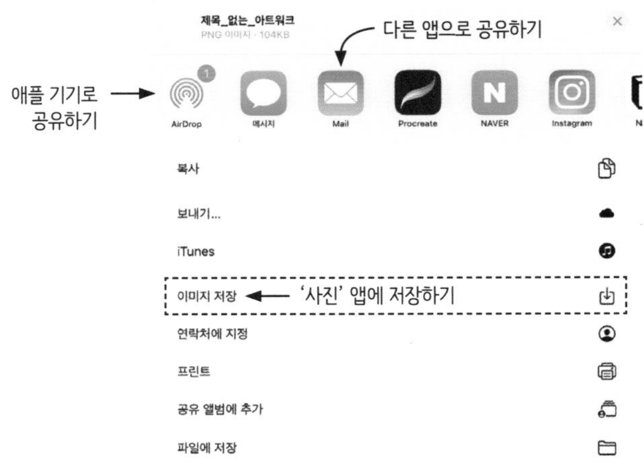

파일 형식을 선택한 후에 나타나는 **내보내기** 창에서 저장, 공유 위치를 선택할 수 있고 **'이미지 저장'을 누르면 아이패드 '사진' 앱에 저장**됩니다. 아이폰, 맥북 등 애플 기기로 공유할 때는 **'에어 드롭**Air Drop**'** 기능을 사용하면 바로 공유되어 편리해요.

✚ 다른 파일 형식과 공유 방법에 대한 자세한 내용은 핸드북 11쪽을 확인해 주세요.

❷ 레퍼런스, 이미지 자료 참고해 그리기

[①**동작**]에서 [②**캔버스**]를 선택하고 **'레퍼런스'**를 활성화하면 작업 중인 캔버스의 전체 이미지를 보여줍니다. 화면을 확대해서 그릴 때 레퍼런스 창을 통해 그림의 전체 이미지도 함께 확인하면서 그릴 수 있어요. 레퍼런스 상단의 회색 바를 끌어서 창 위치를 이동할 수 있고, 오른쪽 모서리 부분을 잡고 늘리거나 줄이면 창 크기를 변경할 수 있습니다.

✚ 레퍼런스 창 안쪽을 터치하면 레퍼런스 인터페이스가 숨겨지면서 이미지 영역만 보여요. 한 번 더 터치하면 다시 인터페이스가 나타납니다.

레퍼런스 창 [③**이미지**]에서 [④**이미지 불러오기**]를 선택하면 '사진' 앱에 저장된 이미지를 불러올 수 있어요. 참고할 이미지를 레퍼런스 창에 띄워 놓고 보면서 그림을 그릴 수 있습니다.

✚ 레퍼런스 창은 캔버스와 마찬가지로 꾹 눌러 [**스포이드**] **툴**로 색상을 추출할 수 있고, 이미지를 확대하거나 축소, 회전할 수 있어요.

❸ 스플릿 뷰Split View, 슬라이드 오버Slide Over로 화면 나누기

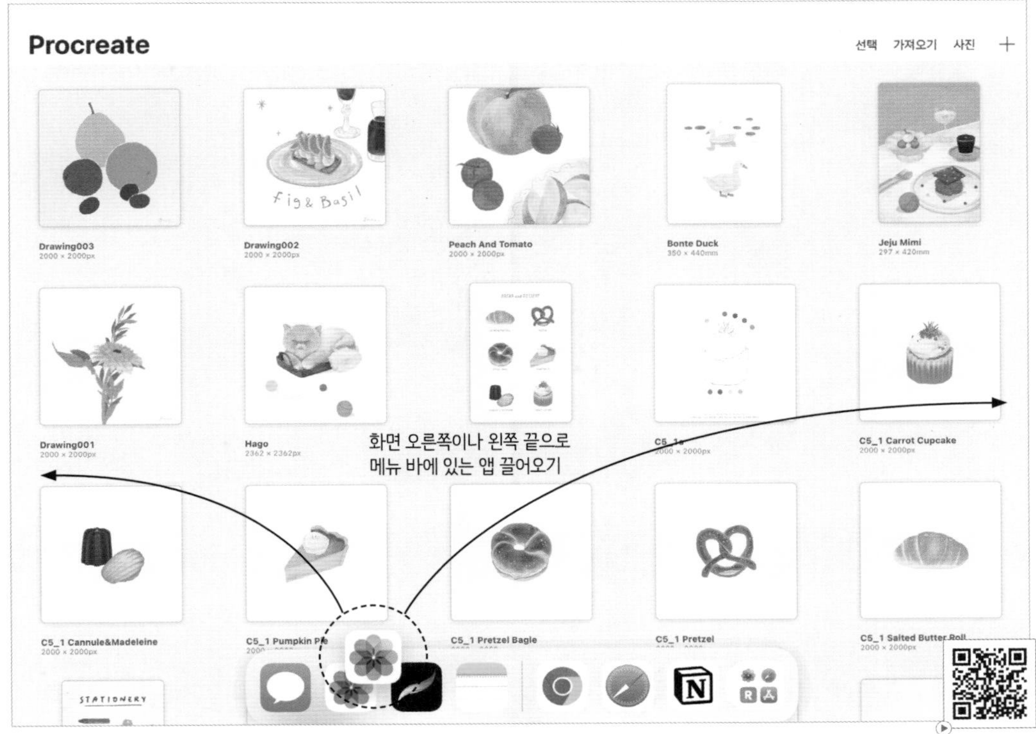

스플릿 뷰 Split View는 아이패드 화면을 2개로 분할해 멀티태스킹을 할 수 있는 기능입니다. 아이패드 화면 아래쪽을 손가락으로 천천히 쓸어 올리면 **'독**Dock **메뉴'** 바가 나타나요(빠르게 쓸어 올리면 홈 화면으로 돌아갑니다). 독 메뉴 바에 있는 앱을 꾹 눌러서 화면 오른쪽이나 왼쪽 끝으로 끌어와 **화면이 분리되었을 때 놓으면 화면이 분할**되어 2개의 앱을 함께 볼 수 있어요. 프로크리에이트에서는 '사진' 앱이나 웹 화면을 띄어 놓고 이미지 자료를 보면서 그림을 그릴 때 주로 사용합니다.

✚ '사진' 앱처럼 자주 사용하는 앱은 독 메뉴에 지정해 놓으면 스플릿 뷰로 바로 사용하기 좋아요.

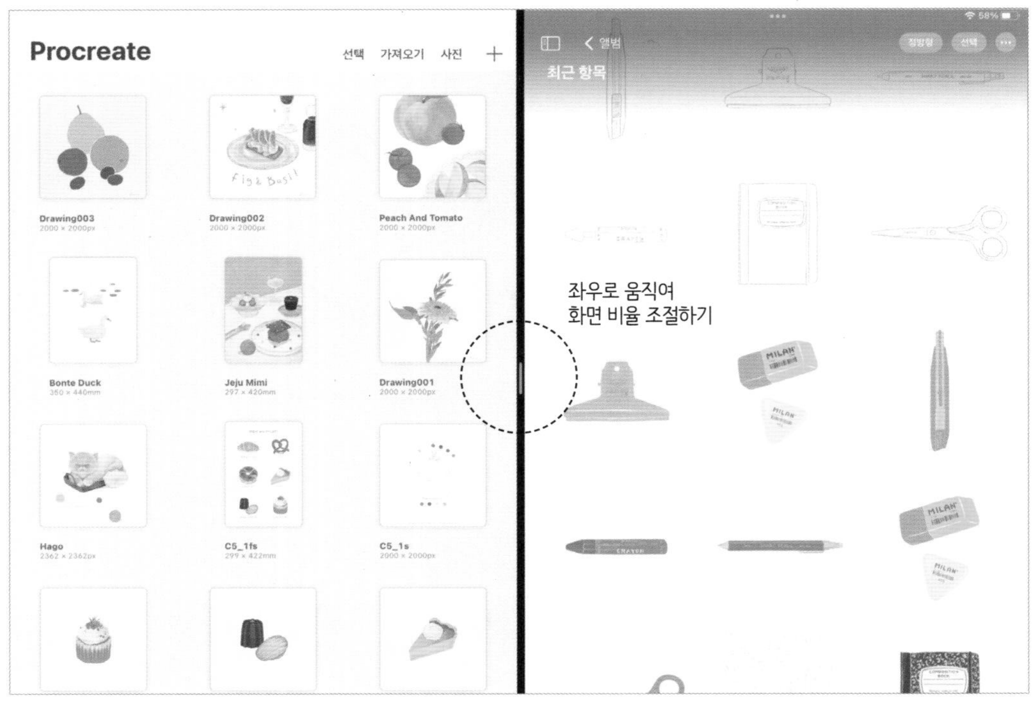

분할된 화면의 경계선 중앙 부분을 끌어서 좌우로 이동하면 화면 크기를 2분의 1, 4분의 1 비율로 조절할 수 있어요. 끝까지 밀면 스플릿 뷰가 종료됩니다.

아이패드 위쪽 **중앙의 점 3개(···)**를 눌러도 스플릿 뷰를 사용할 수 있는 메뉴가 나타나요. '전체화면' 바로 아래에 있는 **'Split View'**를 선택하면 아이패드 홈 화면 위쪽에 **'Split View 다른 앱 선택'**이라는 메시지가 뜹니다. 홈 화면에서 앱을 선택하면 화면을 분할해 2개의 앱을 동시에 볼 수 있어요.

✚ 독 메뉴 바에 없는 앱을 스플릿 뷰로 띄울 때는 이 방법을 써주세요.

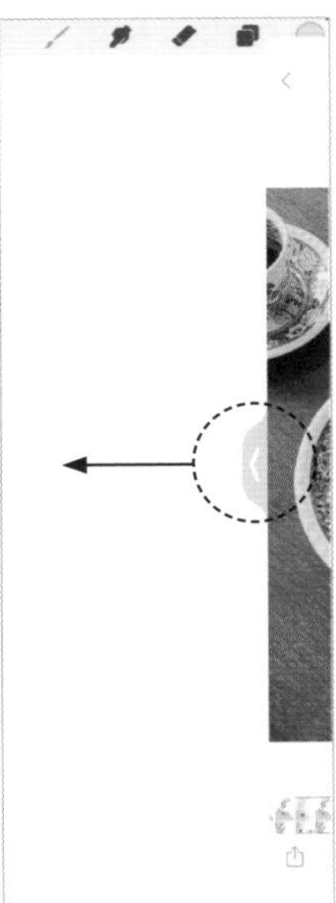

슬라이드 오버 Slide Over는 '스플릿 뷰'와 비슷한 기능을 하지만 스플릿 뷰처럼 화면을 분할하지 않고 **새로운 창으로 다른 앱을 함께 볼 수 있는 기능**입니다. 슬라이드 오버 창 윗부분을 끌어서 위치를 이동하거나 옆으로 밀면 잠시 숨길 수 있고, 손가락으로 좌우 화면 끝에서 안쪽으로 당기면 숨겨진 창이 다시 나타나요.

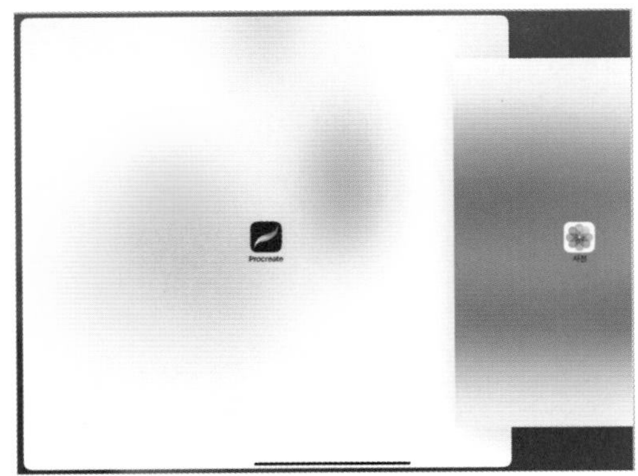

화면이 분리되었을 때 놓기 '스플릿 뷰'

화면이 분리되기 전에 놓기 '슬라이드 오버'

스플릿 뷰와 **슬라이드 오버**는 사용 방법이 같지만 앱을 띄우는 방식에 따라 차이가 납니다. 앱을 끌어서 **화면이 분리되었을 때 놓으면 '스플릿 뷰'**로 화면이 분할되고, **화면이 분리되기 전에 위에서 놓으면 '슬라이드 오버'**로 앱을 새 창으로 따로 띄울 수 있어요.

❹ 이미지 누끼 따기

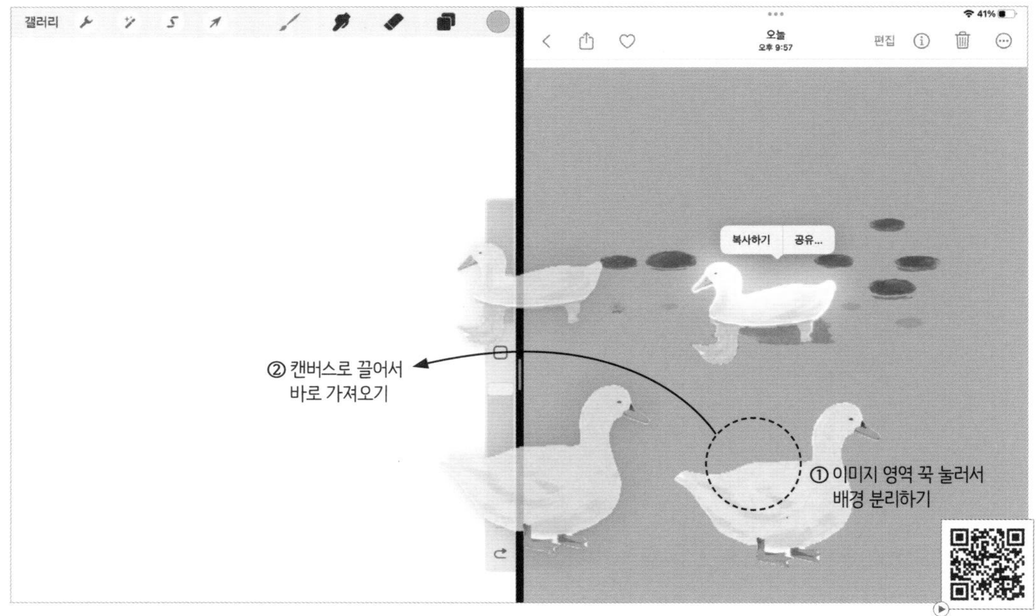

스플릿 뷰, 슬라이드 오버(73쪽)로 **'사진' 앱을 함께 사용**하면 외곽선 누끼를 따서 배경을 제외한 이미지를 캔버스로 바로 가져올 수 있어요.

① '사진' 앱에서 이미지 영역을 꾹 누르면 자동으로 배경이 분리됩니다.

② 그대로 끌어서 프로크리에이트 캔버스 위에 놓으면 외곽선을 딴 누끼 이미지가 캔버스로 복사됩니다.

❺ 퀵 셰이프Quick Shape, 반듯한 선과 도형 그리기

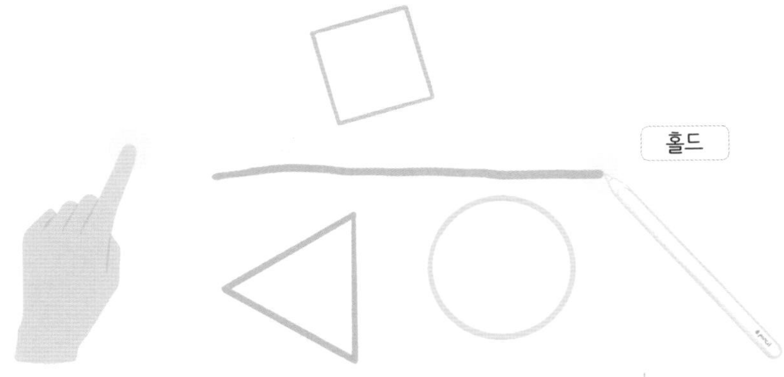

퀵 셰이프 Quick Shape는 직선, 곡선, 도형을 반듯하게 그릴 수 있도록 도와주는 기능입니다. **선을 그린 후 유지**하면 반듯한 직선을 그릴 수 있어요. 이때 애플펜슬을 놓지 않은 상태에서 다른 손으로 화면을 터치하면 **일정한 각도의 직선**을 그릴 수 있습니다.

✚ '**그린 후 유지, 터치**'를 기억하세요. 그리고 있는 중에 터치하거나 유지하지 않고 터치하면 퀵 셰이프가 제대로 작동하지 않아요.

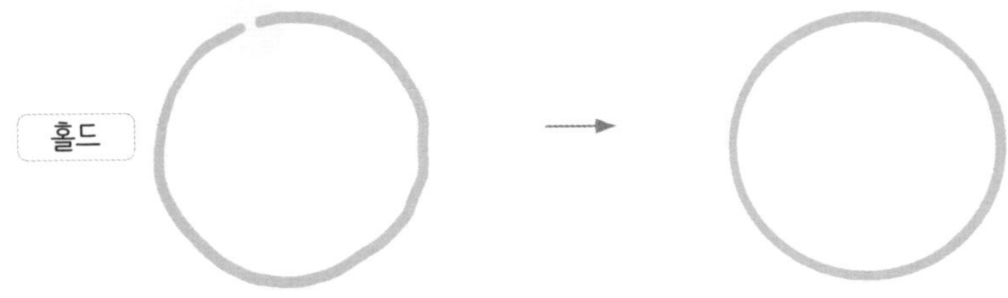

동그라미, 세모, 네모 등 도형을 그릴 때에도 그린 후 애플펜슬을 떼지 않고 유지하면 **자동으로 도형이 반듯하게 그려집니다.** 펜슬을 떼지 않은 상태에서 다른 손가락으로 화면을 터치하면 도형을 정원, 정삼각형, 정사각형 등으로 정비례한 도형을 그릴 수 있어요.

✚ 애플펜슬을 떼지 않은 상태에서 움직이면 선의 각도, 길이, 도형의 방향, 크기를 변경할 수 있습니다.

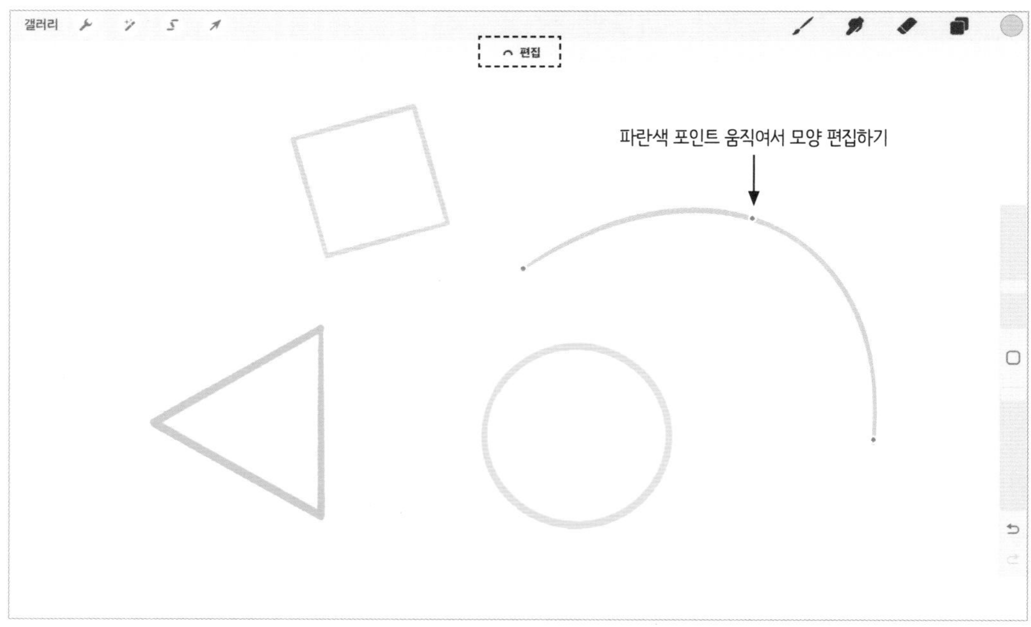

'퀵 셰이프'를 사용한 직후, 화면 위쪽에 나타나는 [**편집**]을 누르면 선에 파란색 포인트가 생깁니다. 이 **파란색 포인트를 움직이면 모양을 조금 더 세밀하게 편집**할 수 있어요.

✚ 모양 편집이 끝난 후에는 다시 모양 편집을 사용할 수 없으니 유의하세요.

퀵 셰이프를 적용했을 때 | 퀵 셰이프를 적용하지 않았을 때

퀵 셰이프는 선을 반듯한 모양으로 쉽게 그릴 수 있다는 장점이 있지만, 너무 많이 사용하면 자칫 그림이 딱딱해 보일 수 있어요. 퀵 셰이프보다는 직접 그리는 게 더욱 자연스러운 느낌으로 그려집니다.

❻ 선택 툴(올가미)

오른쪽 상단 **[선택]** 툴을 누르면 **레이어에서 원하는 부분을 선택**할 수 있어요. 선택한 부분은 따로 이동하거나 형태를 변형하고 색상 조정, 복사, 삭제 등을 할 수 있습니다. 선택 영역을 제외한 부분에는 빗금이 나타나고 '자동' 선택을 사용할 경우에는 선택된 부분이 보색으로 표시됩니다.

자동 : 비슷한 **색상 범위를 자동으로 선택**합니다. 애플펜슬로 원하는 부분을 선택한 상태에서 펜슬을 떼지 않고 좌우로 움직여 위쪽에 '선택 한계 값' 슬라이더가 나타날 때 선택 범위를 조절할 수 있어요.
올가미 : 선을 그리듯이 선택 범위를 그려서 선택할 수 있어요. 마지막에 회색 시작 포인트 부분을 한 번 더 터치해 선택을 마무리해 주세요. 회색 포인트를 닫지 않으면 계속 이어서 선택할 수 있습니다. 거리를 두어 점을 찍듯이 선을 그리면 직선 선택이 가능해요.
직사각형·타원 : 사각형과 원형으로 선택 범위를 설정합니다.

TIP 선택 영역을 지정하는 동안 실행 취소, 다시 실행 제스처를 사용할 수 있어요.

TIP 다른 툴을 터치하면 [선택] 툴이 해제됩니다.

선택 툴 옵션 알아보기

추가 : 선택할 영역을 추가합니다.

제거 : 선택하지 않을 영역을 선택합니다.

반전 : 선택 영역을 제외한 범위를 선택하도록 반전합니다.

복사 및 붙여넣기 : 선택한 영역을 새로운 레이어로 복제합니다.

페더 : 선택 영역 외곽선을 부드럽게 조정합니다.

저장 및 불러오기 : 선택 영역 모양을 저장했다가 다시 같은 모양으로 선택할 수 있는 기능입니다.

색상 채우기 : 선택 영역에 색상을 채웁니다.

지우기 : 선택된 영역 전체를 선택 해제합니다.

❼ 변형 툴(이동 및 변형)

레이어 전체 혹은 레이어의 일부를 선택한 후, 왼쪽 상단 **[변형]** **툴**을 누르면 위치를 이동하고 크기, 모양을 변형할 수 있어요.

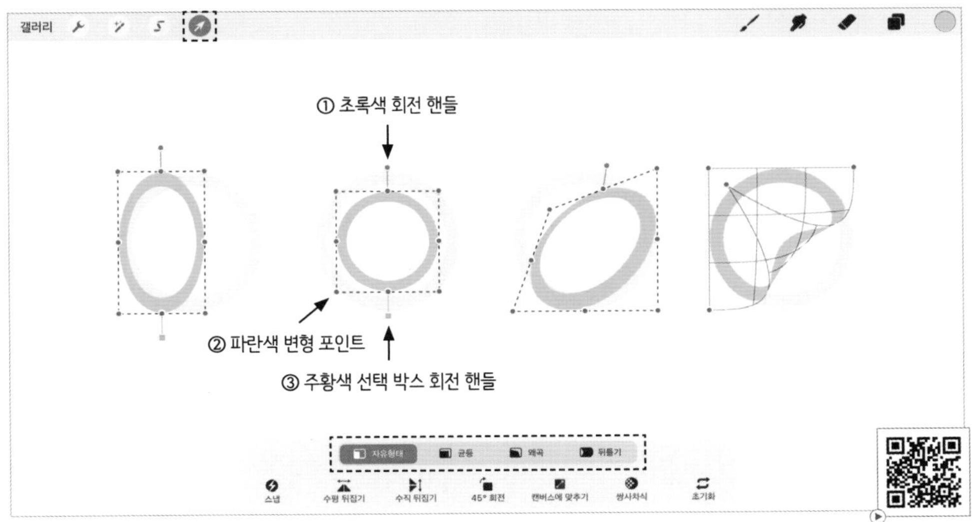

자유형태 : 원본의 비율을 유지하지 않고 자유롭게 크기, 형태를 변형합니다.

균등 : 원본의 비율을 유지하면서 균등하게 크기를 변형합니다.

왜곡 : 선택 박스의 파란색 포인트를 이동해 형태를 왜곡 변형합니다.

+ 스냅 '자석'이 활성화된 상태에서 사용하면 일정한 각도로 왜곡할 수 있어요.

뒤틀기 : 선택 박스의 파란색 포인트나 중앙 메시(그물) 선을 이동해 형태를 곡선으로 자유롭게 변형합니다.

TIP 다른 툴을 터치하면 [변형] 툴이 해제됩니다.

선택 박스

① **초록색 회전 핸들 :** 선택 박스의 초록색 회전 핸들을 움직여 이미지를 회전합니다.

② **파란색 변형 포인트 :** 선택 박스의 파란색 포인트를 이동해 크기, 모양을 변형합니다.

③ **주황색 선택 박스 회전 핸들 :** 선택 박스의 주황색 회전 핸들을 움직여 선택 박스 각도를 회전합니다.

변형 툴 옵션 알아보기

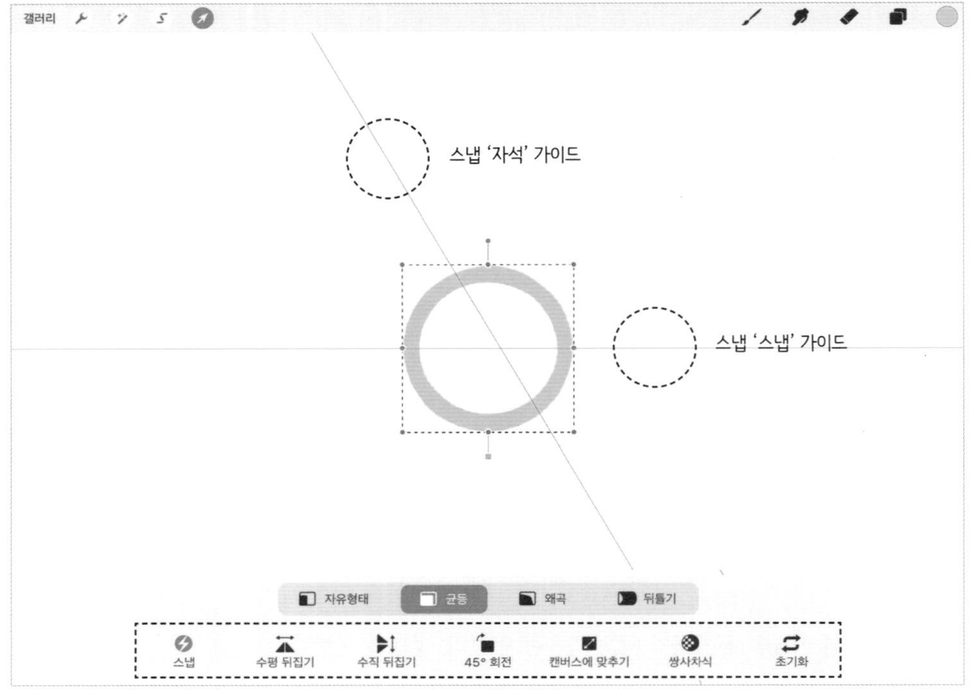

스냅 '자석' : 수평, 수직, 대각선의 일정한 각도를 파란색 선으로 표시하며 위치를 조정합니다.

스냅 '스냅' : 캔버스의 수직, 수평 중앙을 주황색 선으로 표시하고 자동으로 위치를 조정합니다.

✚ 세밀한 변형이나 위치를 이동할 때에는 스냅 기능이 방해가 될 수 있으니 비활성화해 주세요.

수평 뒤집기 : 좌우로 이미지를 뒤집어요.

수직 뒤집기 : 위아래로 이미지를 뒤집어요.

45° 회전 : 45도씩 이미지를 회전합니다.

캔버스에 맞추기 : 캔버스 크기에 맞춰서 이미지를 확대합니다.

쌍사차식 : 픽셀 변형 방식을 선택합니다.

✚ 최단입점 → 쌍선형식 → 쌍사차식 순으로 외곽 픽셀을 부드럽게 표현해요.

초기화 : 변형을 초기화합니다.

TIP

변형 툴 사용 전에 꼭 알아두기

• 원본 이미지보다 크게 변형하거나 여러 번 변형을 반복하면 픽셀(비트맵) 방식의 특성상 이미지가 손상되어 흐리게 보일 수 있어요. 가능하면 최소한의 변형만 해주세요.

✚ 단순 이동은 이미지가 손상되지 않아요.

• 선택 영역이 작을 경우, 선택 박스 '내부'를 터치해 이동하면 크기가 변형될 수 있어요. 이때 선택 박스 '외부'를 터치해 이동해 주세요.
• 선택 박스 외부를 손이나 애플펜슬로 톡톡 터치하면 터치하는 방향으로 조금씩 미세하게 위치를 이동할 수 있어요.

• **스냅 '자석'** 기능을 사용하면 파란색 선을 보면서 레이어 간의 정렬을 맞출 수 있어요.
• **스냅 '스냅'** 기능을 사용하면 주황색 선을 보면서 캔버스 중앙에 레이어 정렬을 맞출 수 있어요.

❽ 복사 및 붙여넣기 제스처

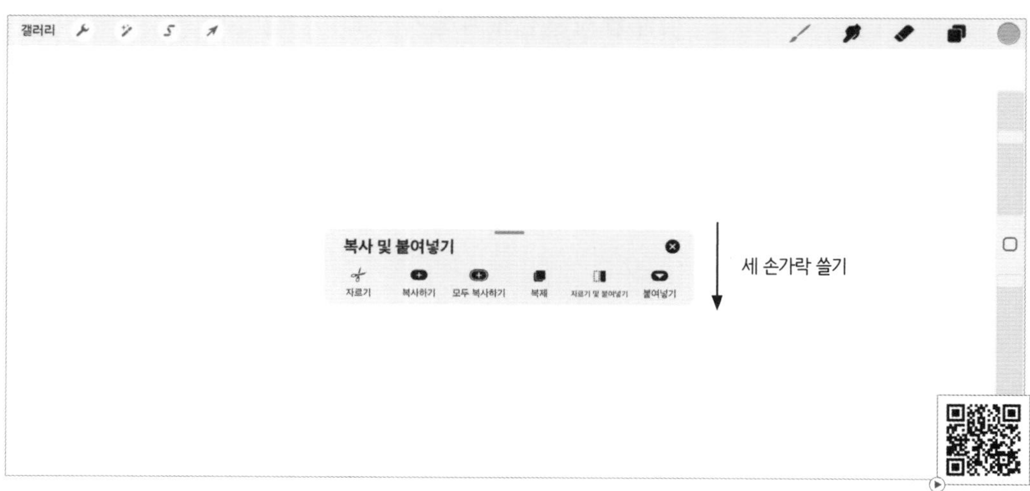

세 손가락 쓸기 제스처(제스처 35쪽)를 사용하면 **'복사 및 붙여넣기'** 창이 나타나요.

레이어 전체 혹은 레이어의 일부를 새로운 레이어로 복제할 수 있고, 한 번에 잘라내거나 복사해서 다른 작업 파일에 넣을 수 있는 기능들이 모여 있어요. 주로 **[선택] 툴**(79쪽)로 이미지 일부를 선택한 후에 사용합니다.

자르기 : 레이어 전체 혹은 레이어 선택 영역을 삭제하고 클립보드에 복사합니다.
복사하기 : 레이어 전체 혹은 레이어 선택 영역을 클립보드에 복사합니다.
모두 복사하기 : 캔버스에 보이는 전체 이미지나 선택 영역의 전체 이미지를 클립보드에 복사합니다.
✚ 레이어가 아닌 캔버스에서 보이는 이미지 전체를 캡처처럼 복사해요.
복제 : 레이어 전체 혹은 레이어 선택 영역을 새로운 레이어로 하나 더 만듭니다.
자르기 및 붙여넣기 : 레이어 전체나 레이어 선택 영역을 삭제하고 새로운 레이어로 붙여 넣습니다.
✚ 레이어 이미지를 새로운 레이어로 **'분리'**하는 기능이에요.
붙여넣기 : 클립보드에 복사된 이미지를 캔버스에 새로운 레이어로 붙여 넣습니다.
✚ 다른 작업 파일에도 붙여 넣을 수 있어요.

TIP

변형 툴 선택 박스가 그림보다 크게 나타날 때

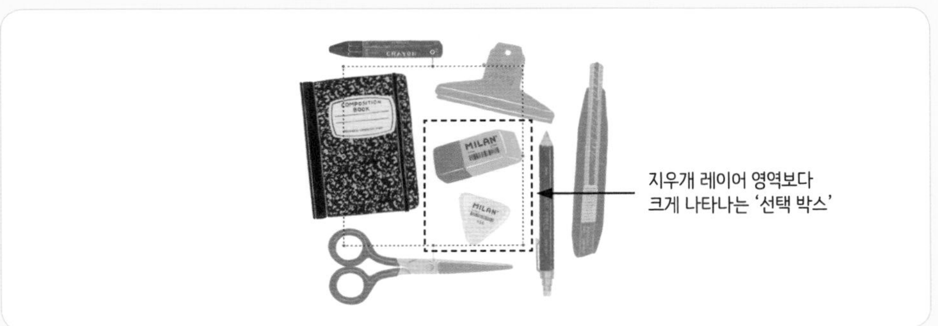

[변형] 툴을 사용할 때, 레이어에 그려진 그림의 영역보다 **선택 박스**가 크게 나타날 때가 있어요. 그림을 그리다가 어딘가에 실수로 점 같은 것이 그려졌을 때 이런 현상이 나타납니다. 이 경우 레이어 정렬을 맞추거나 레이어 창 섬네일을 확인할 때 불편할 수 있으니 지워서 정리하는 것이 좋아요.

1. 정리할 레이어를 선택한 후, **[선택] 툴 '올가미'**를 사용해 레이어의 지우지 말아야 할 그림 부분을 선택하고 회색 포인트를 터치해 선택을 마무리합니다.

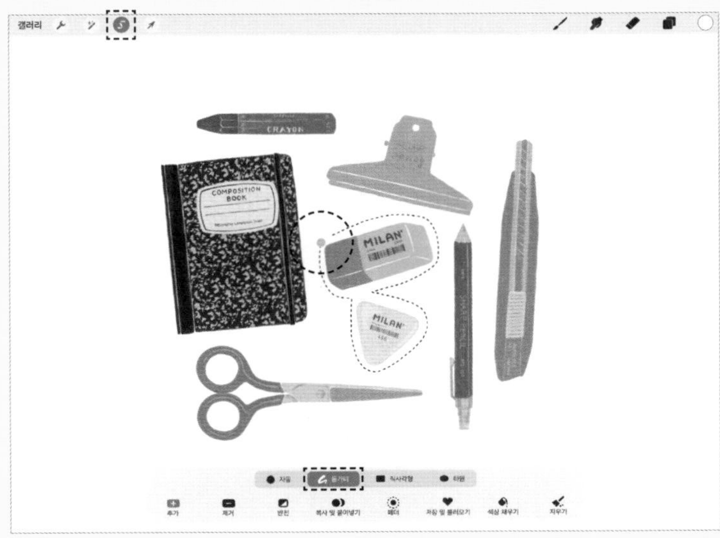

2. **[선택] 툴** 하단 옵션에서 **'반전'**을 누르면 **선택 영역이 반전되어 그림 바깥 부분이 선택**됩니다.

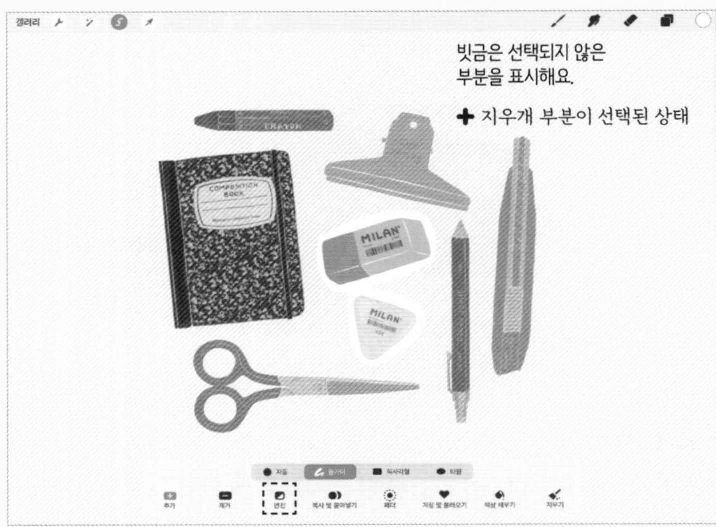

3. **세 손가락 쓸기** 제스처를 사용하면 나타나는 **'복사 및 붙여넣기' 창에서 [자르기]**를 누르면 그림 부분을 제외한 나머지 부분이 지워져서 나도 모르게 실수로 그려진 부분이 지워집니다.

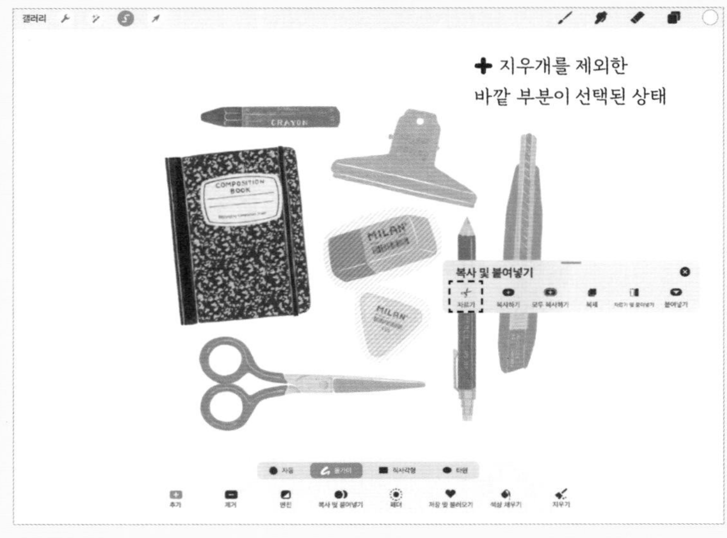

3. 다시 **[변형]** **툴**을 누르면 레이어의 그려진 영역 크기와 선택 박스 크기가 같아졌어요.

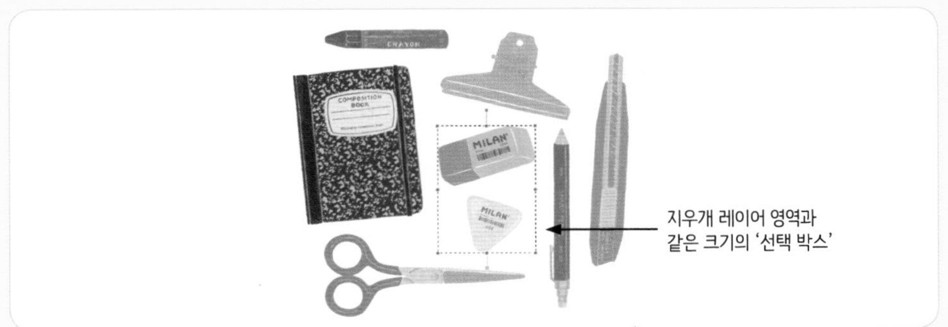

4. 레이어 창 섬네일에서도 나도 모르게 그려진 부분이 정리된 것을 확인할 수 있어요.

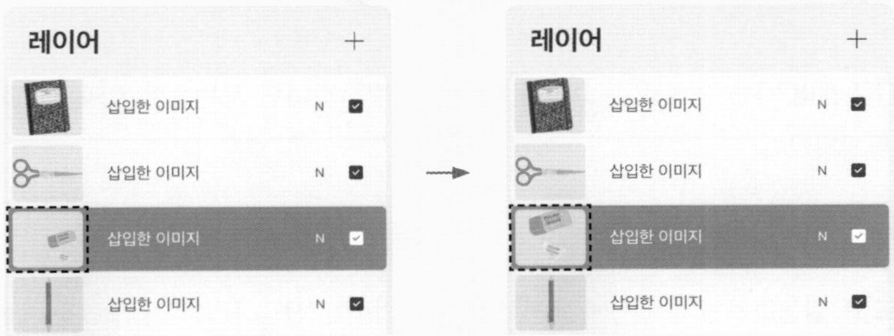

나도 모르게 그려진 부분 '정리' 전

나도 모르게 그려진 부분 '정리' 후

❾ 그리기 가이드

'그리기 가이드'는 그림 구도를 잡을 때 도움이 되는 다양한 모양의 가이드를 나타내는 기능이에요.

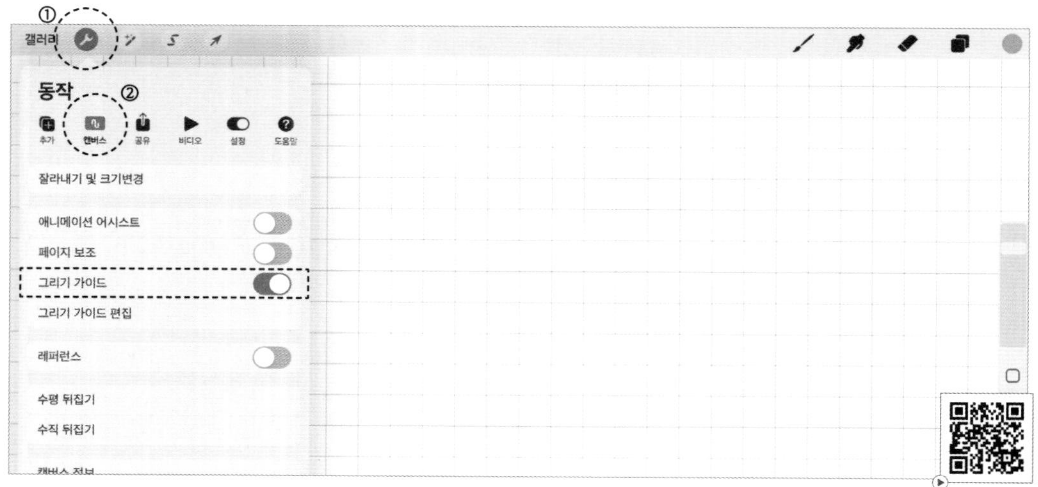

[① **동작**]에서 [② **캔버스**]를 선택하고 **'그리기 가이드'**를 활성화하면 모눈종이 모양의 **'2D 격자 가이드'**가 기본으로 설정됩니다.

그리기 가이드와 그리기 도우미

[그리기 가이드]를 활성화하면 캔버스에 표시된 설정한 가이드 선을 참고해서 그림을 그릴 수 있어요.

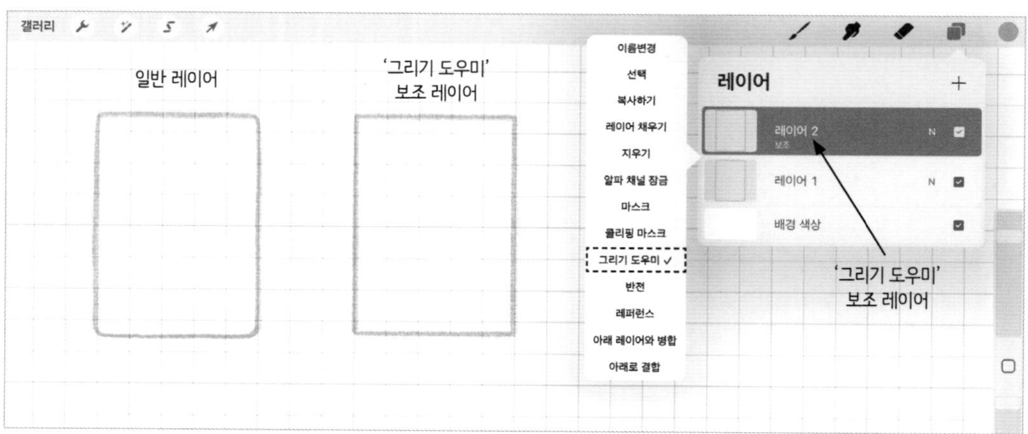

그림을 그릴 **레이어 옵션에서 '그리기 도우미'를 추가 적용**하면 해당 레이어 아래에 **'보조'**라는 문구가 나타나는데, **보조 레이어는 [그리기 가이드]의 영향**을 받습니다. **'그리기 도우미'**를 적용한 보조 레이어에는 가이드 선을 따라 자동으로 직선을 그릴 수 있어요.

✚ '대칭' 가이드를 사용하면 반사된 모양이 자동으로 그려져요.

그리기 가이드 편집

[동작 → 캔버스 → 그리기 가이드 편집]에서 가이드의 모양, 크기, 각도 등을 편집할 수 있어요.

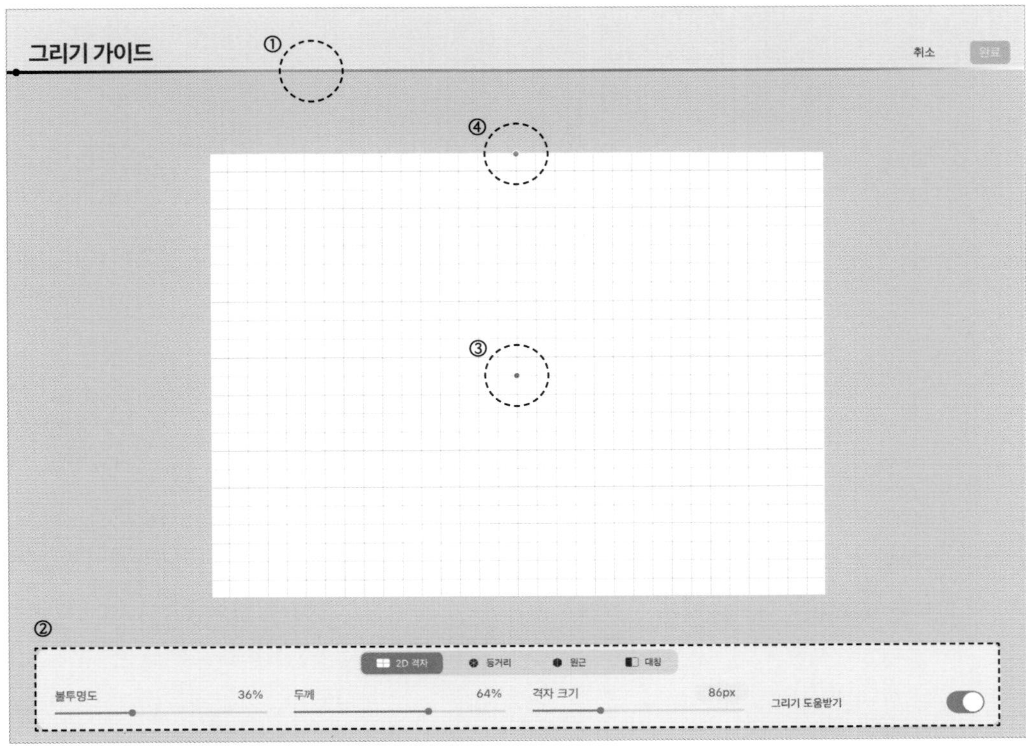

① **색상 슬라이더 :** 상단 컬러 스펙트럼 슬라이더를 이동해 가이드 선의 색상을 설정합니다.

② **가이드 옵션 :** 2D 격자, 등거리, 원근, 대칭 가이드 중 하나를 선택하고 불투명도, 두께, 격자 크기 등을 설정합니다.

- 불투명도 : 가이드 선의 불투명도를 조절합니다.
- 두께 : 가이드 선의 두께를 조절합니다.
- 격자 크기 : 2D 가이드, 등거리 가이드의 그리드 크기를 설정합니다. 슬라이더를 끌어서 조절하거나 숫자 부분을 터치하면 정확한 수치를 입력할 수 있어요.
- 그리기 도움받기 : 현재 선택된 레이어에 '그리기 도우미'를 활성화합니다.

③ **파란색 포인트 :** 파란색 포인트를 움직이면 가이드 위치를 이동할 수 있습니다.

④ **초록색 포인트 :** 초록색 포인트를 움직이면 가이드를 회전할 수 있습니다.

✚ 2가지 포인트 중 하나를 터치해 **'초기화' 버튼**을 누르면 위치, 회전 변경이 초기화됩니다.

설정이 끝난 후 **'완료' 버튼**을 누르면 설정한 가이드가 캔버스에 적용됩니다.

그리기 가이드 종류

2D 격자 : 2차원의 평면적인 직선 구도를 그릴 수 있는 격자 모양의 가이드입니다. 평면적인 그림이나 네모 칸 등을 그릴 때 주로 사용해요.

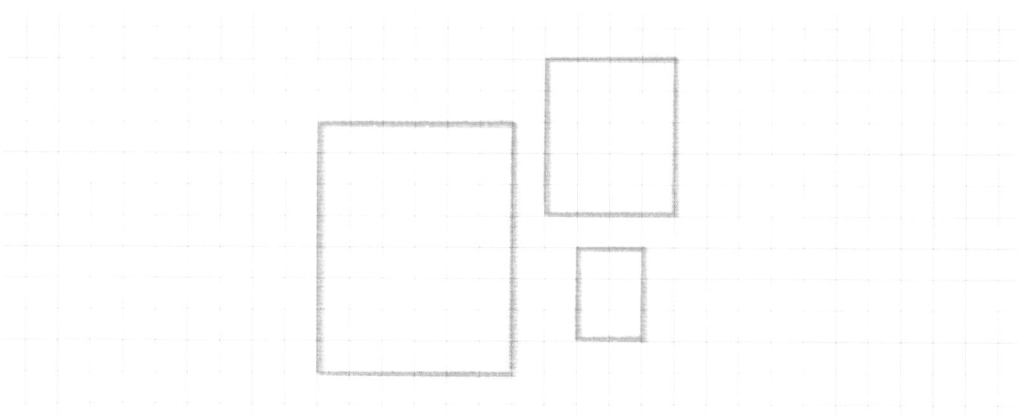

등거리 : 3차원의 입체적인 구도를 그릴 수 있는 삼각형 모양의 가이드입니다. 아이소매트릭 일러스트, 실내 공간 등을 그릴 때 사용해요.

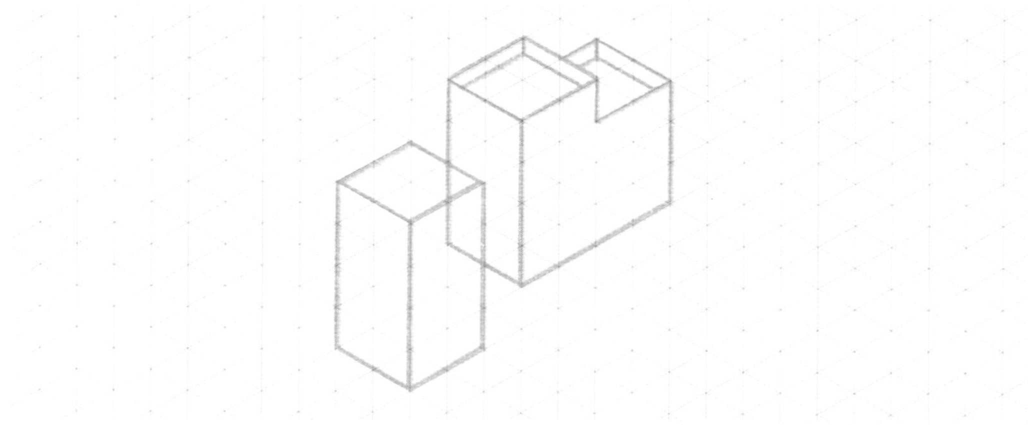

원근 : 소실점 위치를 찍어서 1점 투시, 2점 투시, 3점 투시 원근법에 따른 도시 풍경, 배경 등을 그릴 때 사용해요.

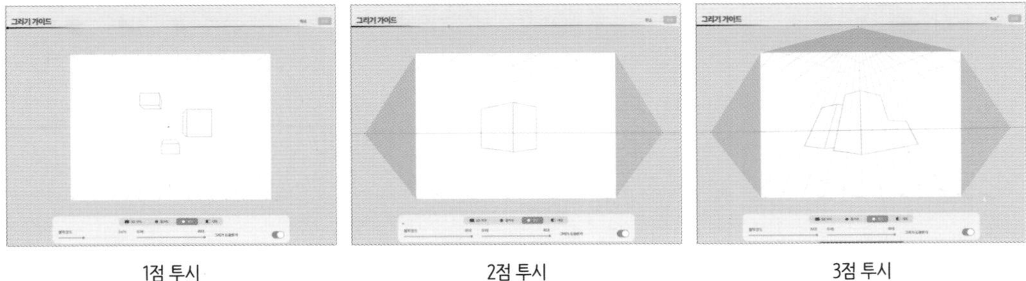

1점 투시　　2점 투시　　3점 투시

✚ 캔버스를 터치하면 최대 3개(3점 투시)의 파란색 소실점을 만들 수 있고, 각 포인트를 선택해서 위치를 조절하고 삭제, 편집을 할 수 있어요.

대칭 : 대칭되는 반사 이미지를 간편하게 그릴 수 있는 가이드입니다. '대칭' 가이드 옵션에서 **[옵션] 버튼**을 누르면 수직, 수평, 사분면, 방사상 대칭 가이드를 선택할 수 있어요. 한 칸에 그린 그림이 다른 칸에 자동으로 반사되어 그려집니다. 정확한 대칭 요소나 패턴 등을 그릴 때 사용해요.

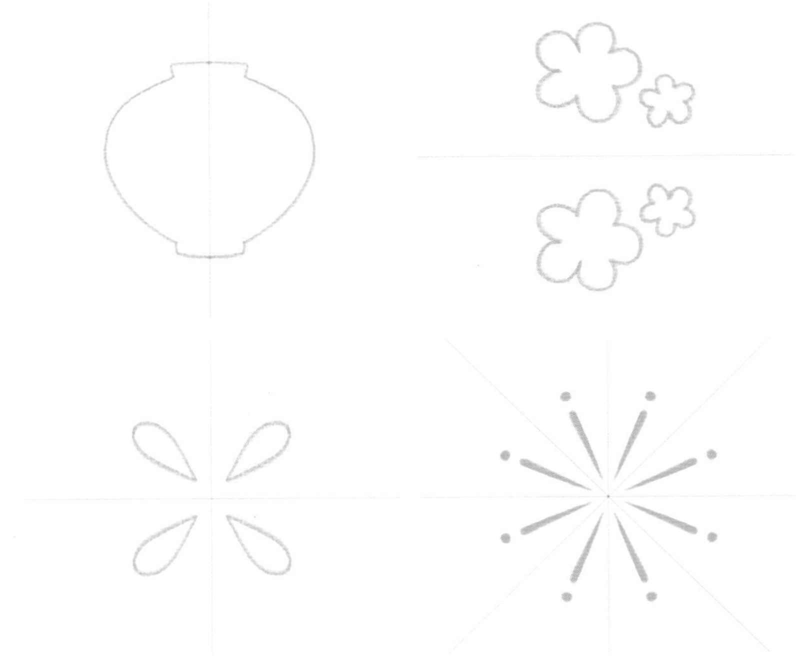

⑩ 픽셀 유동화, 자유자재로 변형하기

'픽셀 유동화'는 이미지를 밀어서 형태를 직관적으로 수정할 수 있는 기능이에요.

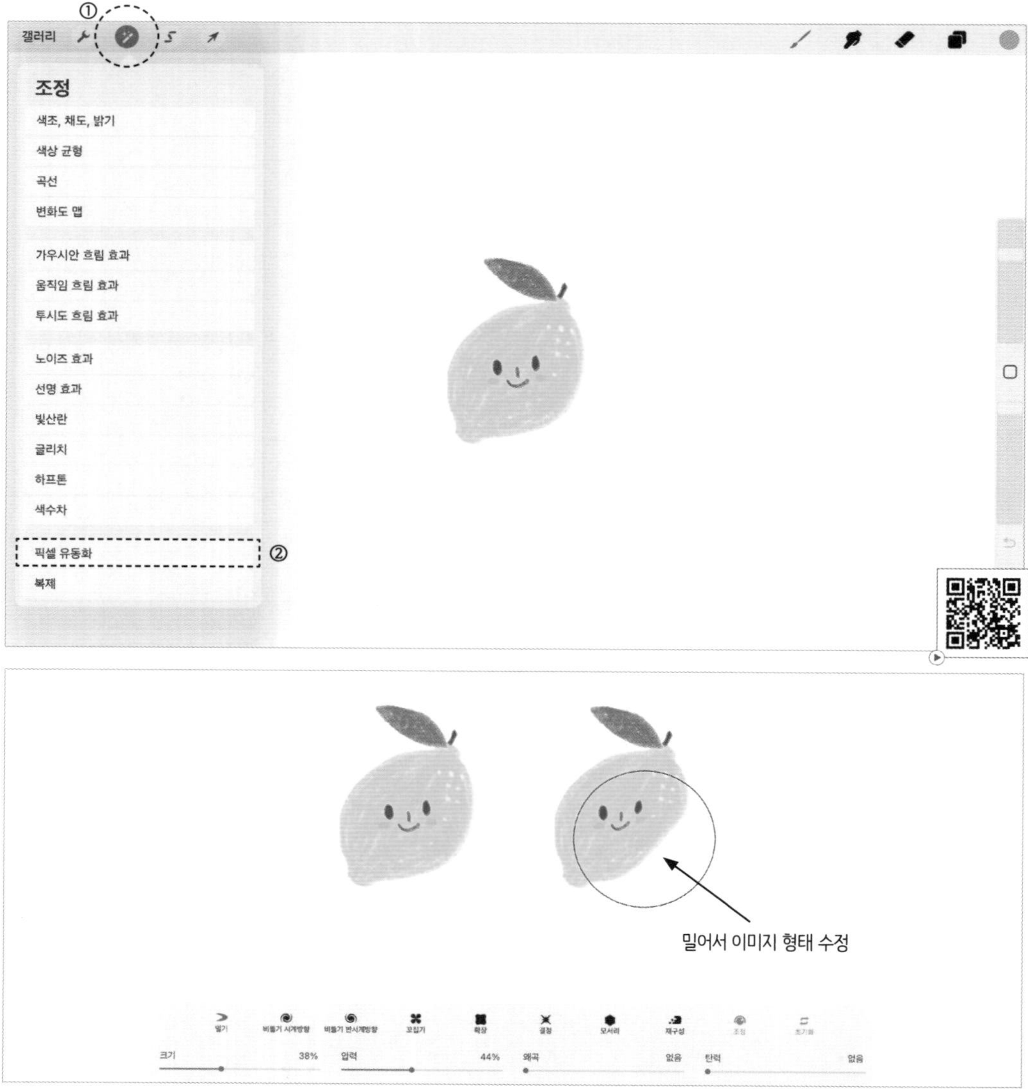

[①**조정**]에서 [②**픽셀 유동화**]를 선택하면 그림의 형태가 조금 아쉬울 때 다시 그리지 않아도 이미지를 밀어서 형태를 쉽게 수정할 수 있어요. 주로 그림 외곽의 형태를 변경하거나 인물이나 동물의 표정, 동작 등을 수정할 때 사용합니다.

픽셀 유동화 옵션 알아보기

[조정 → 픽셀 유동화]를 활성화하면 캔버스 아래쪽에 뜨는 옵션창에서 픽셀 유동화 효과의 종류, 브러시 크기, 강도 등을 설정하고 사용합니다.

밀기 : 끌어서 미는 방향으로 이미지 형태를 직관적으로 변형합니다.

비틀기 : 시계 방향, 반시계 방향으로 이미지를 회오리 모양으로 회전하며 변형합니다.

꼬집기 : 주변 이미지를 안쪽으로 끌어들여 축소해 변형합니다.

확장 : 주변 이미지를 바깥쪽으로 밀어내 확대해 변형합니다.

결정 : 주변 이미지를 삐죽삐죽하게 밀어내 결정 모양으로 변형합니다.

모서리 : 주변 이미지를 점이 아닌 선으로 안쪽으로 끌어들여 변형합니다.

재구성 : 픽셀 유동화로 변형한 이미지의 일부를 다른 부분은 유지하면서 복원합니다.

조정 : 픽셀 유동화로 변형한 효과의 강도를 조절합니다.

초기화 : 픽셀 유동화 변형 효과를 초기화합니다.

크기, 압력, 왜곡, 탄력 슬라이더 : 브러시 크기와 애플펜슬 압력에 따른 픽셀 유동화의 강도 등을 설정합니다.

⑪ 색의 3요소와 예쁜 색감을 위한 색상, 밝기 조정

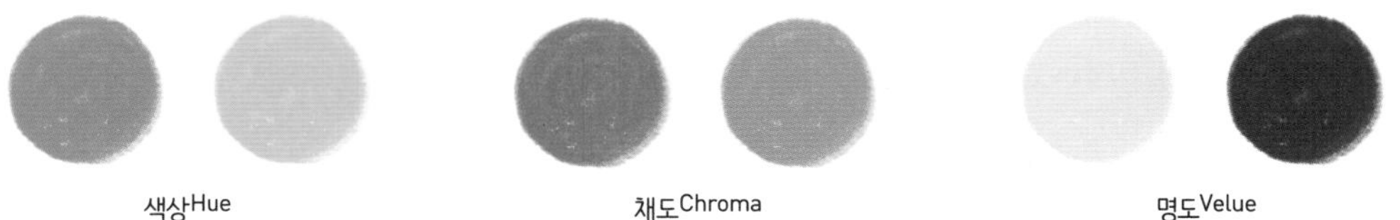

색의 3요소

색Color은 '색상, 채도, 명도' 3가지 요소로 구성되어 있어요.

색상Hue : '파란색', '노란색' 등 색을 구별해서 부르는 명칭을 말합니다.
채도Chroma : 색의 선명하고 탁한 정도를 뜻합니다. 아무것도 섞이지 않은 원색에 가까운 색상을 '채도가 높다', 다른 색이 섞여 탁한 느낌의 색상을 '채도가 낮다'라고 말합니다.
명도Velue : 색의 밝고 어두운 정도를 뜻합니다. 밝을수록 '명도가 높다', 어두울수록 '명도가 낮다'라고 말합니다.

색상 조정하기 : 색조, 채도, 밝기

[①**조정**]에서 [②**색조, 채도, 밝기**]를 선택하면 나타나는 **슬라이더를 각각 조절해 색을 보정**할 수 있어요.

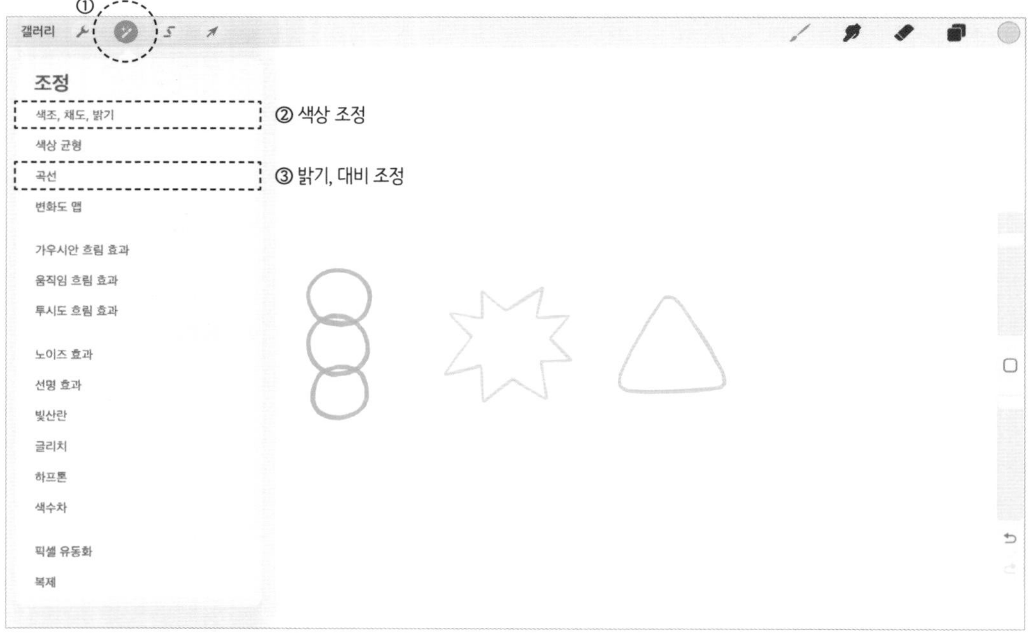

[조정 → 색조, 채도, 밝기] 인터페이스

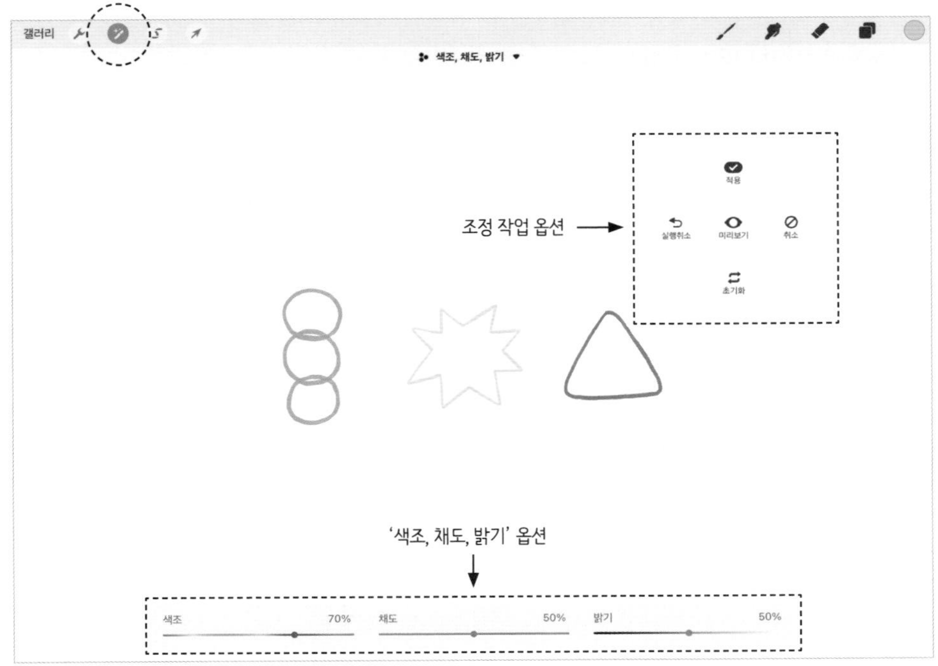

색조 : 슬라이더를 좌우로 움직여 색상을 변경합니다.

채도 : 슬라이더를 좌우로 움직여 색의 선명하고 탁한 정도(채도)를 변경합니다.

밝기 : 슬라이더를 좌우로 움직여 색의 밝고 어두운 정도(명도)를 변경합니다.

'조정 작업 옵션' 알아보기

조정 메뉴에 있는 기능들을 사용할 때, 캔버스를 터치하면 **'조정 작업 옵션' 버튼**이 나타나요.

미리보기 : 버튼을 누르는 동안 조정 효과를 적용하기 전의 모습을 볼 수 있습니다. 버튼을 반복해서 누르면 조정 효과 전후 모습을 비교하며 확인할 수 있어요.

적용 : 설정한 조정 효과를 적용합니다.

초기화 : 모든 조정 효과를 초기화합니다.

실행 취소 : 마지막 조정 효과를 실행 취소합니다.

취소 : 모든 조정 효과를 취소하고 조정 인터페이스를 종료합니다.

모든 조정이 끝나면 상단의 다른 툴 중 하나를 터치해 조정을 종료해 주세요.

‘조정’ 레이어와 Pencil

[조정] 메뉴에 있는 기능들을 사용할 때, 캔버스 위쪽에 나타난 **조정 효과 이름**을 누르면 아래로 **[레이어]**와 **[Pencil]** 옵션이 나타납니다.

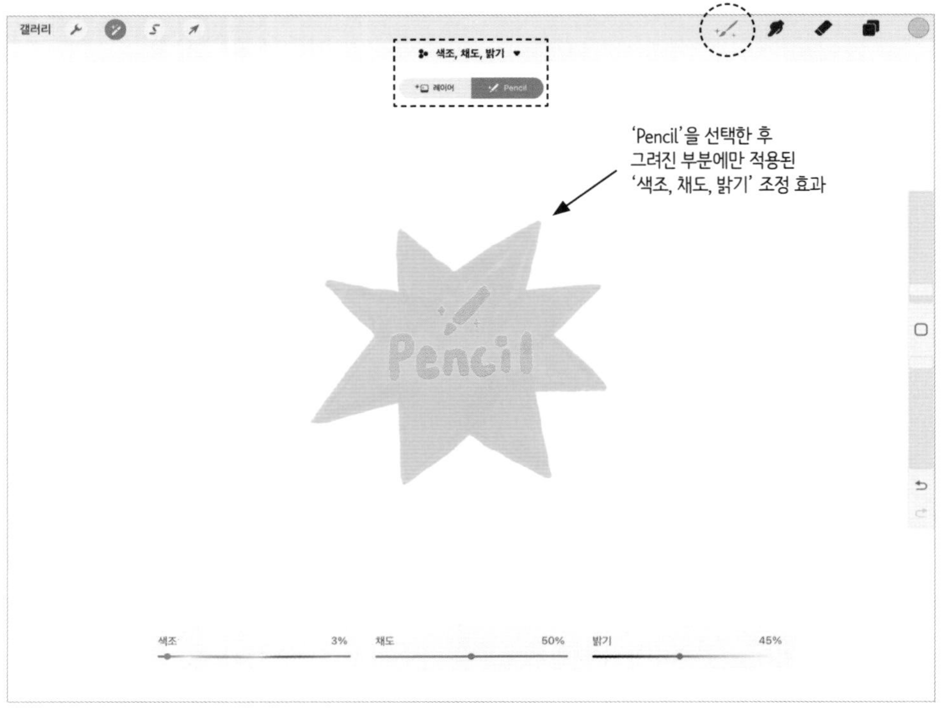

[레이어]를 활성화하면 선택된 **레이어 전체에 조정 효과를 적용**하고, **[Pencil]**을 활성화하면 **[브러시]** 툴 주변에 반짝이 모양이 생기면서 **브러시로 그려지는 부분에만 조정 효과를 적용**할 수 있어요.

+ 이때 선택한 브러시의 모양과 크기, 특징을 반영합니다.

전체에 조정 효과를 적용할 때는 **[레이어]**, 일부에 조정 효과를 적용할 때는 **[Pencil]** 옵션을 사용해 주세요.

밝기 조정하기 : 곡선

[① 조정] 메뉴에서 **[③ 곡선]**을 선택하면 이미지의 색상과 대비, 밝기를 조정할 수 있어요.

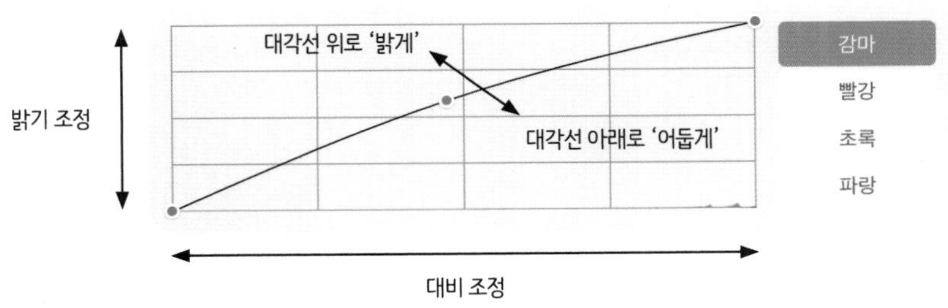

포인트를 위아래로 움직이면 밝기를, 좌우로 움직이면 대비를 조정합니다. 밝기를 조정할 때는 **[색조, 채도, 밝기]**에서 '밝기' 부분을 조정하기보다, **[곡선]**에서 대각선으로 포인트를 움직이면 대비와 함께 조정되어 밝기를 더 예쁘게 조정할 수 있어요.

감마 : 빨간, 초록, 파랑 3가지 색상 채널을 동시에 조정

빨강 / 초록 / 파랑 : 각 색상 채널을 개별적으로 조정

✚ 조정 메뉴의 다른 기능들에 대한 자세한 내용은 핸드북 18쪽을 확인해 주세요.

⓬ 색상 패널과 색상 팔레트

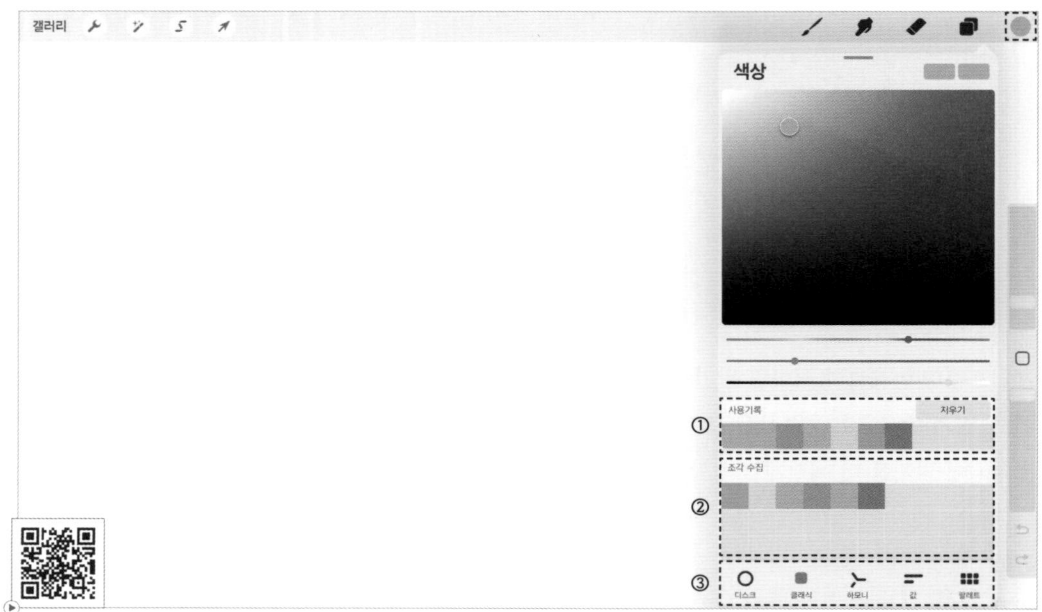

오른쪽 상단 **'색상 원형'**을 선택하면 나타나는 **[색상 패널]에서 그림을 그릴 색상을 지정**할 수 있어요. 색상 원형을 캔버스로 끌어오면 색상을 한 번에 채우는 **[컬러 드롭]**을 사용할 수 있습니다. (컬러 드롭 64쪽)

① **사용 기록 :** 사용한 색상들을 차례대로 기록합니다. '지우기'를 누르면 사용 기록을 초기화할 수 있어요.

② **팔레트 : [팔레트]** 색상 패널에서 '기본값으로 설정'한 팔레트 색상을 보여줍니다.

③ **색상 패널 : [디스크], [클래식], [하모니], [값], [팔레트]** 총 5가지 색상 패널 중 하나를 선택할 수 있어요.

색상 패널

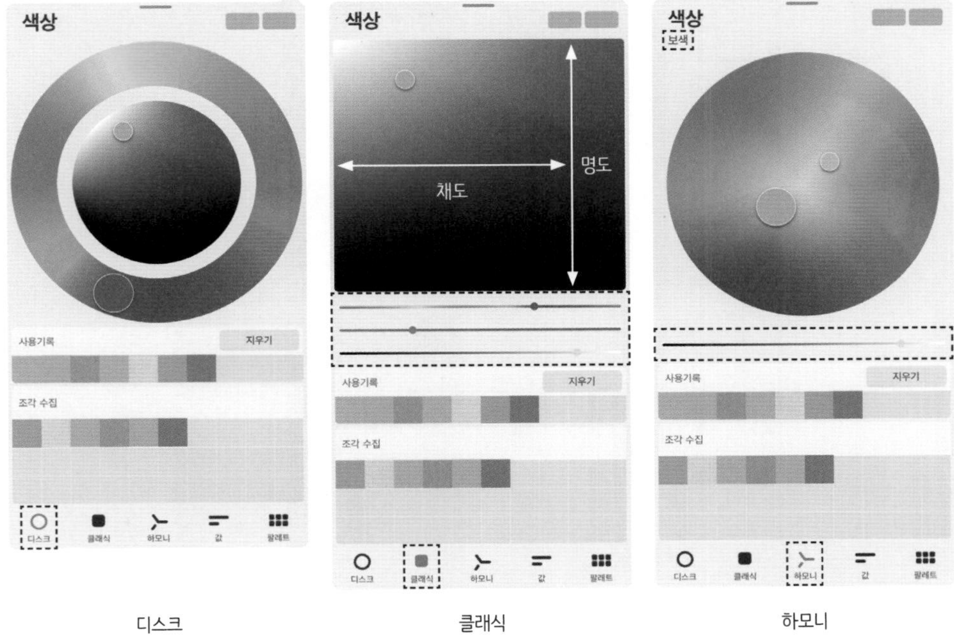

디스크 클래식 하모니

디스크 : 바깥쪽 원에서 '색상'을 선택하고 **안쪽 원에서 '채도'와 '명도'를 조절**합니다. 안쪽 원을 두 손가락으로 확대하면 크게 보면서 더 세밀하게 조절할 수 있어요. 안쪽 원에서 흰색, 검은색 근처를 2번 터치하면 정확한 흰색과 검은색 선택이 가능합니다.

클래식 : 색상 패널 중간에 있는 1번째 슬라이더에서 '색상'을 선택한 후, 사각형 안에서 **가로로 움직이면 '채도', 세로로 움직이면 '명도'**를 조절할 수 있어요. 채도와 명도는 각각 2번째와 3번째 슬라이더에서도 따로 조절이 가능합니다.

하모니 : 색상을 선택하면 색 이론에 따른 조화로운 색상 구성을 추천합니다. 원에서 '색상'과 '채도'를 선택할 수 있고 하단 슬라이더는 '명도'를 조절합니다. 원 안에 작은 동그라미 2개는 함께 움직이며 반대되는 색 '보색'을 표시합니다. 위쪽에 있는 **[보색]**을 터치하면 **[보색]**, **[유사]**, **[삼합]**, **[사합]** 색상 구성 중 하나를 선택할 수 있어요. 각각 반대되는 색, 유사한 색, 3가지 색상 구성, 4가지 색상 구성을 추천합니다.

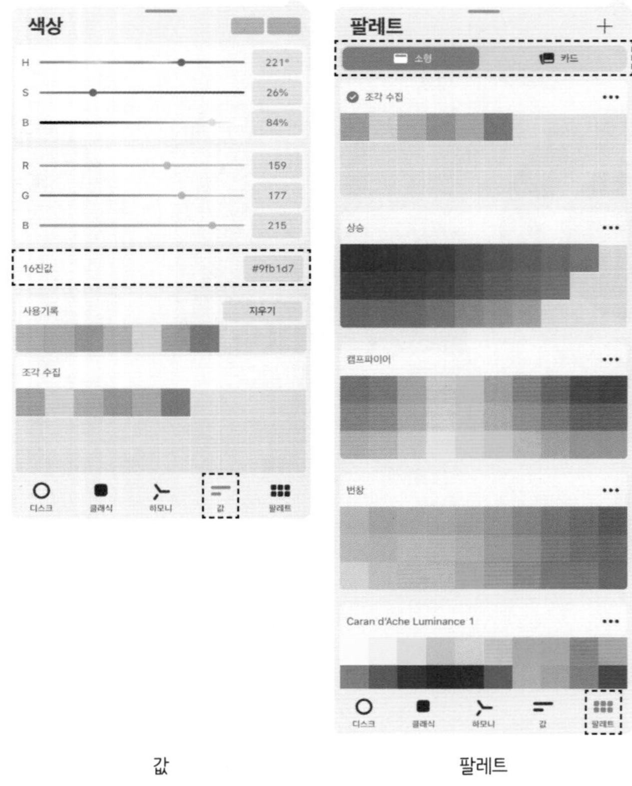

값 팔레트

값 : 색상의 고유값을 나타냅니다. **[16진 값]**에 색상 코드(#000000)를 입력하면 정확한 색을 사용할 수 있어요.

팔레트 : 팔레트에 물감을 짜놓고 사용하듯 자주 사용하는 색, 좋아하는 색 등을 하나의 팔레트에 모아두거나 '파일' 또는 '사진' 앱에서 불러온 이미지의 색상을 자동으로 추출해서 팔레트로 만들수 있어요. '기본값으로 설정'한 팔레트는 모든 색상 패널 하단에 나타나 채색할 때 바로 사용할 수 있습니다(색상 팔레트 만들기 103쪽). **[소형]**은 작은 색상칩을 모아 보여주고 **[카드]**는 색상 카드와 함께 색상 이름을 표시합니다.

새로운 팔레트 만들고 기본값으로 설정하기

1. **[팔레트] 색상 패널** 오른쪽 상단의 **플러스 [+] 버튼**을 눌러 **'새로운 팔레트 생성'**을 선택해 주세요.

2. 새로운 팔레트의 ①**빈칸**을 차례대로 터치해 선택한 색상을 팔레트에 저장합니다.

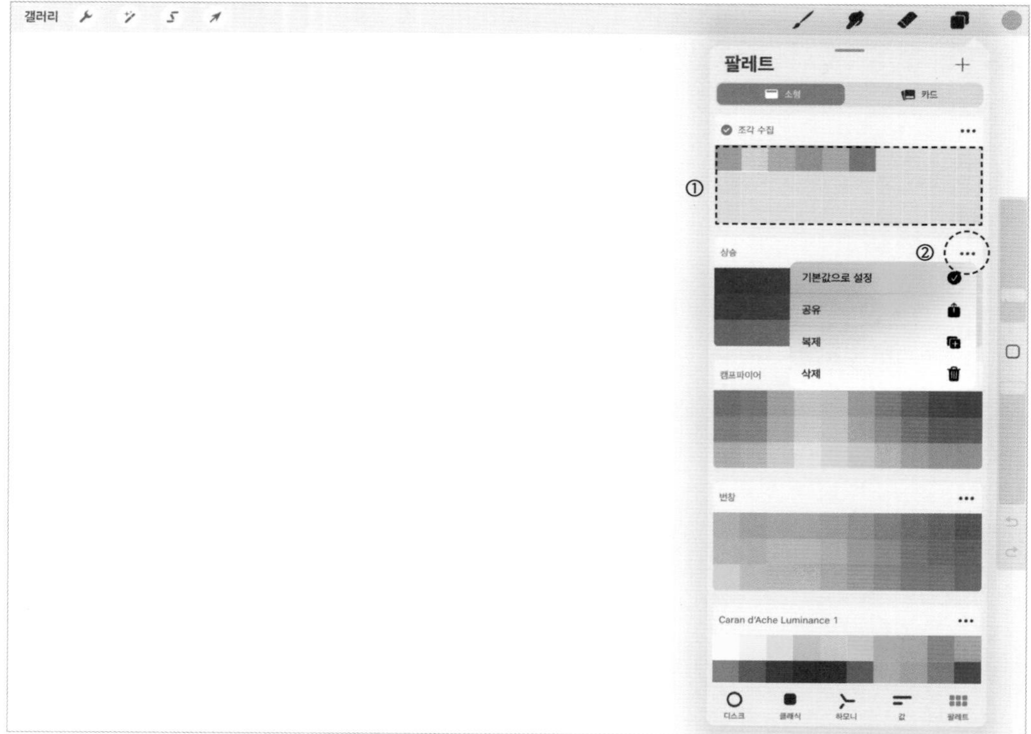

3. 각 팔레트 오른쪽 상단의 ②**점 3개**(…)를 누르면 나타나는 옵션에서 해당 팔레트를 공유하거나 복제, 삭제할 수 있으며, **[기본값으로 설정]**을 선택하면 해당 팔레트가 모든 색상 패널 하단에 나타나 채색할 때 바로 팔레트에 저장한 색상을 사용할 수 있어요.

TIP 팔레트의 **이름 부분을 선택하면 팔레트 이름을 변경**할 수 있습니다.

TIP 팔레트의 색상 칩을 길게 터치해 이동하면 색상 칩 **순서를 변경**할 수 있습니다.

TIP 팔레트의 색상 칩을 길게 터치한 상태를 유지하면 **삭제**하거나 **현재 설정된 색상으로 변경**할 수 있습니다.

사진으로 자동 색감 팔레트 만들기

1. **[팔레트] 색상 패널** 오른쪽 상단의 **플러스 [+] 버튼**을 누르면 나타나는 옵션에서 **'사진 앱으로 새로운 작업'**을 선택해 주세요.

카메라로 새로운 작업 : 아이패드 카메라로 찍은 사진으로 색감 팔레트를 만듭니다.

파일로 새로운 작업 : '파일'에서 불러온 이미지로 색감 팔레트를 만듭니다.

사진 앱으로 새로운 작업 : '사진' 앱에서 불러온 이미지로 색감 팔레트를 만듭니다.

2. '사진' 앱에서 팔레트로 만들 사진이나 그림을 선택하면 이미지의 색상을 자동으로 추출해 **'이미지로 생성한 팔레트'**라는 이름의 색감 팔레트가 생성됩니다.

3. 그림을 그릴 때 색상 선택이 어렵고 고민된다면 좋아하는 색감의 사진이나 그림으로 **색감 팔레트**를 만들어 채색할 때 사용해 보아요.

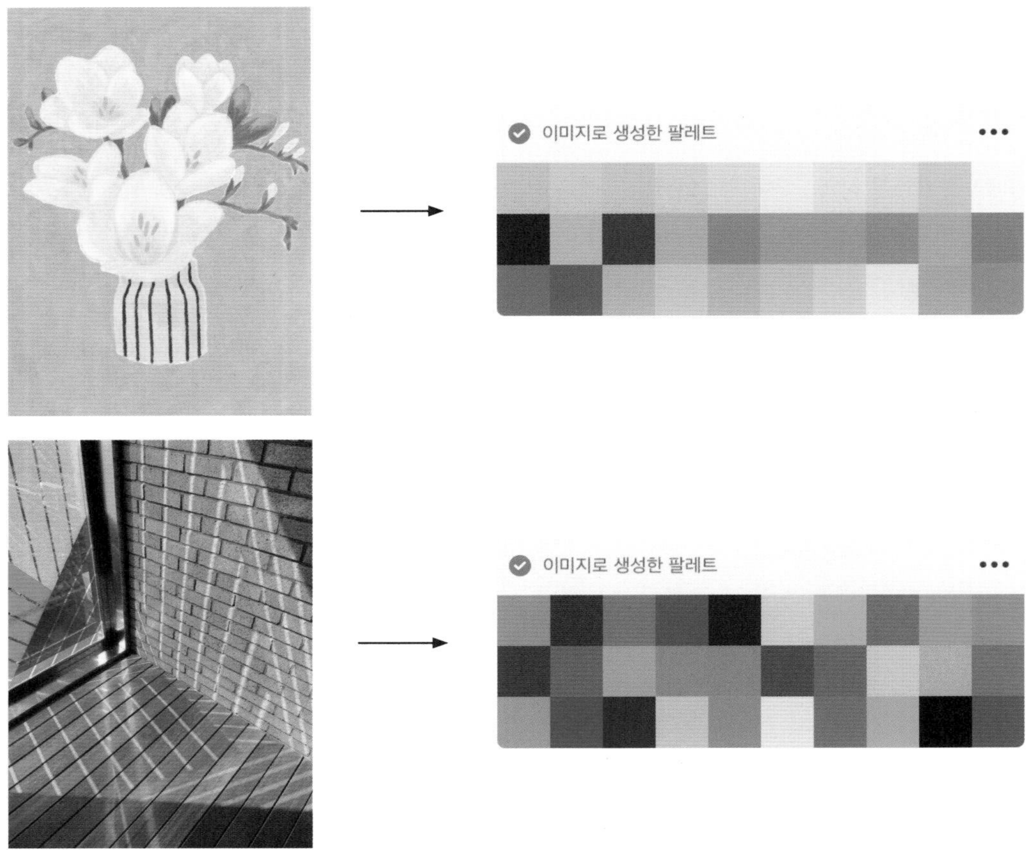

⑬ 텍스트 추가와 편집

[텍스트 추가]는 키보드에 문자를 입력해 글씨를 추가할 수 있는 기능이에요. 원하는 폰트를 선택해 적용하고 크기 변경, 편집 등이 가능합니다.

텍스트 추가하기

[① 동작 → ② 추가 → ③ 텍스트 추가]를 차례대로 선택하면 나타나는 **'텍스트 상자'**에 키보드를 사용하거나 애플펜슬로 직접 글씨를 써서 원하는 내용을 입력해 주세요.

TIP 애플펜슬 입력은 키보드가 '한국어'일 경우에는 한글로 인식하고, 'English(US)'일 경우에는 영문으로 인식합니다.

TIP 캔버스 빈 화면이나 다른 툴을 누르면 텍스트 편집을 종료할 수 있어요.

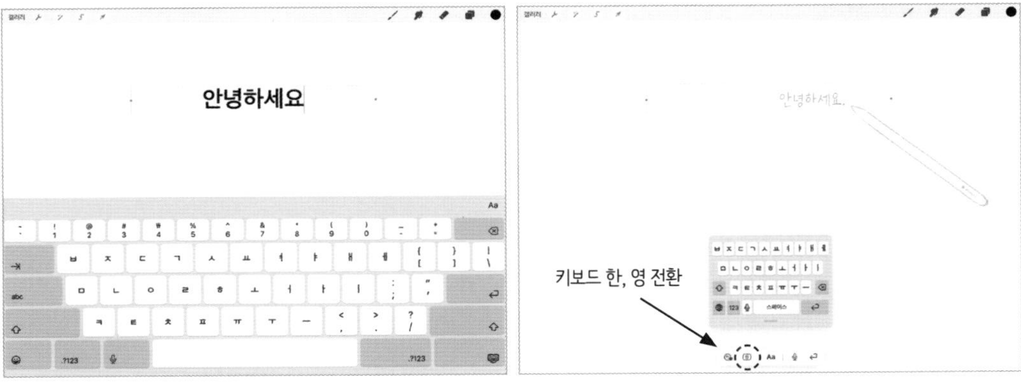

키보드 입력　　애플펜슬 입력

텍스트 편집하기

텍스트 영역을 **'2번 터치'** 또는 **'애플펜슬로 그어서 선택'**하면 해당 영역의 내용을 수정하거나 편집할 수 있습니다.

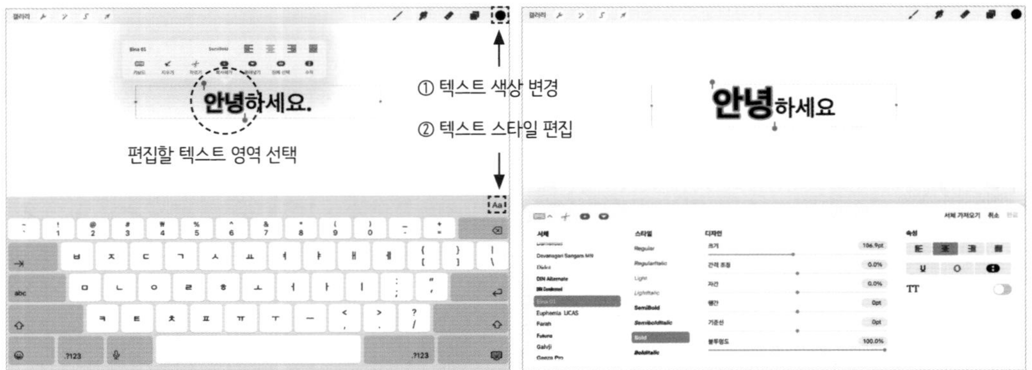

① 텍스트 영역을 지정한 후, **'색상 패널'에서 색상을 선택하면 텍스트 색상을 변경**할 수 있어요.

② 키보드 오른쪽 상단의 [Aa]를 누르면 **'스타일 편집 패널'**이 나타나 폰트와 관련된 다양한 설정을 할 수 있어요.

스타일 편집 패널

서체 : 원하는 폰트를 선택할 수 있습니다.

스타일 : Regular(보통), **Bold**(두꺼움), *Italic*(기울어짐) 등 폰트 스타일을 선택할 수 있습니다.

디자인 : 폰트 크기, 자간, 행간, 불투명도 등 폰트의 세부적인 디자인을 조절합니다.

속성 : 폰트의 정렬, 밑줄, 외곽선, 세로 쓰기를 설정할 수 있습니다.

왼쪽 상단 아이콘 메뉴 : 각각 잘라내기, 복사, 붙여넣기 버튼입니다.

텍스트 레스터화하고 형태 변형하기

레이어 창의 **텍스트 레이어 옵션에서 '레스터화'를 선택**하면 상단에 **'텍스트 레이어 레스트화'**라는 문구가 나타나면서 텍스트가 이미지화(레스터화)됩니다.

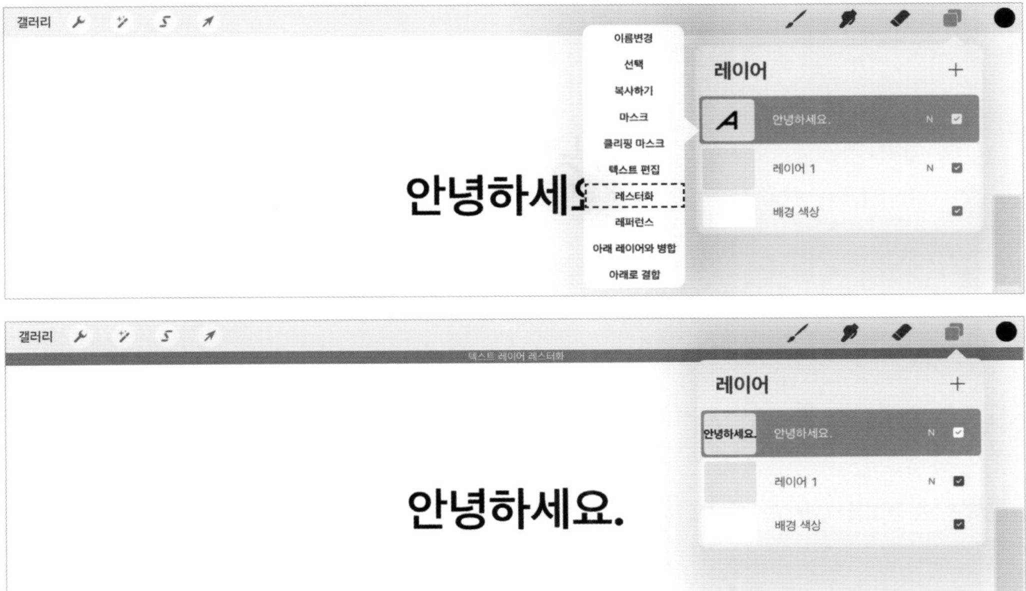

TIP '레스터화' 텍스트는 폰트, 크기, 정렬 등 스타일을 편집할 수 없으니 유의하세요.

레이어 창의 미리 보기 섬네일에서 텍스트 레이어는 대문자 'A'가 표시되며 폰트, 크기 등 스타일을 변경할 수 있습니다. '레스터화' 텍스트는 입력한 내용이 섬네일에 나타나며 스타일을 편집할 수 없습니다.

텍스트 레이어 | '레스터화' 텍스트 레이어

'레스터화' 텍스트 레이어를 선택한 후 **[변형] 툴 '뒤틀기'**를 사용해 '파란색 포인트'와 '메시(그물)'를 조정하면 텍스트 형태를 자유롭게 변형할 수 있습니다.

TIP 텍스트 형태를 변형해서 다양한 디자인의 타이틀을 만들거나 그림 형태에 맞게 텍스트를 추가할 수 있어요.

무료 폰트 설치하기

1. 무료 폰트 사이트 '눈누(https://noonnu.cc)'에 접속한 후, 검색 창에 **'양진체'**를 검색하세요.

폰트를 검색하거나
다운로드할 폰트 선택하기

2. 폰트 안내 페이지의 **[다운로드 페이지로 이동]**을 누르면 폰트를 제공하는 사이트로 이동합니다. 폰트 사이트에서 **[다운로드] 버튼**을 찾아 눌러 주세요.

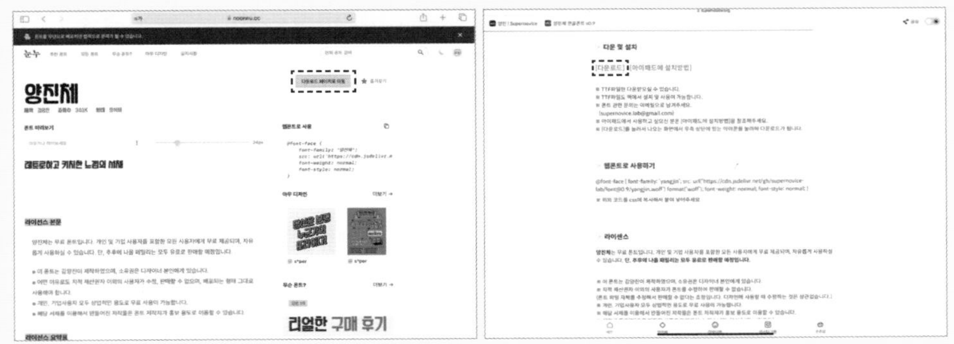

+ '눈누'는 다운로드 링크를 직접 연결하지 않습니다.

3. 오른쪽 상단의 **[다운로드**( )]를 눌러 아이패드에 저장해 주세요.

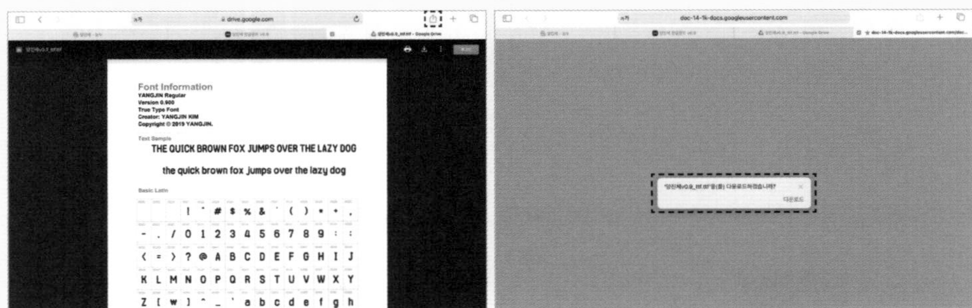

4. 프로크리에이트 **[텍스트] 편집**으로 돌아와서 키보드 오른쪽 상단 **[Aa]**를 누르면 나타나는 **'스타일 편집 패널'**의 오른쪽 상단에 있는 **[서체 가져오기]**를 눌러 주세요.

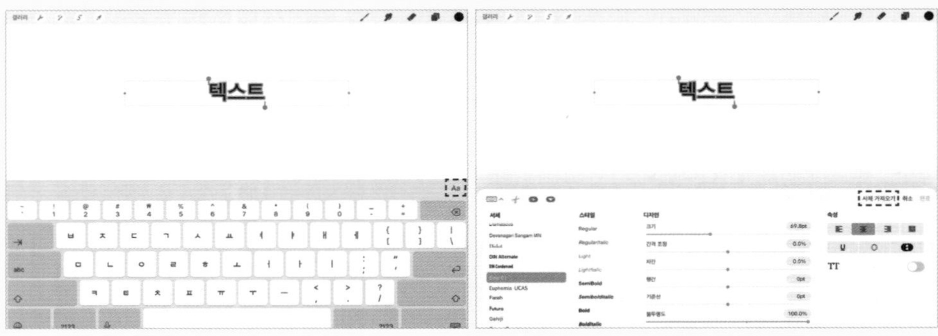

5. 아이클라우드 드라이브의 **'다운로드'** 폴더에 저장된 폰트 파일을 선택하면 **자동으로 프로크리에이트에 해당 폰트가 설치**되고 바로 사용할 수 있습니다.

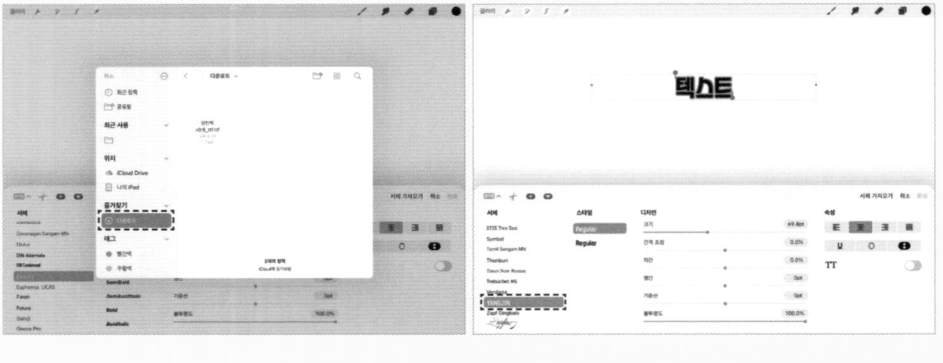

핵심 기능 마스터하기

나의 취향 모음, 수집 노트

✦ 스케치 파일과 색상 팔레트 준비하기

01 조각 수집
| 브러시 사용법과 채색 연습

02 바다 수집
| 알파 채널 잠금 / 클리핑 마스크로 채색하기

03 여행 수집
| 텍스트와 그리기 가이드 활용하기

디지털 드로잉을 위한 프로크리에이트 핵심 기능과
브러시 사용법을 배우고
나만의 취향을 수집해 하나씩 그리다 보면
어느새 디지털 드로잉이 친근하게 다가올 거예요.

#스케치 파일 설정 #색상 팔레트 #브러시 사용법
#알파 채널 잠금 #클리핑 마스크 #그리기 가이드
#텍스트 #레퍼런스 채색 #채우기 계속

스케치 파일과 색상 팔레트 준비하기

스케치 파일 설정하기

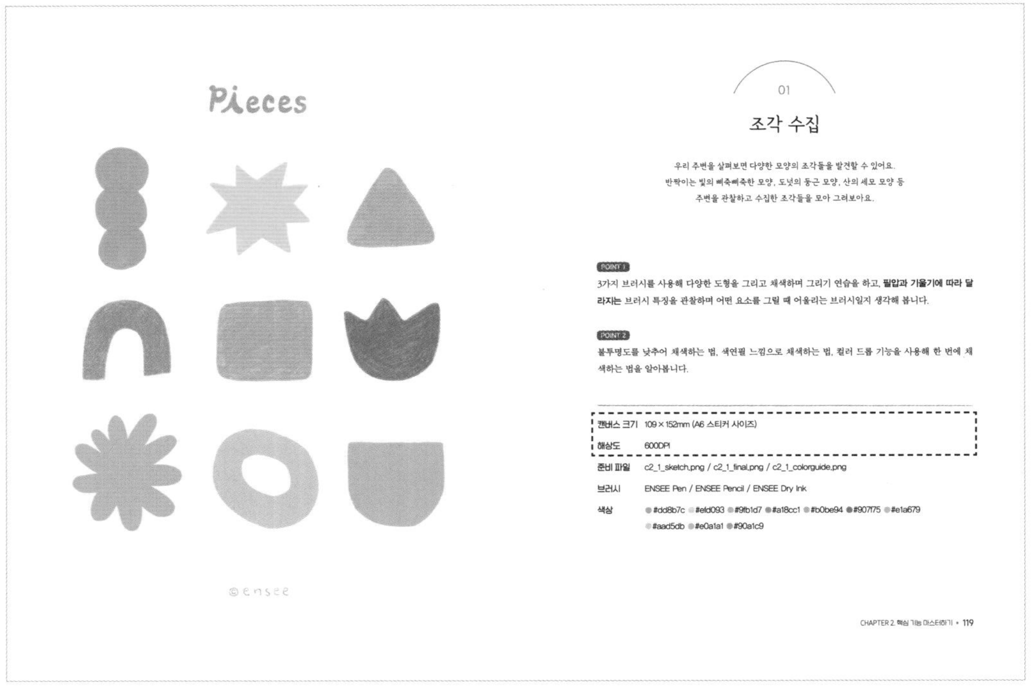

01

조각 수집

우리 주변을 살펴보면 다양한 모양의 조각들을 발견할 수 있어요.
반짝이는 빛의 삐죽삐죽한 모양, 도넛의 둥근 모양, 산의 세모 모양 등
주변을 관찰하고 수집한 조각들을 모아 그려보아요.

POINT 1

3가지 브러시를 사용해 다양한 도형을 그리고 채색하며 그리기 연습을 하고, **필압과 기울기에 따라 달라지는** 브러시 특징을 관찰하며 어떤 요소를 그릴 때 어울리는 브러시일지 생각해 봅니다.

POINT 2

불투명도를 낮추어 채색하는 법, 색연필 느낌으로 채색하는 법, 컬러 드롭 기능을 사용해 한 번에 채색하는 법을 알아봅니다.

캔버스 크기	109 × 152mm (A6 스티커 사이즈)
해상도	600DPI
준비 파일	c2_1_sketch.png / c2_1_final.png / c2_1_colorguide.png
브러시	ENSEE Pen / ENSEE Pencil / ENSEE Dry Ink
색상	#dd8b7c #efd093 #9fb1d7 #a18cc1 #b0be94 #907f75 #e1a679 #aad5db #e0a1a1 #90a1c9

CHAPTER 2. 핵심 기능 마스터하기 • 119

1. 각 챕터에서 안내하는 **캔버스 크기, 해상도**와 동일한 설정으로 새로운 캔버스를 만든 후(새로운 캔버스 만들기 27쪽), **[동작(🔧)→추가→사진 삽입하기]**에서 미리 다운로드해(예제 파일 다운로드 17쪽) '사진' 앱에 저장해 놓은 스케치 파일을 불러옵니다.

TIP [사진 삽입하기]는 스케치를 추가하기도 하지만 텍스처 또는 참고할 자료 이미지를 가져올 때도 사용합니다.

2. 스케치 레이어의 **[N]**을 선택한 후, **불투명도를 10~20%로 조절**하고 혼합 모드를 **[곱하기]**로 변경합니다.

TIP **스케치 레이어는 레이어 목록의 가장 상단**에 두어야 채색할 때 스케치 선이 가려지지 않아요.

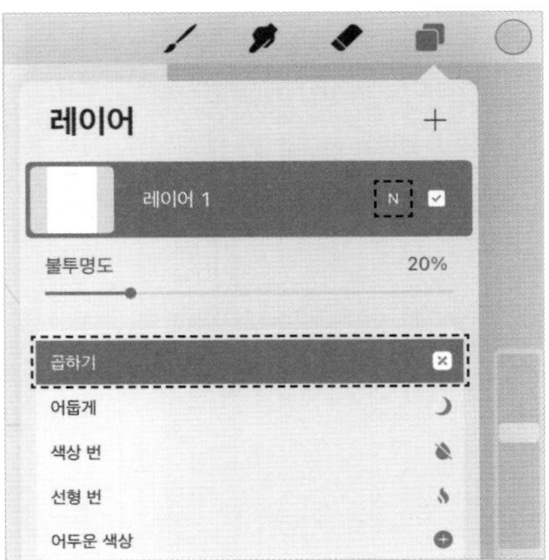

PLUS [동작 → 추가]에서 이미지 추가 기능인 **[파일 삽입하기]**, **[사진 삽입하기]**, **[사진 촬영하기] 버튼**을 왼쪽으로 스와이프하면 **[비공개 삽입]**이 나타나요. 이렇게 추가한 이미지는 자동 녹화되는 **타임랩스** 영상에서 보이지 않게 됩니다. **스케치나 참고한 사진을 제외하고 그림 과정만 타임랩스 영상으로 남길 수 있어요.**

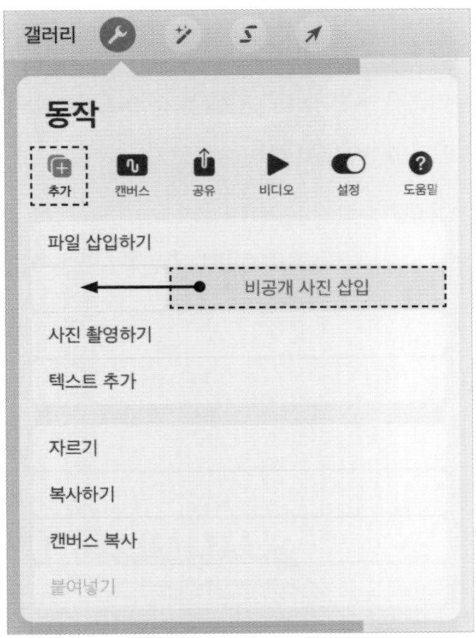

색상 팔레트 준비하기

새로운 색상 팔레트를 생성하고(색상 팔레트 101쪽) 책에서 안내하는 색상 값을 [① **색상** → ② **값** → ③ **16진 값**]에 입력하고 새로 만든 ④ **팔레트의 빈칸**을 차례대로 터치해 색상 칩을 저장합니다. 각 예제에서 사용할 색상을 미리 팔레트로 만들어 두면 간편하게 채색할 수 있어요.

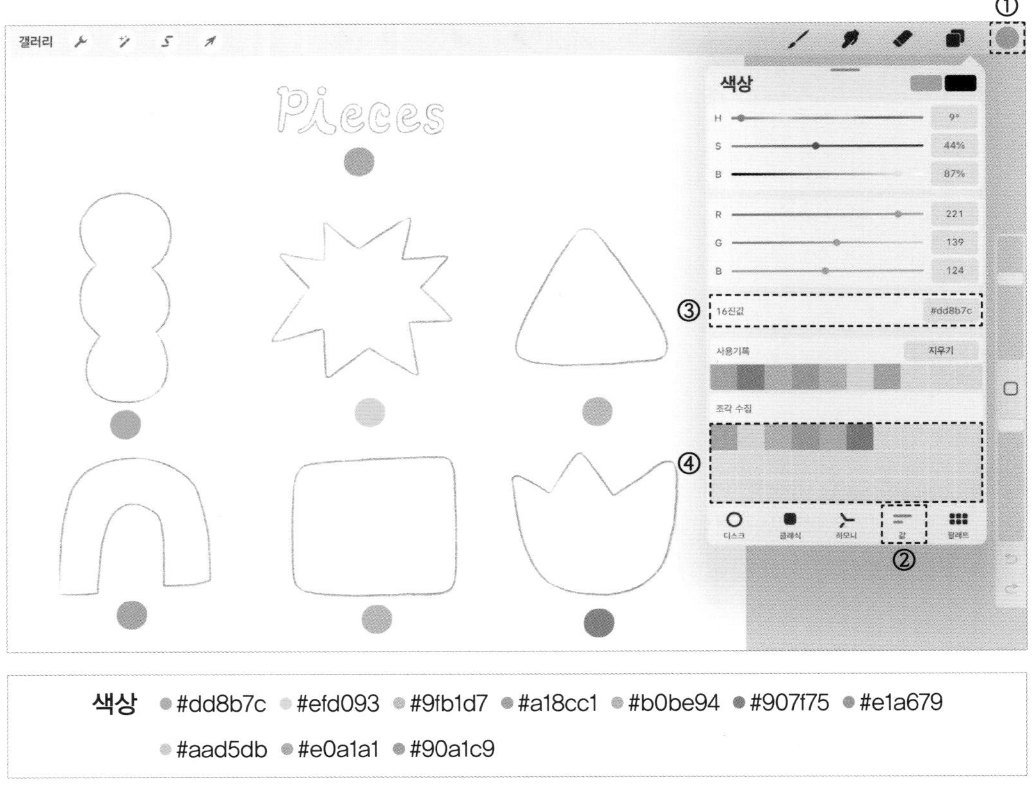

색상 ● #dd8b7c ● #efd093 ● #9fb1d7 ● #a18cc1 ● #b0be94 ● #907f75 ● #e1a679 ● #aad5db ● #e0a1a1 ● #90a1c9

TIP 캔버스에 '색상 가이드(c2_1_colorguide.png)' 이미지 파일을 불러온 후, **[스포이드]** 툴로 색상을 추출해서 팔레트로 만들 수도 있어요.

원본 사이즈가 너무 작을 때, 해상도 높여서 크게 그리기

A6 스티커의 인쇄 크기인 109×152㎜에 **해상도를 300DPI로 설정하면 1287×1795px(픽셀)**로 인스타그램 크기보다 작은 사이즈예요. 이렇게 원본 크기 자체를 작게 설정해야 하는 경우에는 다른 용도로 사용할 경우를 생각해서 해상도를 높여 원본을 크게 작업합니다. 같은 사이즈인 109×152㎜에 **해상도를 600DPI로 설정하면 2575×3591px(픽셀)**로 원본의 2배 크기로 그림을 그릴 수 있어요.

✚ 이 책에서는 스티커, 엽서처럼 작은 인쇄물 사이즈는 해상도를 600DPI로 설정해 그림을 그립니다.

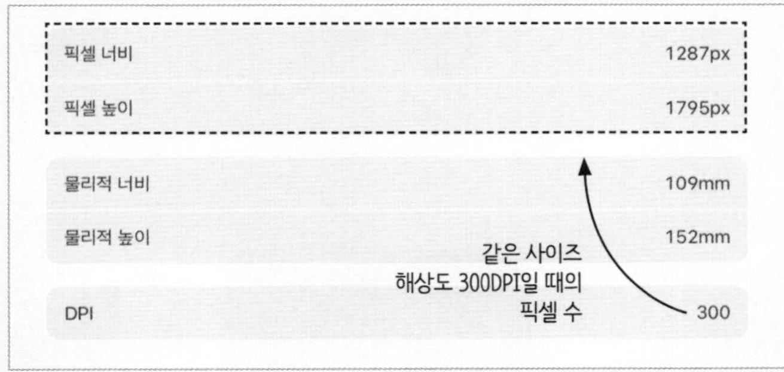

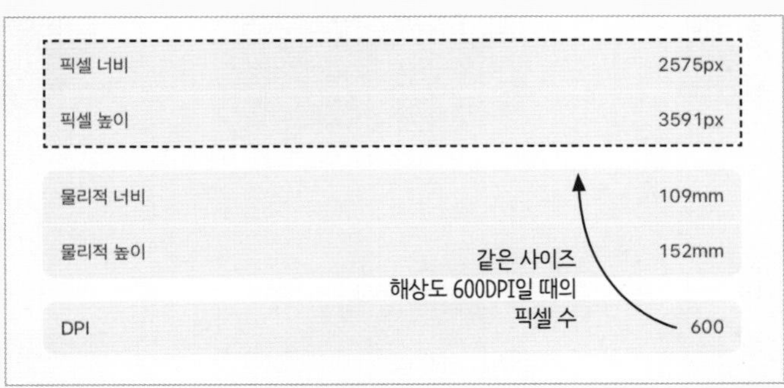

Pieces

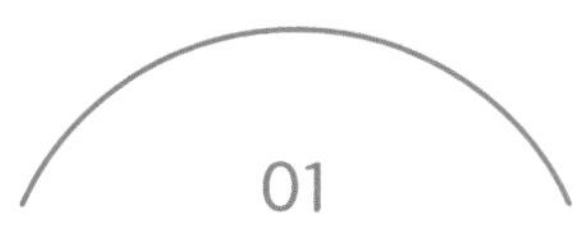

조각 수집

우리 주변을 살펴보면 다양한 모양의 조각들을 발견할 수 있어요.
반짝이는 빛의 삐죽삐죽한 모양, 도넛의 둥근 모양, 산의 세모 모양 등
주변을 관찰하고 수집한 조각들을 모아 그려보아요.

POINT 1

3가지 브러시를 사용해 다양한 도형을 그리고 채색하며 그리기 연습을 하고, **필압과 기울기에 따라 달라지는** 브러시 특징을 관찰하며 어떤 요소를 그릴 때 어울리는 브러시일지 생각해 봅니다.

POINT 2

불투명도를 낮추어 채색하는 법, 색연필 느낌으로 채색하는 법, 컬러 드롭 기능을 사용해 한 번에 채색하는 법을 알아봅니다.

캔버스 크기 109×152㎜ (A6 스티커 사이즈)

해상도 600DPI

준비 파일 c2_1_sketch.png / c2_1_final.png / c2_1_colorguide.png

브러시 ENSEE Pen / ENSEE Pencil / ENSEE Dry Ink

색상 ● #dd8b7c ● #efd093 ● #9fb1d7 ● #a18cc1 ● #b0be94 ● #907f75 ● #e1a679 ● #aad5db ● #e0a1a1 ● #90a1c9

❶ 펜 브러시로 채색하기

브러시 ENSEE Pen | **색상** ● ● ●

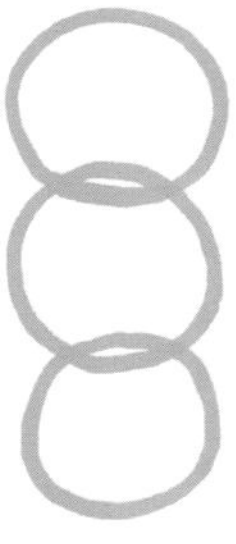

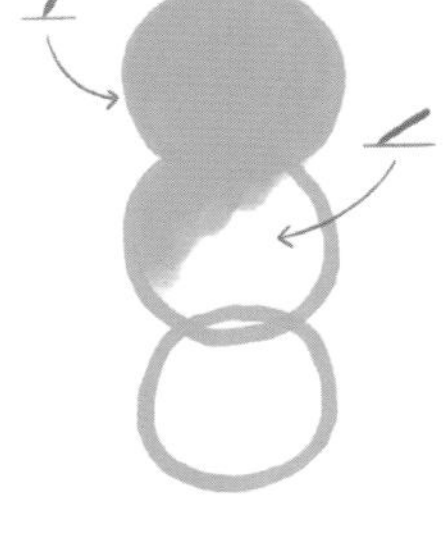

1 스케치를 준비하고(17쪽) 스케치 **레이어** 1 아래로 새로운 **레이어 2**를 추가해 [ENSEE Pen] 브러시(불투명도 95%)로 단추 모양 동그라미 3개를 겹쳐지도록 그려주세요.

● #dd8b7c

2 선과 가까운 쪽은 애플펜슬을 세워서 채색하다가 넓은 부분은 애플펜슬을 살짝 기울여 채색해 주세요.

3 불투명도가 살짝 낮기 때문에 겹쳐지는 부분에 질감이 남아서 손 그림 같은 표현이 가능해요. 남은 부분도 색을 채워 완성합니다.

4 **레이어 3**을 추가하고 삼각형을 하나씩 이어 그려서 빛의 삐죽삐죽한 모양을 그려주세요.

● #efd093

5 좁은 부분은 색상이 밖으로 나가지 않도록 필압을 약하게 주어 얇은 선으로 채색해 주세요.

6 넓은 부분은 필압을 강하게 주어 두꺼운 선으로 채색하거나 애플펜슬을 기울여 채색해 완성합니다.

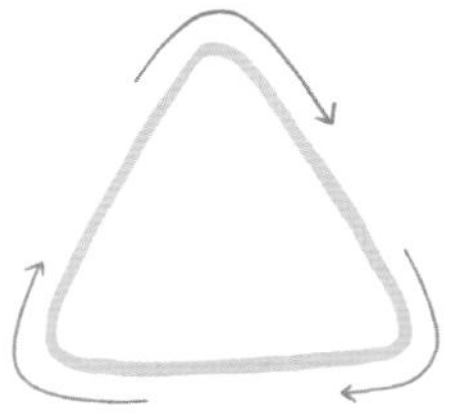

7 **레이어 4**를 추가하고 산의 둥근 느낌으로 삼각형을 그려주세요. 반듯하게 그리지 않아도 좋아요.

● #9fb1d7

8 애플펜슬 기울기와 필압을 조절하면서 색을 채워주세요.

9 나머지 부분도 색을 채워 완성합니다.

TIP

하나의 브러시로 2개의 브러시처럼 사용하기

[ENSEE Pen] 브러시를 사용할 때, 애플펜슬을 세워서 그리면 필압으로 선의 두께를 조절하며 그릴 수 있습니다. 애플펜슬을 기울여 사용하면 질감이 넓게 나타나고 농도 조절이 가능해서 넓게 채색하거나 질감이 느껴지는 묘사를 할 때 사용하기 좋아요. 하나의 브러시지만 2개의 브러시처럼 사용할 수 있는 만능 브러시입니다. 가장 자주 사용하는 브러시 중 하나이기도 해요.

[ENSEE Dry Ink] 브러시도 필압과 기울기 특징을 가지고 있으니 한번 사용해 보세요.

❷ 연필 브러시로 채색하기

브러시 ENSEE Pencil | **색상** ● ● ●

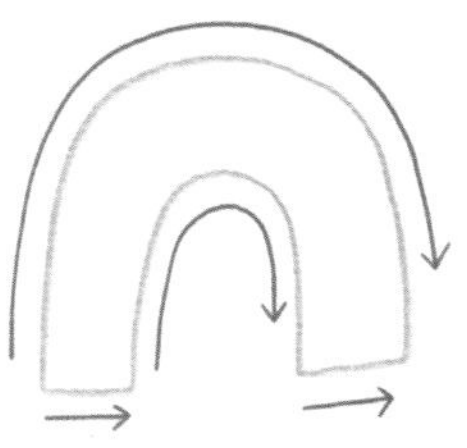

1 **레이어 5를 추가하고 [ENSEE Pencil]** 브러시(불투명도 100%)로 무지개 바깥쪽 곡선과 안쪽 곡선을 그린 후, 직선으로 이어주세요.

● #a18cc1

2 그물 모양을 그리듯이 방향을 다양하게 변경하면서 채색해 주세요. 조금 번거롭지만 색연필로 그린 듯한 느낌으로 표현할 수 있어요.

3 너무 꼼꼼하게 채색하면 색연필 느낌을 살릴 수 없으니, 빈 공간을 조금씩 남기면서 색을 채워 완성합니다.

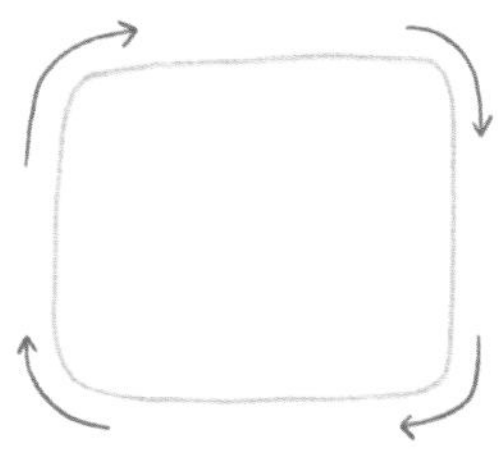

4 **레이어 6을 추가하고** 모서리가 둥근 사각형을 그려주세요.

● #b0be94

5 한쪽 방향에서 시작해 다양한 결 방향으로 색을 채워주세요.

6 빈 공간을 조금씩 남기면서 채색해 색연필로 칠한 듯한 느낌을 살려 완성해 주세요.

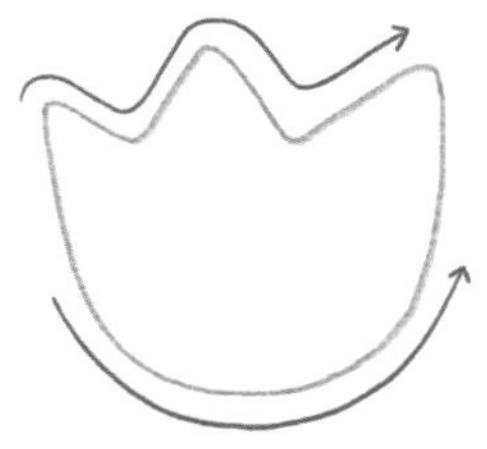

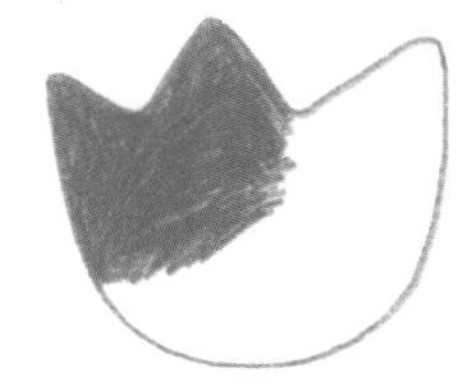

7 **레이어 7**을 추가하고 튤립의 삐죽삐죽한 모양을 그린 후, 곡선으로 이어주세요.

● #907f75

8 한쪽 방향에서 시작해 다양한 결 방향으로 색을 채워주세요.

9 빈 공간을 조금씩 남기면서 채색해 색연필로 칠한 듯한 느낌을 살려 완성해 주세요.

TIP

손 그림 느낌으로 그리기

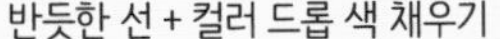

반듯한 선 + 컬러 드롭 색 채우기

러프한 선 + 브러시 색 채우기

컬러 드롭 기능을 사용하면 한 번에 색을 채울 수 있지만, 조금 번거롭더라도 브러시로 색을 채워보세요. 선이 비뚤거나 꼼꼼하게 색을 채우지 않아도 좋아요. 빈 공간이 자연스럽게 남고 브러시 질감이 겹쳐지면서 손 그림 느낌을 살려 그릴 수 있어요.

❸ 컬러 드롭으로 채색하기

브러시 ENSEE Dry Ink | **색상** ● ● ●

1 **레이어 8**을 추가하고 [ENSEE Dry Ink] 브러시(불투명도 100%)로 데이지 꽃잎을 하나씩 그려서 꽃 모양을 그려주세요.

● #e1a679

2 오른쪽 상단의 **색상 원형**을 끌어와 도형 안에 놓아 **[컬러 드롭]**으로 한 번에 색을 채워 주세요.

3 드라이 잉크 브러시의 거친 느낌 때문에 하얗게 남은 빈 공간은 덧칠해 완성해 주세요.

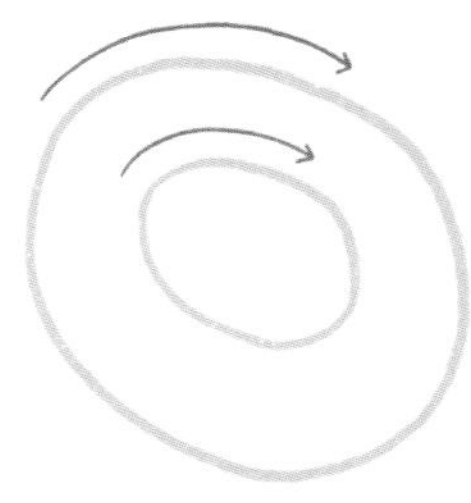

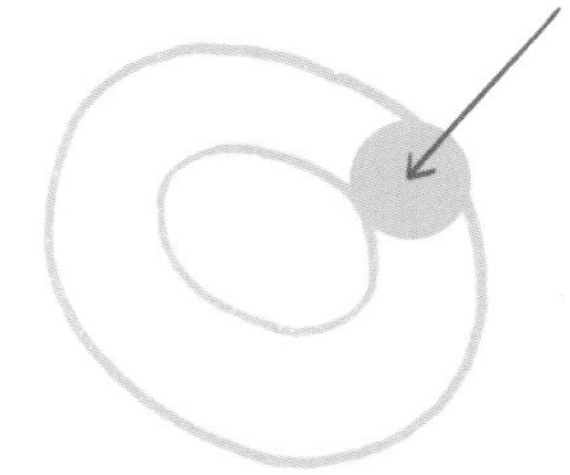

4 **레이어 9**를 추가하고 도넛의 바깥쪽 원을 그린 후, 안쪽 원도 그려주세요.

● #aad5db

5 오른쪽 상단의 **색상 원형**을 끌어와 도형 안에 놓아 **[컬러 드롭]**으로 한 번에 색을 채워 주세요.

6 드라이 잉크 브러시의 거친 느낌 때문에 하얗게 남은 빈 공간은 덧칠해 완성해 주세요.

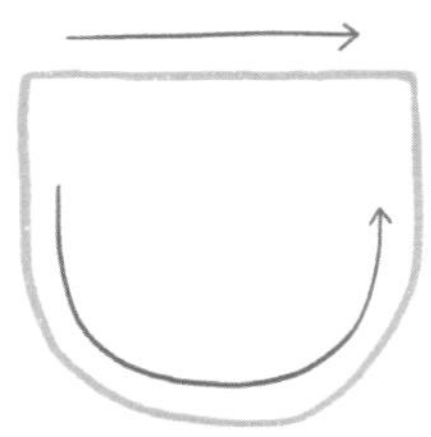

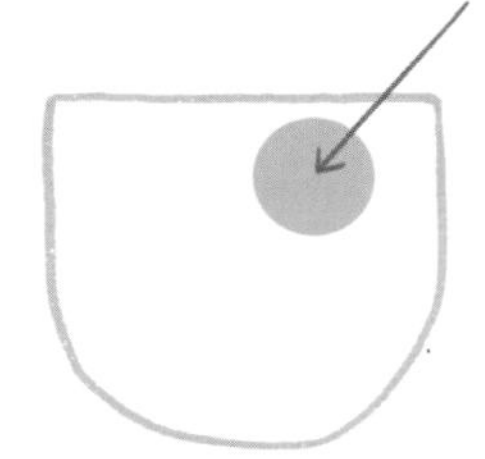

7 **레이어 10**을 추가하고 주머니 상단의 직선을 그린 후, 직선과 이어지게 곡선을 그려주세요.

● #e0a1a1

8 오른쪽 상단의 **색상 원형**을 끌어와 도형 안에 놓아 **[컬러 드롭]**으로 한 번에 색을 채워 주세요.

9 드라이 잉크 브러시의 거친 느낌 때문에 하얗게 남은 빈 공간은 덧칠해 완성해 주세요.

❹ 타이틀 만들기

브러시 ENSEE Pen | **색상** ●

Pieces

Pieces

© ensee

1 **레이어 11**을 추가하고 **[ENSEE Pen]** 브러시(불투명도 95%)로 스케치의 타이틀 밑그림을 따라서 외곽선을 먼저 그려주세요.

● #90a1c9

2 외곽선 안쪽을 채색해 타이틀을 완성합니다.

3 하단에 서명을 한 후, 조각 수집 스티커의 디자인을 완성해 보아요.

Sea Collection

바다 수집

바다에서 우연히 예쁜 산호를 발견한 이후로 바다에 가면 해변을 살펴보곤 합니다.
생각지 못한 보석들을 발견하기도 한답니다.
특이한 산호, 예쁜 조개껍데기, 신기한 모양의 돌이 될 수도 있어요.
여러분이 발견한 바다 보석은 무엇인가요?

POINT 1

비슷하지만 다른 **[알파 채널 잠금]**과 **[클리핑 마스크]** 기능을 사용해 채색하고, 두 기능의 차이점을 이해합니다.

캔버스 크기 109×152㎜ (A6 스티커 사이즈)

해상도 600DPI

준비 파일 c2_2_sketch.png / c2_2_final.png / c2_2_color_guide_.png

브러시 ENSEE Pen / ENSEE Gouache / ENSEE Oil Pastel

색상 #e9e4d0 #7d8cb1 #ced3ad #d4cfb3 #b9aae2 #e4e9c8 #f8f4e1 #a5aecd #6d7b9e #f4f6e7 #ec938b #b9bfdc #686963 #f9d5ad #818dcb #424141 #f1d4d4 #c4d2dc #bcb9d9 #e9e4d0 #debbe0 #7d77bb #b9b9d3 #94a6bf #dddbee #e7e3d9 #f8f5e6 #acc0d5 #ffffff

❶ 산호, 현무암, 바다 유리

브러시 ENSEE Pen / ENSEE Gouache | **색상**

1 빈 **레이어** 1에 **스케치 파일**(c2_2_sketch)을 불러와 혼합 모드를 **곱하기**로 변경하고 레이어 불투명도를 10~20%로 조절합니다.

2 스케치 **레이어** 1 아래로 새로운 **레이어 2**를 추가하고 [ENSEE Pen] 브러시(불투명도 95%)로 스케치를 따라 산호 모양의 울퉁불퉁한 느낌을 살려 외곽선을 그려주세요.

#e9e4d0

3 겹치는 질감을 자연스럽게 남기면서 산호 안쪽을 채색해 주세요.
(120쪽 1-❶ '펜 브러시로 채색하기' 참고)

4 새로운 **레이어 3**을 추가하고 같은 방법으로 현무암을 그리고 채색한 후, 다시 새로운 **레이어 4**를 추가해 바다 유리를 그리고 채색합니다.

#7d8cb1 #ced3ad

5 산호 **레이어** 2에 **[알파 채널 잠금]**을 적용한 후, [ENSEE Gouache] 브러시(불투명도 100%)를 사용해 필압으로 농도를 조절하면서 산호의 울퉁불퉁한 결을 표현해 주세요.

● #d4cfb3

6 현무암 **레이어** 3에 **[알파 채널 잠금]**을 적용한 후, 5번과 같은 방법으로 보랏빛 색감을 더합니다. 바다 유리 **레이어** 4에 **[알파 채널 잠금]**을 적용한 후, 안쪽에 밝은 연두색으로 채색해 투명한 질감을 표현합니다.

● #b9aae2 ● #e4e9c8

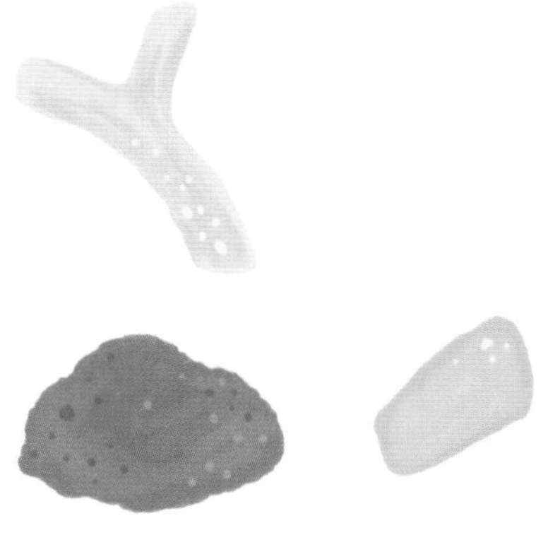

7 각 레이어에 다양한 크기로 점을 찍어 산호와 현무암의 구멍이 있는 표면을 묘사하고, 바다 유리의 반짝임을 표현해 완성합니다.

● #f8f4e1 ● #a5aecd ● #6d7b9e ● #f4f6e7

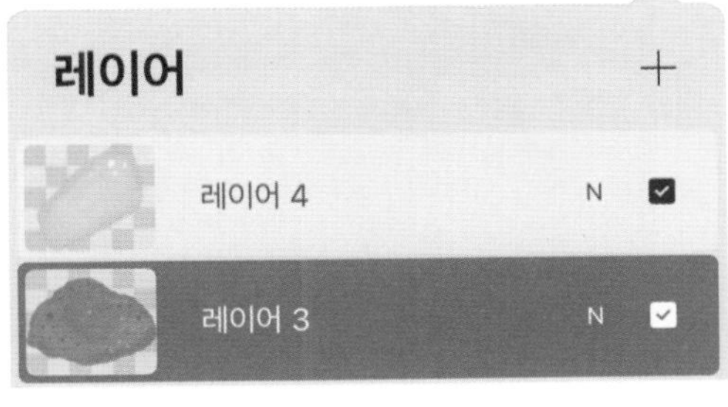

PLUS **[알파 채널 잠금]**을 적용하면 **'레이어에서 이미지가 있는 영역'**에만 그림을 그리거나 채색할 수 있습니다. 그려진 영역 외의 바깥 부분은 비활성화되어 어떤 것도 그려지지 않기 때문에 바깥 영역에 실수로 그려진 것을 따로 지우는 번거로움을 덜 수 있어요. (알파 채널 잠금 50쪽)

❷ 불가사리와 성게

브러시 ENSEE Pen / ENSEE Gouache | **색상** ● ● ● ● ● ● ●

1 ❶-1에서 준비한 **스케치 파일**을 바탕으로 채색합니다.

2 새로운 **레이어 5**를 추가하고 **[ENSEE Pen]** 브러시(불투명도 95%)로 스케치를 따라 불가사리 모양의 외곽선을 그려주세요.

● #ec938b

3 겹치는 질감을 자연스럽게 남기면서 불가사리 안쪽을 채색해 주세요.

4 새로운 **레이어 6을** 추가하고 같은 방법으로 파란 불가사리를 그리고 채색합니다. 새로운 **레이어 7**을 추가하고 성게의 삐죽삐죽한 느낌을 살려 외곽선을 그리고 채색해 주세요.

● #b9bfdc ● #686963

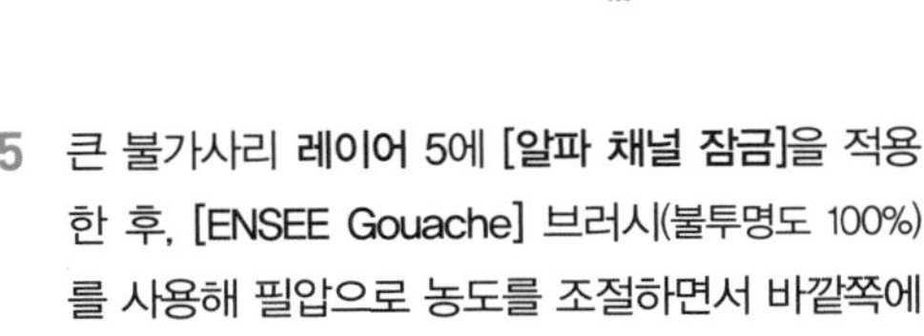

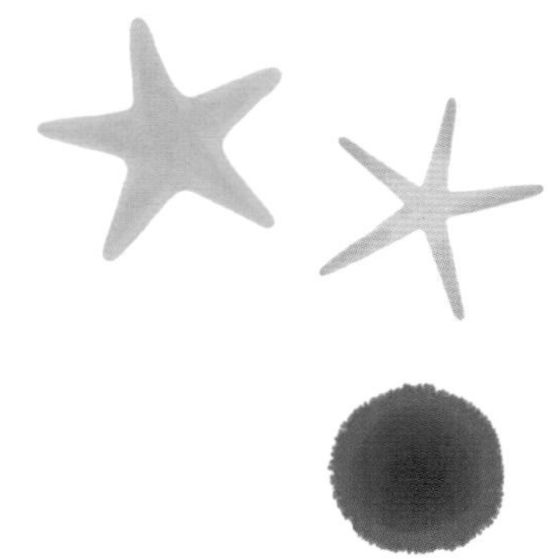

5 큰 불가사리 **레이어 5**에 **[알파 채널 잠금]**을 적용한 후, [ENSEE Gouache] 브러시(불투명도 100%)를 사용해 필압으로 농도를 조절하면서 바깥쪽에서부터 번지는 따뜻한 색감을 더해주세요.

● #f9d5ad

6 작은 불가사리 **레이어 6**에 **[알파 채널 잠금]**을 적용한 후, '5번'과 같은 방법으로 불가사리 끝에서 번지는 보랏빛 색감을 더하고 성게 **레이어 7**에 **[알파 채널 잠금]**을 적용한 후, 성게 안쪽을 어둡게 표현해 주세요.

● #818dcb ● #424141

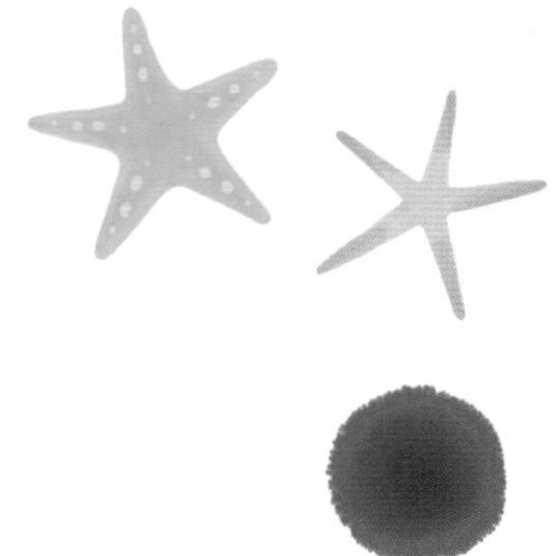

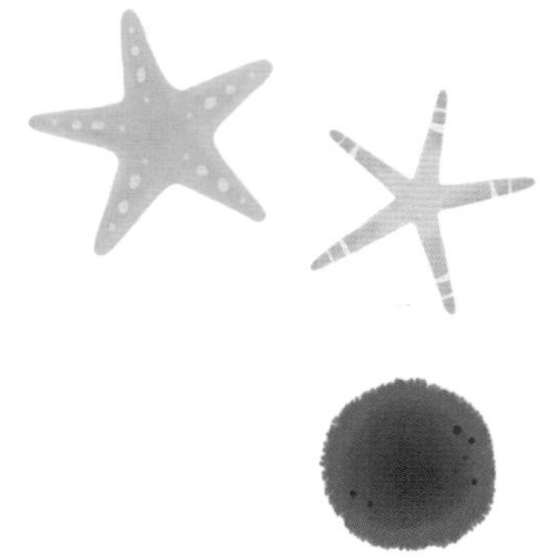

7 큰 불가사리 **레이어 5** 위로 새로운 **레이어 8**을 추가하고 **[클리핑 마스크]**를 적용한 후, [ENSEE Pen] 브러시(불투명도 95%)로 작은 점과 큰 점을 찍어 불가사리의 무늬를 그립니다. (클리핑 마스크 51쪽)

● #f9d5ad

8 작은 불가사리 **레이어 6** 위로 새로운 **레이어 9**를 추가하고 **[클리핑 마스크]**를 적용한 후, 핑크색 줄무늬를 그려주세요. 성게 **레이어 7**을 선택하고 점을 찍어 무늬를 그려 완성합니다.

● #f1d4d4 ● #424141

❸ 조개와 고둥

브러시 ENSEE Pen / ENSEE Gouache | **색상**

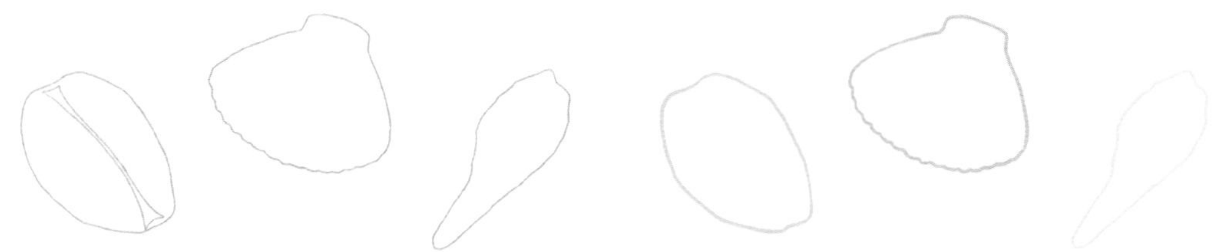

1 ❶-1에서 준비한 스케치 파일을 바탕으로 채색합니다.

2 새로운 **레이어 10, 11, 12**를 추가하고 [**ENSEE Pen**] 브러시(불투명도 95%)로 스케치를 따라 큰 고둥(10), 조개(11), 작은 고둥(12)의 외곽선을 레이어를 나눠 차례대로 그려주세요.

#c4d2dc #bcb9d9 #e9e4d0

3 큰 고둥 **레이어 10**을 선택한 후 겹치는 질감을 자연스럽게 남기면서 채색하고 같은 방법으로 조개 **레이어 11**을 선택해 채색하고, 작은 고둥 **레이어 12**도 같은 방법으로 채색해 주세요.

#c4d2dc #bcb9d9 #e9e4d0

4 큰 고둥 **레이어 10**에 [**알파 채널 잠금**]을 적용한 후, [**ENSEE Gouache**] 브러시(불투명도 100%)로 양 끝부분에 보랏빛 색감을 더합니다. 조개 **레이어 11**에 [**알파 채널 잠금**]을 적용한 후, 조개껍데기의 결 방향으로 채색해 껍데기 표면을 묘사해 주세요.

#debbe0 #7d77bb

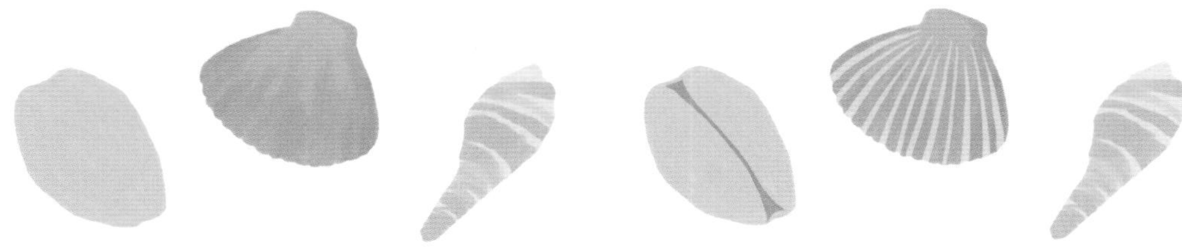

5 작은 고둥 **레이어 12** 위로 새로운 **레이어 13**을 추가하고 **[클리핑 마스크]**를 적용한 후, **[ENSEE Pen]** 브러시(불투명도 95%)로 기울기와 필압을 조절하면서 줄무늬를 그려주세요.

#b9b9d3

6 큰 고둥 **레이어 10** 위로 새로운 **레이어 14**를 추가하고 **[클리핑 마스크]**를 적용한 후, 고둥 안쪽을 묘사합니다. 조개 **레이어 11** 위로 새로운 **레이어 15**를 추가해 **[클리핑 마스크]**를 적용하고 필압으로 선 두께를 조절하면서 조개 무늬를 그려주세요.

#94a6bf #dddbee

7 큰 고둥 **클리핑 레이어 14**와 작은 고둥 **클리핑 레이어 13**을 각각 선택한 후 크기가 다양한 점을 찍어 반짝임을 표현해 완성합니다.

#e7e3d9 #f8f5e6

PLUS **[클리핑 마스크]**를 사용하면 레이어를 분리해 바깥 부분으로 나가지 않게 무늬를 그리거나 채색할 수 있어요. [알파 채널 잠금]과 비슷하지만 레이어가 분리되어 있어서 따로 수정할 수 있습니다. (클리핑 마스크 51쪽)

❹ 스티커 프레임 만들기

브러시 ENSEE Oil Pastel / ENSEE Pen | **색상**

1 새로운 **레이어 16**을 추가하고 **[ENSEE Oil Pastel]** 브러시(불투명도 100%)로 모서리가 둥근 프레임을 그려주세요.

acc0d5

2 획을 그을 때마다 색감이 달라지는 오일 파스텔 브러시 특징을 사용해 풍부한 색감이 느껴지도록 프레임 바깥 부분을 채색해 주세요.

#acc0d5

3 새로운 **레이어 17**을 추가하고 **[ENSEE Pen]** 브러시(불투명도 95%)로 프레임 상단에 스티커 타이틀 'Sea Collection'을 써주세요

#ffffff

4 스티커 타이틀 주변에 귀여운 요소들을 추가로 그려 스티커 디자인을 완성합니다.

TIP 더 이상 수정할 부분이 없다면 스케치 레이어는 체크 해제해 가려주세요.

PLUS 앞에서 그린 바다 스티커를 다르게 배치하거나, 프레임 디자인을 변경해서 나만의 개성이 넘치는 스티커를 디자인해 보아요.

PLUS 같이 이동할 레이어들은 오른쪽으로 스와이프해 동시 선택한 후, 왼쪽 상단의 **[변형]** 툴로 이동하면 레이어를 병합하지 않고도 한 번에 위치를 변경할 수 있어요.

STICKER PACK

TRAVEL JOURNAL

여행 수집

여행에서 티켓, 영수증, 포장지 등 추억이 될 만한 것들을 버리지 않고 가져와
여행 다이어리에 함께 수집하고 기록하곤 합니다.
아이패드 드로잉으로 기록해 두면 나중에 나만의 커스텀 스티커를 만들거나
'굿노트' 어플로 여행 다이어리를 꾸밀 때 사용할 수 있어요.

POINT 1

[텍스트 추가] 기능을 사용해 손글씨를 쓰는 방법을 알아봅니다.

POINT 2

[그리기 가이드]를 적용하고 가이드를 바탕으로 그림을 그리거나 **레이어 '그리기 도우미'**를 활성화해 반듯한 선을 그립니다.

캔버스 크기 109×152㎜ (A6 스티커 사이즈)

해상도 600DPI

준비 파일 c2_3_sketch.png / c2_3_final.png / c2_3_colorguide.png

브러시 ENSEE Dry Ink

색상 #efb9b3 #5c5a5d #efebe8 #dd6159 #d9e3e5 #cfdee1 #c6d7da #b09a6e #eadbc6 #f7efe4 #7d5d55

❶ 영수증

브러시 ENSEE Dry Ink | **색상** ● ●

1 빈 **레이어** 1에 **스케치 파일**(c2_3_sketch)을 불러와 혼합 모드를 **곱하기**로 변경하고 레이어 불투명도를 10~20%로 조절합니다.

2 스케치 **레이어** 1 아래로 새로운 **레이어 2**를 추가하고 **[ENSEE Dry Ink]** 브러시(불투명도 95%)로 스케치 선을 따라 영수증 외곽선을 그려주세요.

● #efb9b3

3 겹치는 질감을 자연스럽게 남기면서 영수증 안쪽을 채색해 주세요.

4 **[동작 → 추가 → 텍스트 추가]**에서 스케치 내용을 참고해서 영수증 내용을 텍스트로 써주세요.

(텍스트 추가 105쪽)

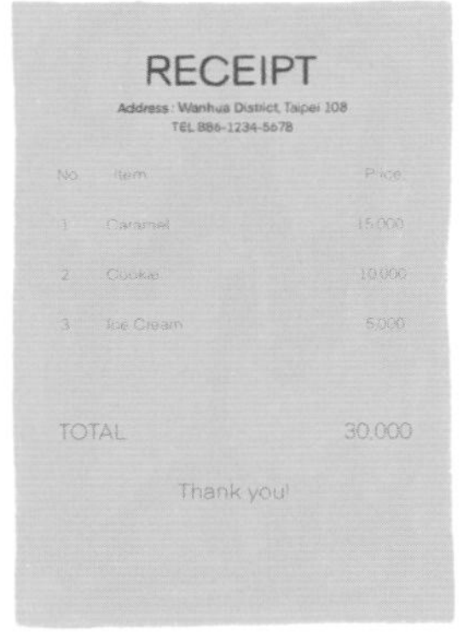

5 텍스트 레이어는 모두 병합하고 불투명도를 낮춰주세요. 새로운 **레이어 4**를 추가한 후, **[ENSEE Dry Ink]** 브러시(불투명도 95%)로 텍스트를 따라 영수증 내용을 씁니다. 텍스트 레이어는 체크를 해제해 가려주세요.

● #5c5a5d

PLUS 텍스트를 참고해 브러시로 글씨를 쓰면 그림의 글씨 부분을 자연스러운 손글씨 느낌으로 표현할 수 있어요.

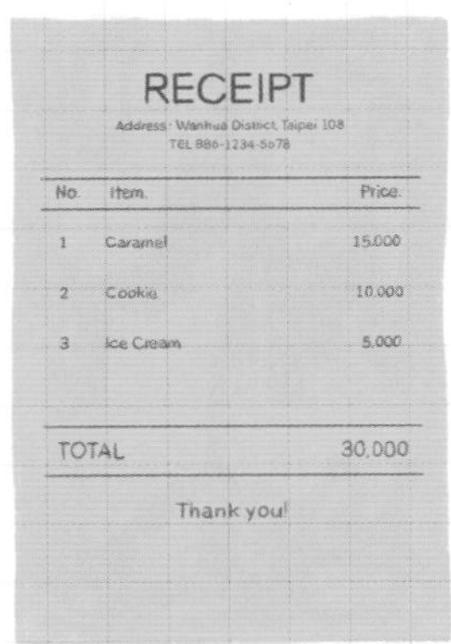

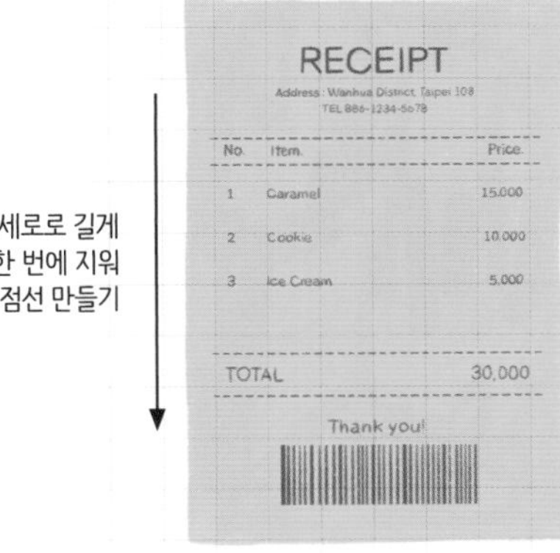

6 **[동작 → 캔버스 → 그리기 가이드]**를 활성화해 주세요. 새로운 **레이어 5**를 추가하고 **레이어 옵션에서 '그리기 도우미'에 체크**한 후, 반듯한 가로선 4개를 그려주세요.(그리기 가이드 88쪽)

7 두께가 다른 세로선으로 바코드를 그리고, **지우개**로 가로선 부분을 세로로 길게 한 번에 지워서 4개의 선을 점선으로 만들어 주세요.

PLUS **'그리기 도우미'**가 활성화되어 있는 레이어는 지우개도 그리기 가이드의 영향을 받습니다. 바코드 선 위아래가 들쑥날쑥하다면 가로로 쭉 선을 그어 지워서 정리해 주세요.

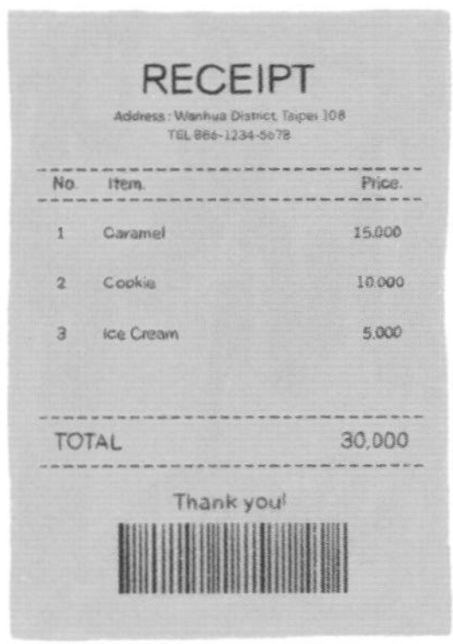

8 **[동작 → 캔버스 → 그리기 가이드]**를 비활성화하고 완성합니다.

PLUS 영수증은 오래 보관하면 내용이 휘발되어 사라져서 아쉬워요. 아이패드 드로잉으로 영수증을 기록하면 오랫동안 여행의 추억을 간직할 수 있어요.

❷ 비행기 표

브러시 ENSEE Dry Ink | **색상** ● ● ●

1 ❶-1에서 준비한 **스케치 파일**을 바탕으로 채색합니다.

2 새로운 **레이어 6**을 추가하고 **[ENSEE Dry Ink]** 브러시(불투명도 95%)로 스케치 선을 따라 비행기 표 외곽선을 그려주세요.

● #efebe8

3 겹치는 질감을 자연스럽게 남기면서 비행기 표 안쪽을 채색한 후, **[동작 → 캔버스 → 그리기 가이드]**를 활성화합니다. (그리기 가이드 88쪽)

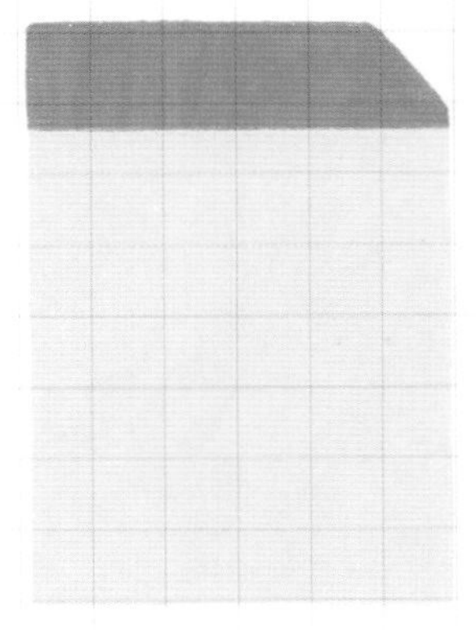

4 **레이어 6** 위로 새로운 **레이어 7**을 추가하고 **[클리핑 마스크]**를 적용한 후, 상단 5분의 1 지점까지 **'그리기 가이드'** 선을 참고하며 빨간색으로 채색해 주세요.

● #dd6159

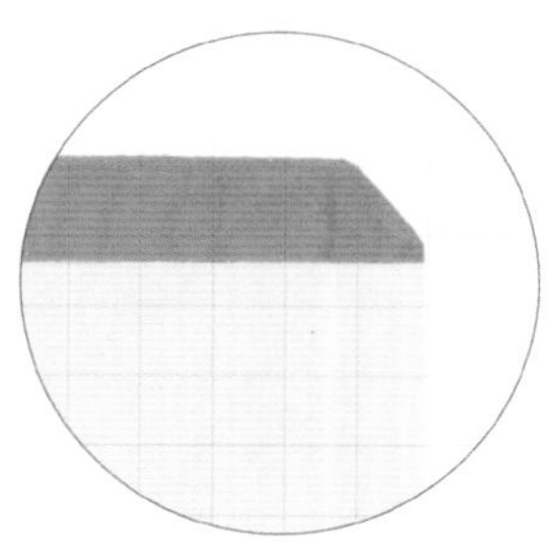

PLUS 레이어 옵션 **'그리기 도우미'**를 체크하지 않으면 선이 자동으로 반듯하게 그려지지는 않지만 **[그리기 가이드]**를 보면서 자연스러운 느낌의 선을 그릴 수 있어요.

5 **[동작 → 추가 → 텍스트 추가]**에서 스케치 내용을 참고해서 비행기 표 정보를 텍스트로 써주세요. (텍스트 추가 105쪽)

6 텍스트 레이어는 모두 병합하고 불투명도를 낮춰 주세요. 새로운 **레이어 9**를 추가한 후, [ENSEE Dry Ink] 브러시(불투명도 95%)를 사용해 텍스트를 따라 손글씨로 내용을 써주세요.

#efebe8 #5c5a5d

7 상단은 밝은 색, 하단은 어두운 색으로 내용을 쓰고, 텍스트 레이어는 체크 해제해 가려주세요.

8 새로운 **레이어 10**을 추가한 후, **레이어 옵션에서 '그리기 도우미'에 체크**하고 두께가 다른 세로 선으로 바코드를 그린 후, 직선과 네모 박스를 그려서 꾸며주세요.

● #5c5a5d

9 **[동작 → 캔버스 → 그리기 가이드]**를 비활성화하고 새로운 **레이어 11**을 추가한 후, 비행기 아이콘과 도착 아이콘을 그려 완성합니다.

● #dd6159

❸ 버터 쿠키 포장지

브러시 ENSEE Dry Ink | **색상**

1 ❶-1에서 준비한 **스케치 파일**을 바탕으로 채색합니다.

2 새로운 **레이어 12**를 추가하고 **[ENSEE Dry Ink]** 브러시(불투명도 95%)로 스케치 선을 따라 포장지 입구 부분을 띄어서 외곽선을 그려주세요.

#d9e3e5

3 겹치는 질감을 자연스럽게 남기면서 포장지 안쪽을 채색해 주세요.

4 **레이어 12**에 **[알파 채널 잠금]**을 적용한 후, 브러시 크기를 키워 명도가 낮은 색으로 애플펜슬을 기울여 넓게 포장지 질감을 묘사합니다. 브러시 크기를 줄여 조금 더 명도가 낮은 색으로 애플펜슬을 세워서 세밀하게 봉투 모양을 그려주세요.

#cfdee1 #c6d7da

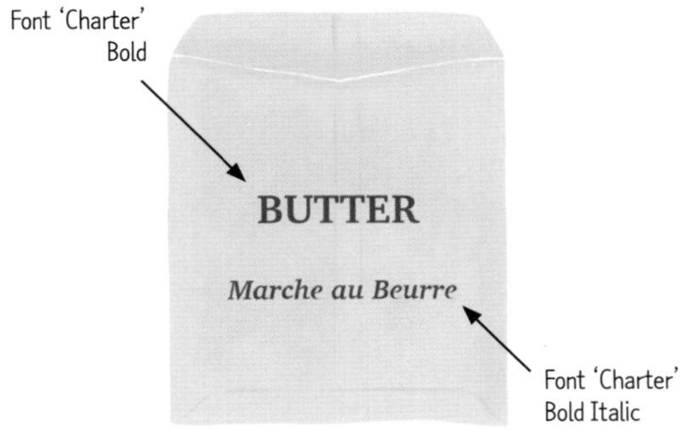

5 **[동작 → 추가 → 텍스트 추가]**에서 스케치 내용을 참고해서 버터 쿠키의 로고 부분을 텍스트로 써 주세요. (텍스트 추가 105쪽)

6 텍스트 레이어는 모두 병합하고 불투명도를 낮추어 주세요. 새로운 **레이어 14**를 추가하고 텍스트 외곽선을 따라 그려주세요.

● #b09a6e

7 텍스트 레이어는 체크를 해제하고 가린 후, 'BUTTER' 글씨 안쪽을 채색해 주세요.

8 스케치 선을 따라 로고와 프레임을 그려서 완성합니다.

❹ 커피 우유

브러시 ENSEE Dry Ink | **색상**

1 ❶-1에서 준비한 **스케치 파일**을 바탕으로 채색합니다.

2 새로운 **레이어 15**를 추가하고 [ENSEE Dry Ink] 브러시(불투명도 95%)로 스케치 선을 따라 커피 우유 외곽선을 그려주세요.

#eadbc6

3 겹치는 질감을 자연스럽게 남기면서 포장지 안쪽을 채색해 주세요.

4 커피 우유 오른쪽 모서리 부분에 밝은 색으로 하이라이트를 그려 입체감을 더합니다.

#f7efe4

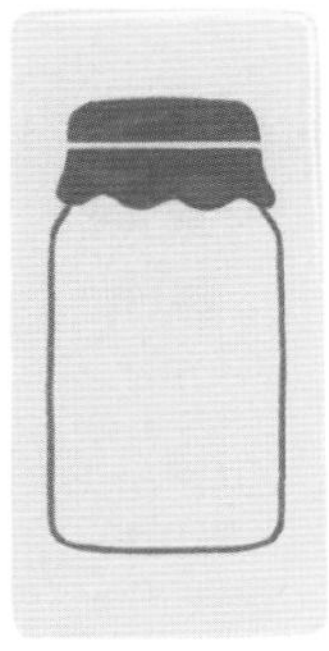

5 새로운 **레이어 16**을 추가하고 스케치 선을 따라 뚜껑 중간 부분은 조금 띄어서 그리고 채색한 후, 우유병 모양도 그려주세요.

● #7d5d55

6 우유병 상단에 스케치를 따라 캐릭터를 그려주세요.

7 **[동작 → 추가 → 텍스트 추가]**에서 스케치 내용을 참고해서 커피 우유 로고와 내용을 텍스트로 써주세요. (텍스트 추가 105쪽)

PLUS 텍스트 레이어 선택 후, **[변형] 툴 '뒤틀기'**를 사용해 '메시(그물)'를 조정하면 텍스트 형태를 자유롭게 변형할 수 있어요. 이렇게 변형한 텍스트는 **'레스터화'**되어 내용을 수정할 수 없으니 유의하세요. (변형 툴 81쪽)

8 텍스트 레이어는 모두 병합하고 불투명도를 낮춰 주세요. 새로운 **레이어 18**을 추가한 후, [ENSEE Dry Ink] 브러시(불투명도 95%)를 사용해 텍스트를 따라 손글씨로 내용을 써주세요.

9 텍스트 레이어는 체크 해제해 가린 후, 우유병 뚜껑에 빨간색 선을 그려서 완성합니다.

● #dd6159

PLUS 상단을 다양하게 꾸며 스티커 디자인을 완성해 보아요.

다양한 재료로 그리기

그림으로 시작하는 플랜테리어, 식물 도감

✦ 텍스처로 손 그림 느낌 더하기

01 필레아 페페로미오이데스
| ENSEE Pen 브러시, 수채화 일러스트

02 무화과 나무
| ENSEE Dry Ink + ENSEE Gouache 브러시, 구아슈 일러스트

03 프리지어
| ENSEE Oil Pastel 브러시, 오일 파스텔 일러스트

브러시와 텍스처를 활용해 종이에 다양한 재료로 그린 듯,
손 그림 느낌이 물씬 나는 식물 그림을 그려보아요.
디지털 드로잉으로도 원하는 재료의 느낌을 충분히
표현할 수 있어요.

#종이 질감 #텍스처 #브러시 표현 #레이어 #색감 더하기
#수채화 #구아슈 #오일 파스텔

텍스처로 손 그림 느낌 더하기

종이 질감 텍스처 적용하기

브러시 표현만으로 조금 아쉬운 부분에 **텍스처**를 더하면 풍부한 질감과 실제 종이에 그린 듯한 손 그림 느낌을 더할 수 있어요.

텍스처 적용 전

텍스처 적용 후

1. **[동작 → 추가 → 사진 삽입하기]**에서 미리 다운로드해(예제 파일 다운로드 17쪽) '사진' 앱에 저장해 놓은 텍스처 파일 중 하나를 불러옵니다.

2. **[변형] 툴**이 활성화된 텍스처는 캔버스 크기보다 조금 더 **여유 있는 크기**로 조절해 주세요.

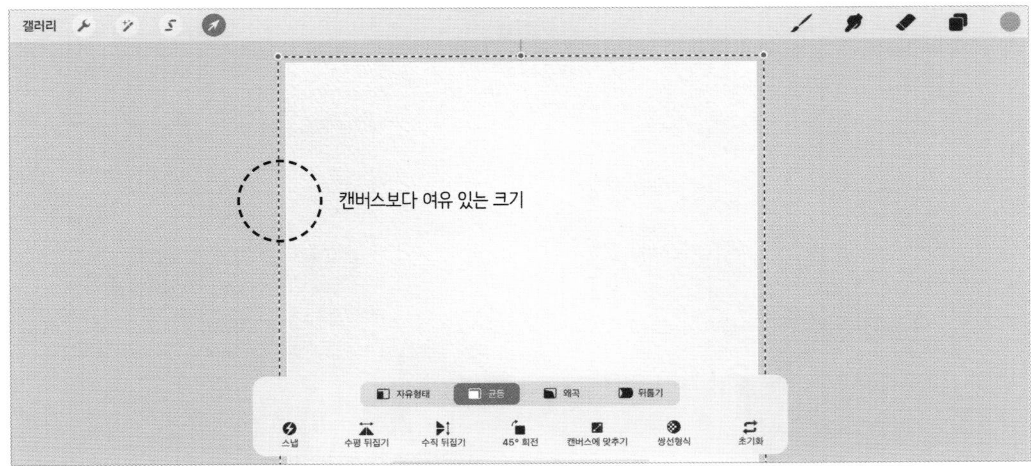

3. 텍스처 레이어 ①[N]에서 **혼합 모드를 적용하고 불투명도로 텍스처 농도를 조절**합니다.

텍스처 혼합 모드는 **'곱하기'**, **'어둡게'**, **'선형 번'**, **'색상 번'**, **'오버레이'**를 주로 사용하지만 텍스처 이미지가 가진 특성에 따라 어울리는 혼합 모드가 각각 다르니 어울리는 혼합 모드를 찾아 적용해 주세요.

TIP 텍스처 레이어는 **레이어 목록의 가장 상단**에 두어야 그림 위에 질감이 나타나요.

부분 텍스처 적용하기

오일 파스텔 텍스처는 종이처럼 전체의 질감이 아닌 **재료의 질감**이기 때문에 그림이 그려진 부분에만 텍스처를 적용해야 오일 파스텔로 그린 느낌을 표현할 수 있어요.

1. 원본 레이어들을 오른쪽으로 스와이프해 동시 선택한 후, 하나의 '그룹'으로 묶어 복제해서 원본을 유지해 주세요. (레이어 동시 선택 42쪽)
2. 복제한 레이어 '그룹'을 터치한 후, 레이어 옵션에서 **[병합]**을 선택해 하나의 레이어로 만들어 주세요.
3. 그림 레이어 위에 오일 파스텔 텍스처(ENSEE Texture4.png 또는 ENSEE Texture5.png)를 불러온 후, 레이어 옵션에서 **[클리핑 마스크]**를 적용합니다.
4. 텍스처 레이어 [N]에서 '선형 번' 혼합 모드를 선택하고 불투명도로 텍스처 농도를 조절해 주세요.

TIP 오일 파스텔 텍스처에는 **'곱하기', '선형 번', '색상 번'** 혼합 모드를 추천해요.

TIP [ENSEE Oil Pastel] 브러시와 텍스처를 함께 사용해 보아요.

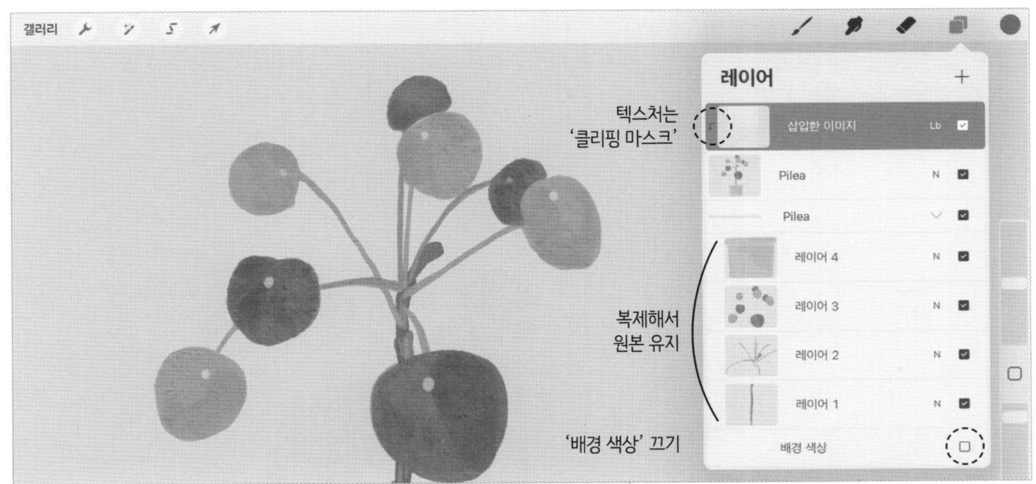

PNG 파일로 저장해야 할 때에도 **[클리핑 마스크]**로 그림 부분에만 텍스처를 적용해야 배경을 투명하게 저장할 수 있어요.

1. 원본 레이어들을 **'그룹'으로 묶어 복제**하거나, 갤러리에서 **원본 파일을 복제**해서 원본을 유지해 주세요.
2. 복제한 레이어들은 레이어 옵션에서 **[병합]**을 선택해 하나의 레이어로 만들어 주세요.
3. 그림 위에 텍스처를 불러온 후, 레이어 옵션에서 **[클리핑 마스크]**를 적용합니다.
4. 텍스처 레이어 [N]에서 어울리는 혼합 모드를 선택하고 불투명도로 텍스처 농도를 조절해 주세요.
5. 가장 하단 **'배경 색상' 레이어의 체크 박스를 해제**하면 투명한 배경이 됩니다.
6. **[동작 → 공유 → PNG]**를 선택한 후, **[이미지 저장]** 버튼을 눌러 '사진' 앱에 저장해 주세요.

TIP 투명한 배경으로 저장할 때는 'PNG' 파일 형식으로 저장합니다.

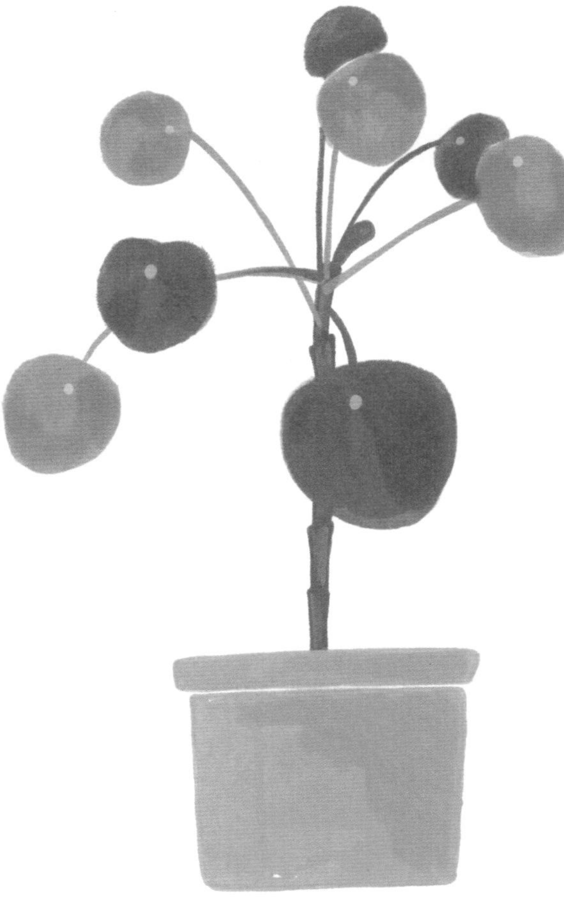

pilea
peperomioides

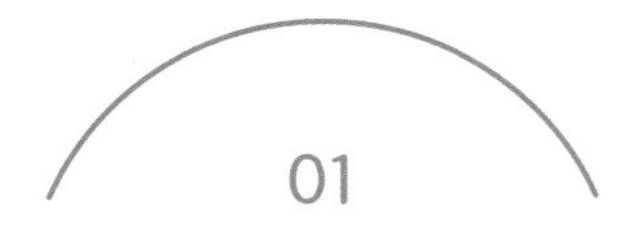

01

필레아 페페로미오이데스

이름도 귀여운 필레아 페페로미오이데스는 동글동글한 잎을 가지고 있는 식물이에요.
동그란 잎이 동전을 닮아 '돈나무'라고 불리며 재물운을 상징한다고 해요.

POINT 1

[ENSEE Pen] 브러시의 기울기와 필압을 조절하며 세밀한 표현과 넓은 질감 표현을 연습합니다.

POINT 2

[ENSEE Pen] 브러시를 사용해 물의 질감이 느껴지는 수채화 일러스트를 그립니다.

POINT 3

그림에서 어떤 부분이 앞에 보이고 뒤에 보이는지 순서를 생각하며 색상, 요소별로 레이어를 나눠 그립니다.

캔버스 크기 104×154㎜ (4×6 엽서 사이즈)

해상도 600DPI

준비 파일 c3_1_sketch.png / c3_1_final.png / c3_1_colorguide.png

브러시 ENSEE Pen / ENSEE Pencil

색상 ●#8c776c ●#a79183 ●#a6b086 ●#96a26e ●#aaf1fe ●#7c8d67 ●#70835d ●#d8ddbc ●#bfb7af ●#b7aca5 ●#5b5b5b

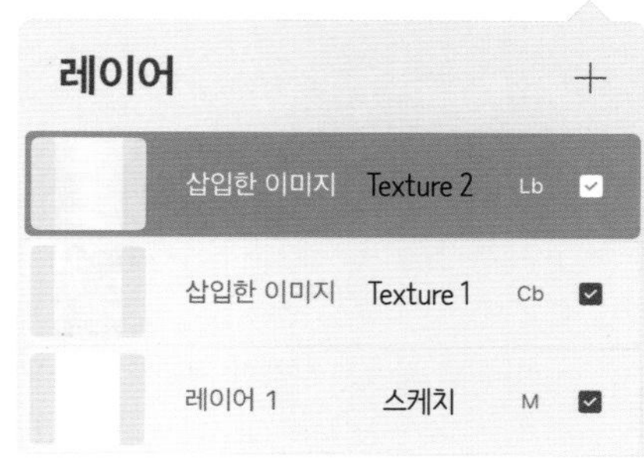

1 빈 **레이어** 1에 **스케치 파일**(c3_1_sketch)을 불러와 혼합 모드를 **곱하기**로 변경하고 레이어 불투명도를 10~20%로 조절합니다.

2 스케치 **레이어** 1 위로 텍스처 파일 2개를 차례로 불러온 후, 크기를 조절하고 혼합 모드와 불투명도를 아래와 같이 설정해 주세요. (텍스처 152쪽)

- ENSEE Texture1 : 색상 번, 불투명도 40%
- ENSEE Texture2 : 선형 번, 불투명도 35%

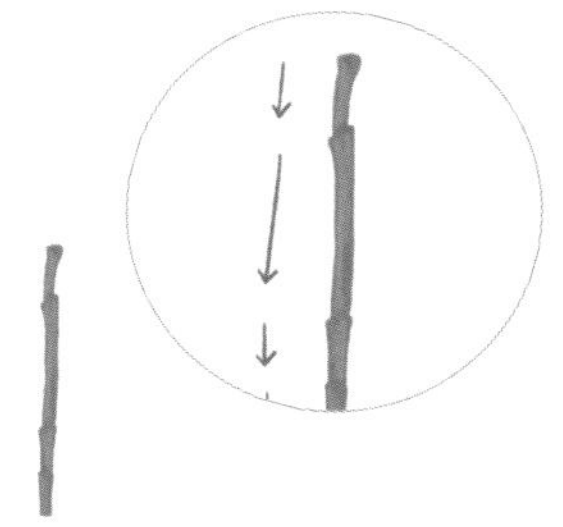

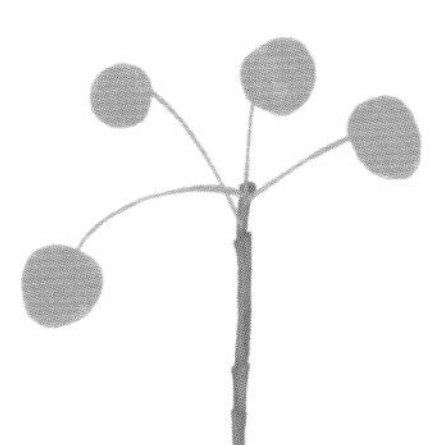

3 스케치 **레이어** 1 아래로 새로운 **레이어** 4를 추가하고 **[ENSEE Pen]** 브러시(불투명도 95%)로 스케치를 따라 나뭇가지를 그립니다. 밝은 갈색으로 세로로 선을 끊어 그리듯 나뭇결을 묘사해 주세요.

● #8c776c ● #a79183

4 새로운 **레이어** 5를 추가하고 애플펜슬을 기울여 밝은 이파리를 둥글게 그립니다. 다시 애플펜슬을 세워서 나뭇가지에서 뻗어나오는 줄기를 이어 그려주세요.

● #a6b086

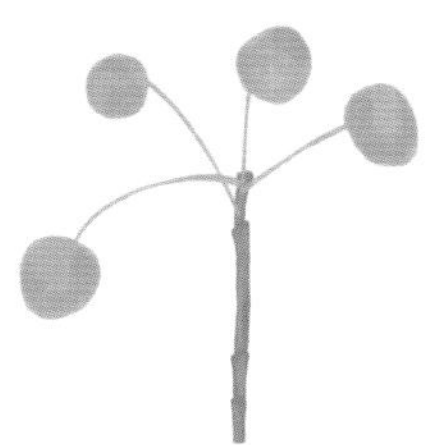

5 밝은 이파리 **레이어 5**에 **[알파 채널 잠금]**을 적용한 후, 애플펜슬을 기울여 어두운 초록색으로 둥근 잎을 묘사합니다. **브러시 불투명도를 10%로 변경**하고 파란 색감을 살짝 더해주세요.

● #96a26e ● #aaf1fe

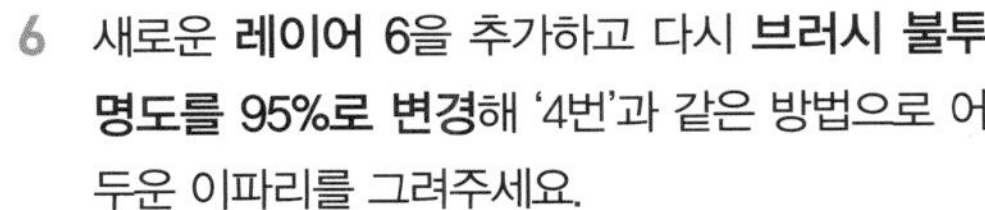

6 새로운 **레이어 6**을 추가하고 다시 **브러시 불투명도를 95%로 변경**해 '4번'과 같은 방법으로 어두운 이파리를 그려주세요.

● #7c8d67

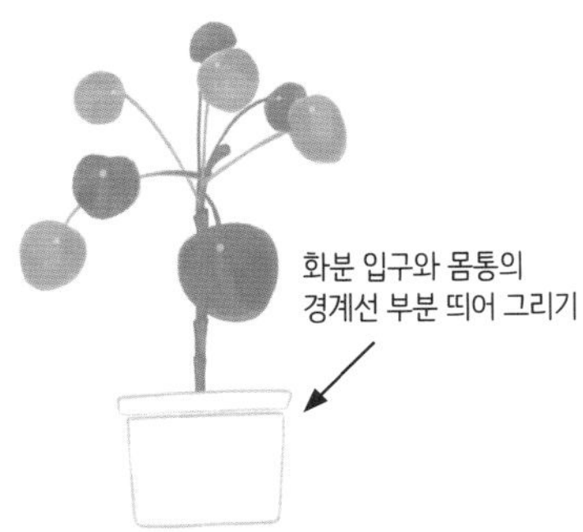

7 어두운 이파리 **레이어 6**에 **[알파 채널 잠금]**을 적용하고 '5번'과 같은 방법으로 잎을 묘사하고 파란 색감을 살짝 더해줍니다. 새로운 **레이어 7**을 추가해 줄기와 이파리가 만나는 부분에 연두색으로 점을 찍어 투명함을 표현합니다.

● #70835d ● #aaf1fe ● #d8ddbc

8 새로운 **레이어 8**을 추가하고 스케치 선을 따라 화분 외곽선을 그린 후, 겹치는 질감을 자연스럽게 남기며 화분 안쪽을 채색해 주세요.

● #bfb7af

9 화분 색보다 명도가 낮은 색으로 애플펜슬을 기울여 넓은 질감으로 오른쪽을 채색해 수채화의 물 느낌을 더합니다.

● #b7aca5

10 새로운 **레이어 9**를 추가하고 [ENSEE Pencil] 브러시(불투명도 100%)로 화분 아래에 'Pilea Peperomioides'라고 식물 이름을 쓰고 완성합니다.

● #5b5b5b

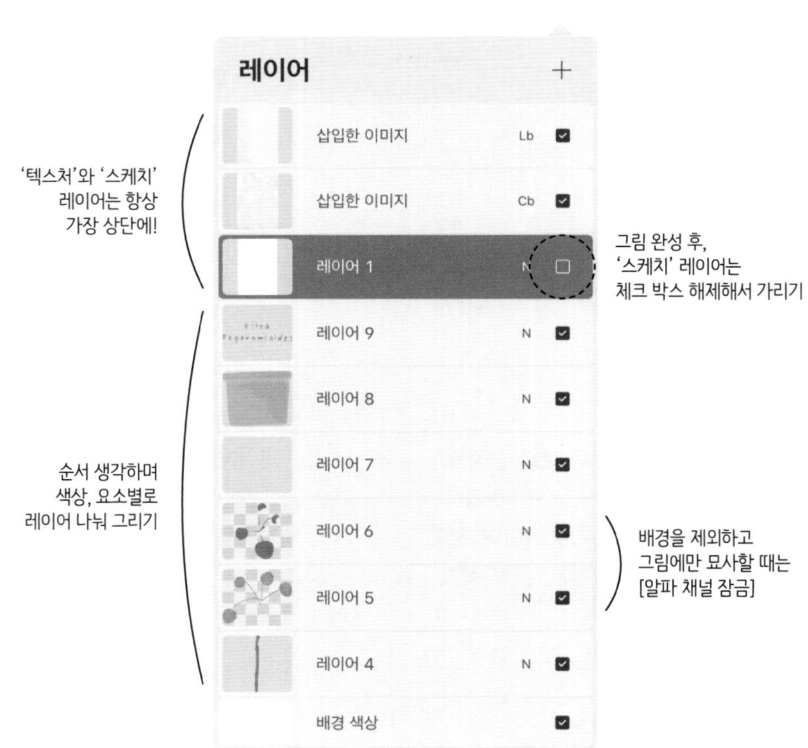

figs.

02

무화과 나무

가을이 다가오면 무화과로 만든 디저트를 많이 볼 수 있는데요.
무화과 나무는 꽃이 피지 않고 열매가 열려 '무화과無花果'라고 불리며
다산을 상징한다고 합니다.

POINT 1

[ENSEE Gouache], [ENSEE Dry Ink] 브러시를 사용해 불투명한 느낌의 구아슈 일러스트를 그립니다.

POINT 2

[ENSEE Gouache] 브러시의 필압으로 농도가 조절되는 특징을 사용해 묘사하고, 풍부한 색감을 더합니다.

캔버스 크기 104×154㎜ (4×6 엽서 사이즈)

해상도 600DPI

준비 파일 c3_2_sketch.png / c3_2_final.png / c3_2_colorguide.png

브러시 ENSEE Dry Ink / ENSEE Gouache

색상 ●#a38d82 ●#bba79e ●#6e7b63 ●#a3b189 ●#818c65 ●#b0a57b ●#bfcda5 ●#9cab7d ●#d1d6a3 ●#9c97b8 ●#f1f3e6 ●#c4cc9f ●#c7786b ●#99423a ●#7372a0 ●#63638d ●#de968b ●#edf5c8

❶ 무화과 나무

브러시 ENSEE Dry Ink / ENSEE Gouache | **색상** ● ● ● ● ● ● ● ● ●

레이어 +

삽입한 이미지	Texture 2	Da
삽입한 이미지	Texture 1	Cb
레이어 1	스케치	M

1 빈 **레이어 1**에 **스케치 파일**(c3_2_sketch)을 불러와 혼합 모드를 **곱하기**로 변경하고 레이어 불투명도를 10~20%로 조절합니다.

2 스케치 **레이어 1** 위로 텍스처 파일 2개를 차례로 불러온 후, 크기를 조절하고 혼합 모드와 불투명도를 아래와 같이 설정해 주세요. (텍스처 152쪽)

- ENSEE Texture1 : 색상 번, 불투명도 60%
- ENSEE Texture2 : 어둡게, 불투명도 60%

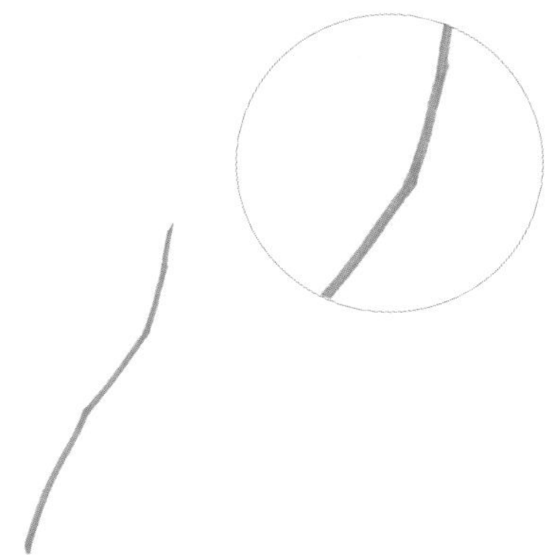

3 스케치 **레이어 1** 아래로 새로운 **레이어 4**를 추가하고 **[ENSEE Dry Ink]** 브러시(불투명도 98%)로 스케치 선을 따라 나뭇가지를 그린 후, 밝은 갈색으로 나뭇결을 묘사해 주세요.

● #a38d82 ● #bba79e

4 새로운 **레이어 5**를 추가하고 무화과 잎 외곽선을 애플펜슬 기울기를 조금씩 변경하며 거친 느낌으로 그립니다. 겹치는 질감을 자연스럽게 남기면서 색을 채워주세요.

● #6e7b63

5 무화과 잎 **레이어** 5 위로 새로운 **레이어** 6을 추가하고 **[클리핑 마스크]**를 적용합니다. 애플펜슬 필압을 조절하며 스케치 선을 따라 잎맥을 그려주세요.

#a3b189

6 **레이어** 6 위로 새로운 **레이어** 7을 추가하고 **[클리핑 마스크]**를 적용한 후, [ENSEE Gouache] 브러시(불투명도 100%)로 무화과 잎의 가장자리를 채색해 밝은 색감을 더해주세요.

#818c65

7 따뜻한 색감의 초록색으로 무화과 잎의 끝에 따뜻한 색감을 더해줍니다.

#b0a57b

8 **레이어** 7 위로 새로운 **레이어** 8을 추가하고 **[클리핑 마스크]**를 적용한 후, [ENSEE Dry Ink] 브러시(불투명도 98%)로 접혀서 보이는 잎의 뒷면을 그리고 어두운 초록색으로 입체감을 더해주세요.

#bfcda5 #6e7b63

9 새로운 **레이어 9**를 추가한 뒤 무화과 열매를 그리고 채색해 주세요.

● #9cab7d

10 무화과 열매 **레이어 9**에 **[알파 채널 잠금]**을 적용한 후, [ENSEE Gouache] 브러시(불투명도 100%)로 무화과 열매와 줄기를 분리해 넓게 채색해서 덩어리 느낌을 표현해 주세요.

● #d1d6a3

11 [ENSEE Gouache] 브러시(불투명도 100%) 크기를 줄이고 무화과 열매의 결과 같은 방향으로 얇은 선으로 겹쳐 채색해 완성합니다.

PLUS 무화과 열매의 덩어리 입체감을 생각하면서 같은 결 방향으로 얇은 선을 겹쳐가며 채색합니다. 선을 끝까지 다 표현하지 않고 밝은 부분은 필압을 강하게, 어두운 부분은 약하게 채색하면 필압으로 농도가 조절되어 자연스러운 입체감을 표현할 수 있어요.

그림에만 묘사할 때는
[알파 채널 잠금]

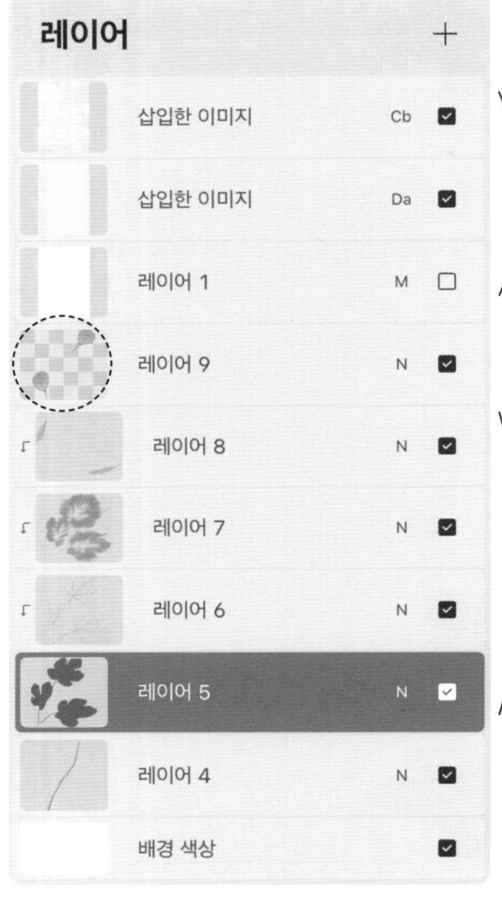

'텍스처'와 '스케치' 레이어는
항상 가장 상단에!

[클리핑 마스크]는 사용 가능한
레이어 수만큼 계속 만들 수 있어요.
클리핑된 레이어 6, 7, 8은
모두 '레이어 5'에 속하게 됩니다.

❷ 무화과 열매

브러시 ENSEE Dry Ink / ENSEE Gouache | **색상**

1 ❶-1에서 준비한 **스케치 파일**을 바탕으로 채색합니다.

2 새로운 **레이어 10**을 추가하고 [ENSEE Dry Ink] 브러시(불투명도 98%)로 애플펜슬 기울기를 조금씩 변경하며 스케치 선을 따라 무화과 열매 외곽선을 거친 느낌으로 그려주세요.

#9c97b8

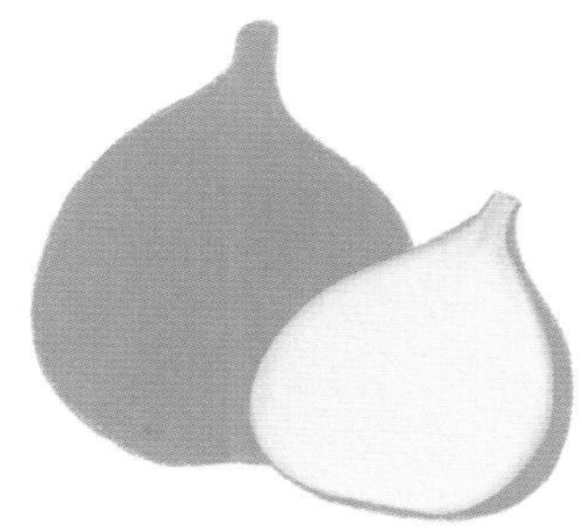

3 겹치는 질감을 자연스럽게 남기면서 무화과 안쪽을 채색해 주세요.

4 새로운 **레이어 11**을 추가하고 무화과 단면을 그리고 채색합니다. [알파 채널 잠금]을 적용하고 애플펜슬을 기울여 단면의 꼭지 부분과 외곽 부분에 넓은 질감으로 채색해 연두색의 색감을 더해 주세요.

#f1f3e6 #c4cc9f

5 단면 **레이어** 11 위로 새로운 **레이어 12**를 추가하고 **[클리핑 마스크]**를 적용한 후, 애플펜슬을 기울여 지그재그 선으로 무화과 과육의 외곽 부분을 그려주세요.

● #c7786b

6 애플펜슬을 기울여 거친 질감이 남도록 과육 안쪽을 채색해 주세요.

7 애플펜슬을 세워서 과육 안쪽으로 향하는 짧은 선들을 둥글게 반복해 그려서 무화과 과육의 질감을 묘사해 주세요.

8 무화과 과육 중앙에 어두운 빨간색으로 비어 있는 듯한 공간을 삐죽삐죽한 모양으로 그려주세요.

● #99423a

9 무화과 **레이어 10** 위로 새로운 **레이어 13**을 추가하고 **[클리핑 마스크]**를 적용한 후, [ENSEE Gouache] 브러시(불투명도 100%)로 무화과의 결 방향으로 넓게 채색해 껍질 부분을 묘사합니다.

● #7372a0

10 [ENSEE Gouache] 브러시(불투명도 100%) 크기를 줄이고 무화과 껍질 결과 같은 방향으로 얇은 선을 그려 껍질의 질감을 추가로 묘사한 후, 조금 더 명도가 낮은 보라색으로 앞뒤 무화과가 겹친 부분에 그림자를 그려주세요.

● #7372a0 ● #63638d

11 **레이어 13** 위로 새로운 **레이어 14**를 추가하고 **[클리핑 마스크]**를 적용한 후, 무화과 껍질 왼쪽에 필압으로 농도를 조절하며 채색해 붉은 색감을 더해주세요.

● #de968b

12 무화과 껍질 오른쪽 상단에 연두색으로 껍질 결과 같은 방향으로 채색해 색감을 더하고 무화과 꼭지 부분에 연두색 타원을 그려 단면을 묘사해 완성합니다.

● #edf5c8

03 프리지어

천진난만함을 상징하는 프리지어는 대표적인 봄꽃 중 하나입니다.
프리지어 향은 향수나 디퓨저 등에서도 찾아볼 수 있을 만큼
매력적인 향을 가지고 있는 꽃이기도 해요.

POINT 1

꽃과 같은 복잡한 형태를 레이어를 나누고 정리하며 그립니다.

POINT 2

[ENSEE Oil Pastel] 브러시를 사용해 꾸덕꾸덕한 느낌의 오일 파스텔 일러스트를 그립니다.

캔버스 크기 104×154㎜ (4×6 엽서 사이즈)

해상도 600DPI

준비 파일 c3_3_sketch.png / c3_3_final.png / c3_3_colorguide.png

브러시 ENSEE Oil Pastel / ENSEE Dry Ink

색상 #e3e1d9 #ebe5dd #fbf8f2 #e5d7b9 #e1b767 #f7ebd5 #949a78 #6e7a5a #c0c59d #e1e0d7 #d6d5d0 #464645 #b8bcd7

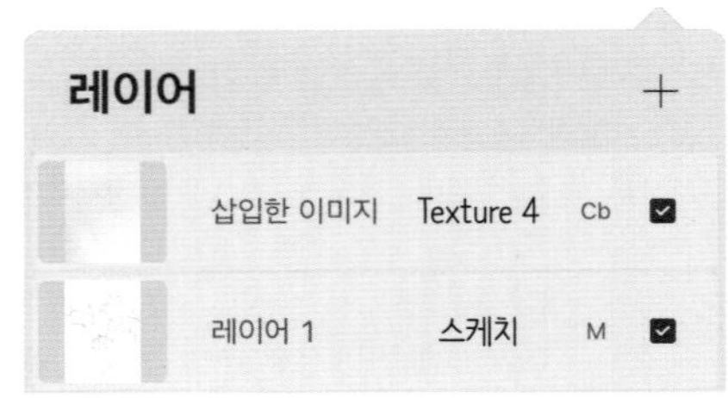

1 빈 **레이어** 1에 **스케치 파일**(c3_3_sketch)을 불러와 혼합 모드를 **곱하기**로 변경하고 레이어 불투명도를 10~20%로 조절합니다.

2 스케치 **레이어** 1 위로 텍스처 파일(ENSEE Texture4)을 불러온 후, 크기를 조절하고 혼합 모드와 불투명도를 각각 '색상 번, 100%'로 설정해 주세요. (텍스처 152쪽)

3 스케치 **레이어** 1 아래로 새로운 **레이어** 3을 추가하고 [ENSEE Oil Pastel] 브러시(불투명도 100%)로 스케치를 따라 프리지어 꽃잎 외곽선을 얇은 선으로 그려주세요.

#e3e1d9

4 꽃잎 외곽선 **레이어** 3 아래로 새로운 **레이어** 4를 추가하고, 획을 그을 때마다 색감이 달라지는 오일 파스텔 브러시의 특징을 사용해 풍부한 색감이 느껴지도록 꽃잎을 채색해 주세요.

#ebe5dd

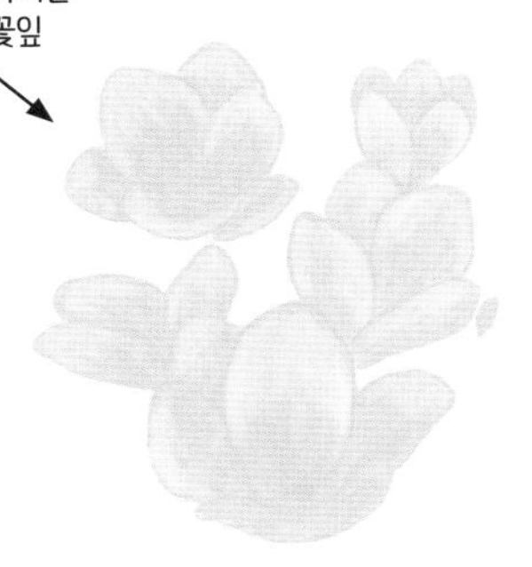

중앙에서 시작해
꽃잎과 같은 방향으로 채색하기

5 [ENSEE Dry Ink] 브러시(불투명도 40%)로 애플펜슬을 기울여 넓은 질감으로 꽃잎 끝부분을 명도가 높은 색으로 채색해 주세요.

#fbf8f2

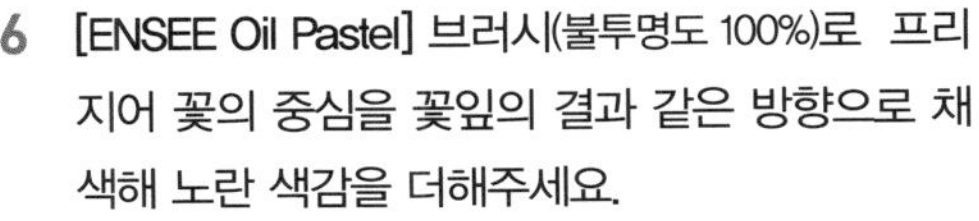

6 [ENSEE Oil Pastel] 브러시(불투명도 100%)로 프리지어 꽃의 중심을 꽃잎의 결과 같은 방향으로 채색해 노란 색감을 더해주세요.

#e5d7b9

7 새로운 **레이어 5**를 추가하고 스케치 선을 따라 꽃 가운데 노란색 수술을 그려주세요.

#e1b767

8 [ENSEE Dry Ink] 브러시(불투명도 100%)로 수술 아래에 수술대를 그려주세요.

#f7ebd5

9 꽃잎 **레이어** 4 아래로 새로운 **레이어 6**을 추가하고 **[ENSEE Oil Pastel]** 브러시(불투명도 100%)로 스케치 선을 따라 줄기와 꽃봉오리를 그리고 채색해 주세요.

●#949a78

10 명도가 낮은 초록색으로 꽃봉오리 밑부분과 줄기의 어두운 부분을 채색해 명암을 표현합니다.

●#6e7a5a

11 연두색으로 꽃봉오리 상단 부분을 채색해 빛을 표현하고 둥근 입체감을 더해주세요.

●#c0c59d

12 줄기 **레이어 6** 아래로 새로운 **레이어 7**을 추가하고 스케치 선을 따라 화병을 그리고 채색해 주세요.

●#e1e0d7

13 화병 모양을 생각하며 입구와 오른쪽 부분을 명도가 낮은 색으로 채색해 입체감을 간단히 표현합니다.

#d6d5d0

14 새로운 **레이어 8**을 추가하고 화병이 꺾이는 모양을 생각하며 굴곡이 있는 세로선 무늬를 그려주세요.

#464645

15 스케치 **레이어 1** 아래로 새로운 **레이어 9**를 추가하고 꽃과 화병 외곽선을 따라 배경색을 채색할 가이드 선을 그려주세요.

TIP **외곽선을 먼저 그려두면 배경을 채색할 때 편해요.**

#b8bcd7

16 '15번'에서 그린 가이드 선 바깥의 배경 부분을 채색하고 완성합니다.

CHAPTER 4

여러 가지 스타일 타이틀 만들기

기록하고 싶은 맛, 레시피 노트

레시피 노트를 하나의 포스터처럼 보이도록 구성하고
레이어를 정리하며 그려보아요. 아웃라인, 아치형,
프레임 등 다양한 스타일의 타이틀을 더하면
멋진 디자인의 포스터를 완성할 수 있어요.

#포스터 만들기 #타이틀 디자인 #텍스트 #레스터화
#손글씨

Basil Tomato Ade

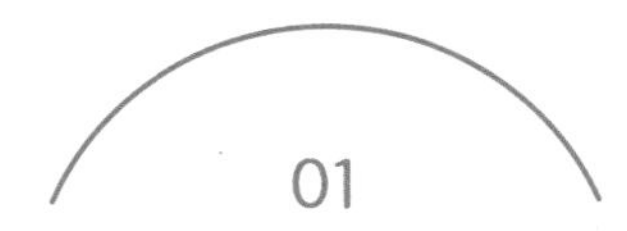

바질 토마토 에이드

토마토와 설탕을 1:1 비율로 섞고 바질 잎과 레몬즙을 넣어 청으로 만들어 두면
여름 내내 시원한 바질 토마토 에이드를 즐길 수 있어요.
달콤한 토마토와 바질의 조합이 정말 잘 어울린답니다.

POINT 1

[ENSEE Pencil] 브러시를 사용해 색연필 느낌으로 채색합니다.

POINT 2

애플펜슬의 기울기와 필압을 조절하며 세밀한 표현, 넓은 질감 표현을 연습합니다.

POINT 3

[텍스트 추가] 기능을 사용해 '아웃 라인 타이틀'을 만들고 포스터를 디자인합니다.

캔버스 크기 299×422㎜ (A3 포스터 사이즈)

해상도 300DPI

준비 파일 c4_1_sketch.png / c4_1_final.png / c4_1_colorguide.png

브러시 ENSEE Pencil

색상 #dde3e3 #b5c3c2 #f2d669 #cfcfcf #b4cfd6 #e7f7fb #4a5f7f #b1524c #dde5e4 #83b2bb #cc4d45 #af372f #d48854 #69815c #91a66f #748463 #83966e #9c9b5e #7b9f8e #aaaaaa #e5bcb2 #d15850 #e0956b #859b74 #b3c8a3 #c9d1d3 #f7f8f7 #484848

❶ 레몬 스퀴저

브러시 ENSEE Pencil | **색상**

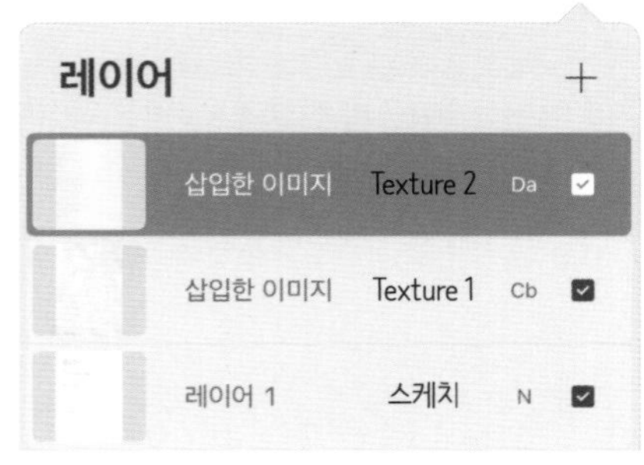

1 빈 **레이어** 1에 **스케치 파일**(c4_1_sketch)을 불러와 혼합 모드를 **곱하기**로 변경하고 레이어 불투명도를 10~20%로 조절합니다.

2 스케치 **레이어** 1 위로 텍스처 파일 2개를 차례로 불러온 후, 크기를 조절하고 혼합 모드와 불투명도를 아래와 같이 설정해 주세요. (텍스처 152쪽)

- ENSEE Texture1 : 색상 번, 불투명도 70%
- ENSEE Texture2 : 어둡게, 불투명도 50%

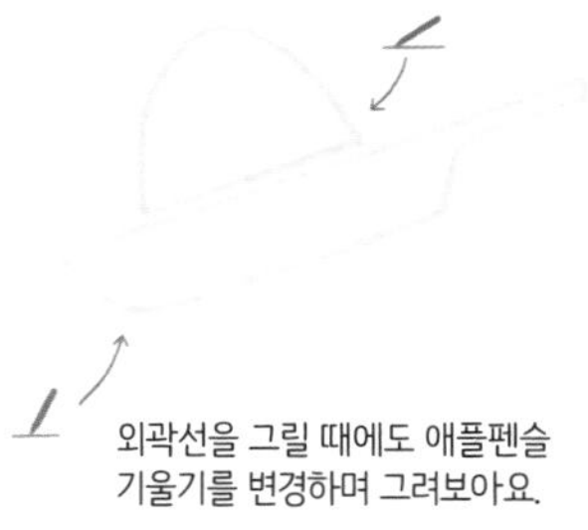

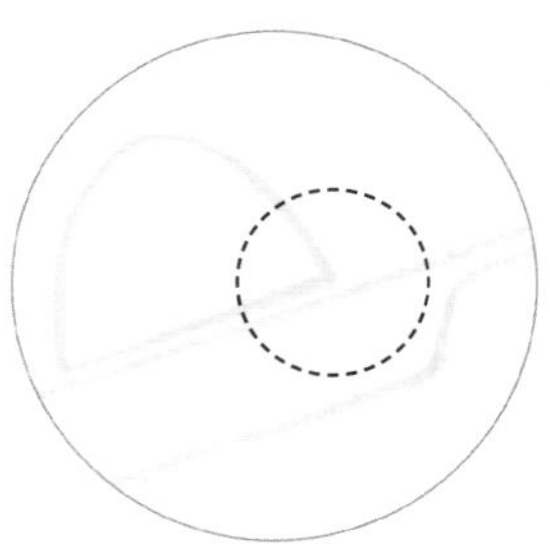

3 스케치 레이어 1 아래로 새로운 **레이어** 4를 추가하고 **[ENSEE Pencil]** 브러시(불투명도 100%)로 스케치 선을 따라 스퀴저 외곽선을 그려주세요.

#dde3e3

PLUS 경계선 부분을 띄어서 그리면 선을 그리지 않아도 나뉜 형태로 표현할 수 있어요.

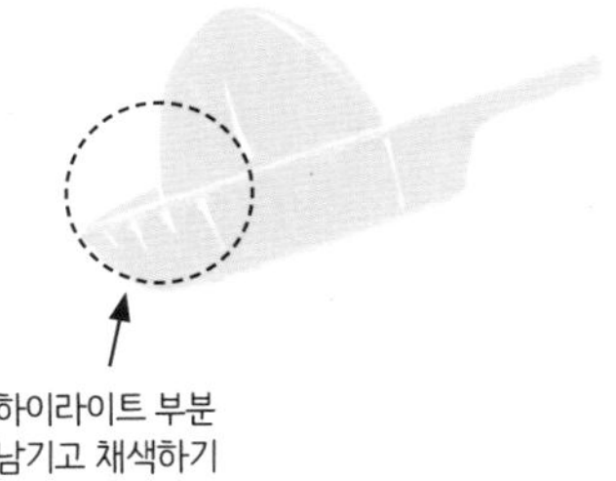

4 꼼꼼하게 채색하기보다는 빈 공간을 자연스럽게 남기며 색연필 느낌으로 스퀴저 안쪽을 채색해 주세요.

PLUS 빛을 받는 하이라이트 부분을 남기고 채색하면 입체감을 더할 수 있어요.

5 명도가 낮은 색으로 스퀴저 그림자 부분을 최소한으로 표현해 레몬 스퀴저 모양을 간단하게 묘사합니다.

#b5c3c2

6 새로운 **레이어 5**를 추가하고 레몬즙을 그리고 채색해 완성합니다.

PLUS 레몬즙 색을 전부 채우지 않는 것도 좋아요.

#f2d669

❷ 탄산수

브러시 ENSEE Pencil | **색상**

1 ❶-1에서 준비한 **스케치 파일**을 바탕으로 이어서 채색합니다.

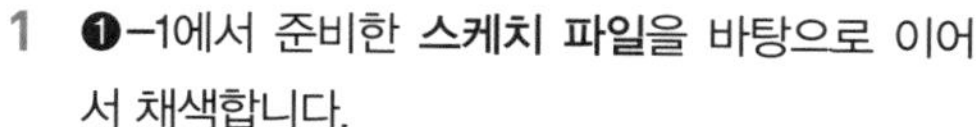

2 새로운 **레이어 6**을 추가하고 [ENSEE Pencil] 브러시(불투명도 100%)로 스케치 선을 따라 라벨 부분을 제외한 병의 외곽선과 병뚜껑을 그려주세요.

#cfcfcf

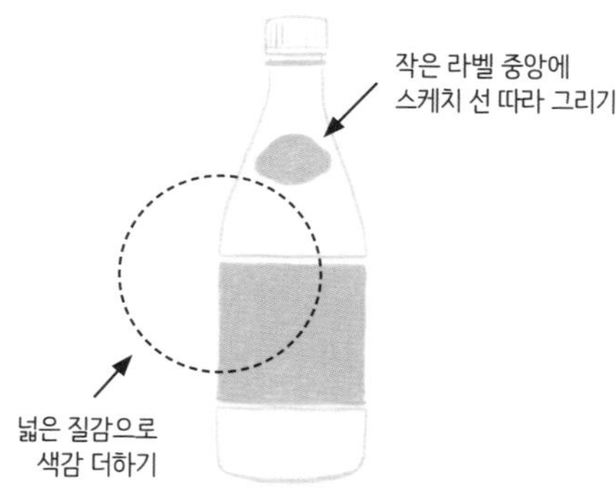

3 새로운 **레이어 7**을 추가하고 라벨 외곽선을 그린 후, 빈 공간을 자연스럽게 남기며 색연필 느낌으로 안쪽을 채색해 주세요.

#b4cfd6

4 조금 더 명도가 높은 하늘색으로 작은 라벨 중앙에 스케치 선을 따라 그리고 채색합니다. 큰 라벨 상단을 애플펜슬을 기울여 넓은 질감으로 채색해 색감을 더해주세요.

#e7f7fb

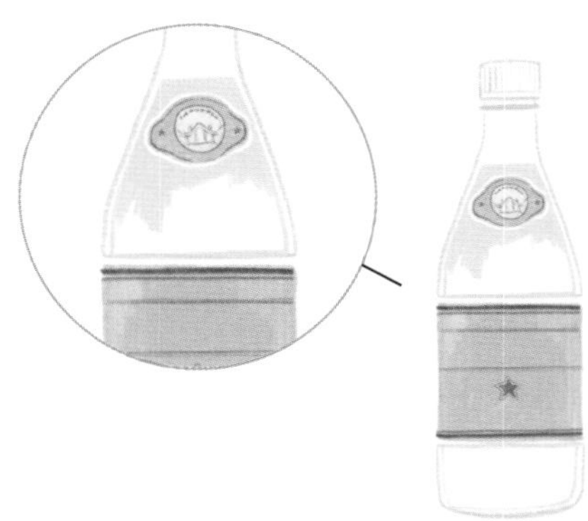

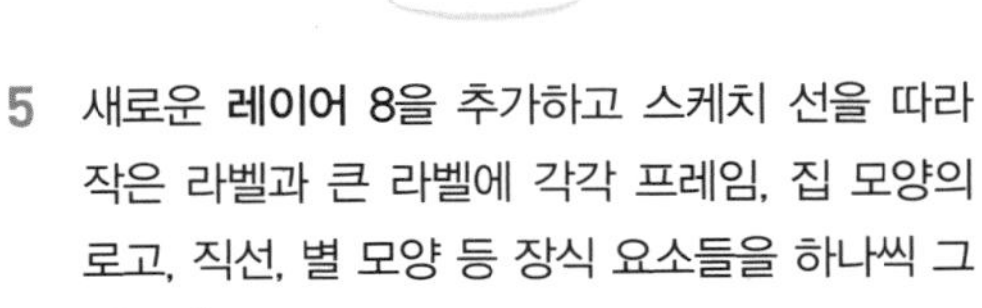

5 새로운 **레이어 8**을 추가하고 스케치 선을 따라 작은 라벨과 큰 라벨에 각각 프레임, 집 모양의 로고, 직선, 별 모양 등 장식 요소들을 하나씩 그려주세요.

●#4a5f7f ●#b1524c

6 새로운 **레이어 9**를 추가하고 병과 라벨에서 조금 떨어진 위치에 간격을 두어 탄산수 외곽선을 그립니다. 빈 공간을 자연스럽게 남기며 색연필 느낌으로 탄산수 안쪽을 채색해 주세요..

●#dde5e4

7 **[동작 → 추가 → 텍스트 추가]**에서 스케치 내용을 참고해서 라벨 문구를 텍스트로 쓰고 **[변형]** **툴**을 사용해 각각 위치를 이동해 주세요.

(텍스트 추가 105쪽)

PLUS 텍스트 레이어 선택 후, **[변형] 툴 '뒤틀기'**를 사용해 '메시(그물)'를 조정하면 텍스트 형태를 자유롭게 변형할 수 있어요. 이렇게 변형한 텍스트는 **'레스터화'**되어 내용이 수정되지 않으니 유의하세요.

8 텍스트 레이어는 모두 병합하고 불투명도를 낮춥니다. 새로운 **레이어 11**을 추가한 후, 텍스트를 따라 라벨 상단과 하단에 각각 명도가 다른 색상으로 로고와 내용을 손글씨로 써주세요. 텍스트 레이어는 체크를 해제해 가린 후 완성합니다.

●#4a5f7f ●#83b2bb

❸ 바질과 토마토

브러시 ENSEE Pencil | **색상** ● ● ● ● ● ● ● ● ●

1 ❶-1에서 준비한 **스케치 파일**을 바탕으로 이어서 채색합니다.

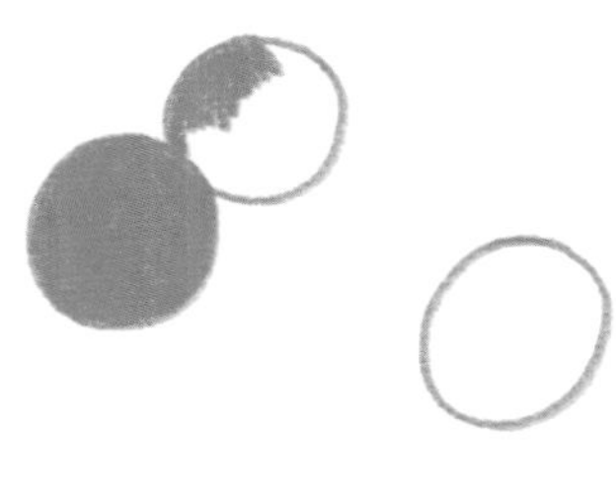

2 새로운 **레이어 12**를 추가하고 [ENSEE Pencil] 브러시(불투명도 100%)로 토마토 외곽선을 그리고 안쪽을 채색해 주세요.

PLUS 브러시 크기가 클수록 거친 느낌으로 그려져요.

●#cc4d45

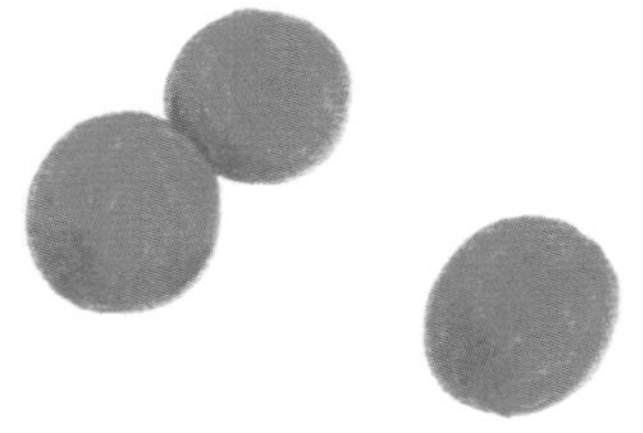

3 명도가 낮은 빨간색으로 애플펜슬을 기울여 토마토 왼쪽 하단에 넓은 질감으로 채색해 둥근 입체감을 표현합니다.

●#af372f

4 조금 더 밝은 색으로 애플펜슬을 기울여 토마토 오른쪽 상단 역시 넓은 질감으로 채색해 따뜻한 색감을 더해주세요.

●#d48854

5 새로운 **레이어 13**을 추가하고 토마토 꼭지와 이파리를 그린 후, 앞쪽 이파리와 꼭지 부분에 연두색 선으로 빛을 받는 하이라이트 부분을 그려주세요.

●#69815c ●#91a66f

6 새로운 **레이어 14**를 추가해 바질 잎을 그리고 채색해 주세요.

●#748463

7 바질 가운데 잎맥을 중심으로 한쪽 부분에 애플펜슬을 기울여 넓은 질감으로 살짝 채색해 주세요.

●#83966e

8 '7번'에서 채색한 반대쪽은 따뜻한 색감으로 채색하고 이파리 끝부분에 푸른 색감을 더해 완성합니다.

PLUS 이렇게 나눠 색감을 더하는 것만으로도 이파리 형태를 간단하게 표현할 수 있어요.

●#9c9b5e ●#7b9f8e

❹ 바질 토마토 에이드

브러시 ENSEE Pencil | **색상** ● ● ● ● ● ● ●

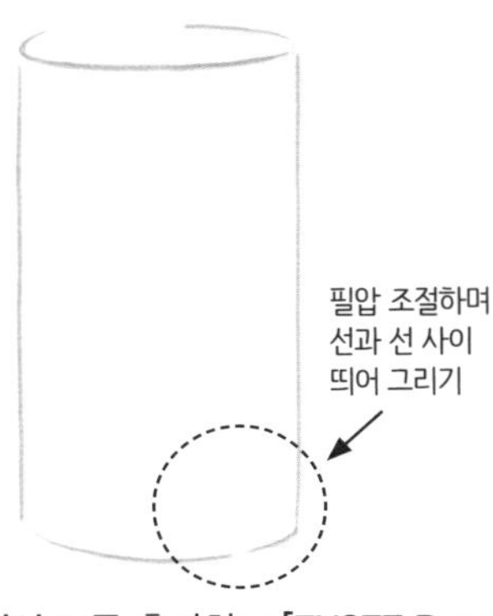

1 ❶-1에서 준비한 **스케치 파일**을 바탕으로 이어서 채색합니다.

2 새로운 **레이어 15**를 추가하고 **[ENSEE Pencil]** 브러시(불투명도 100%)로 컵 외곽선을 그려주세요.

PLUS 선과 선을 조금씩 띄어 그려 러프한 느낌을 살려보아요.

● #aaaaaa

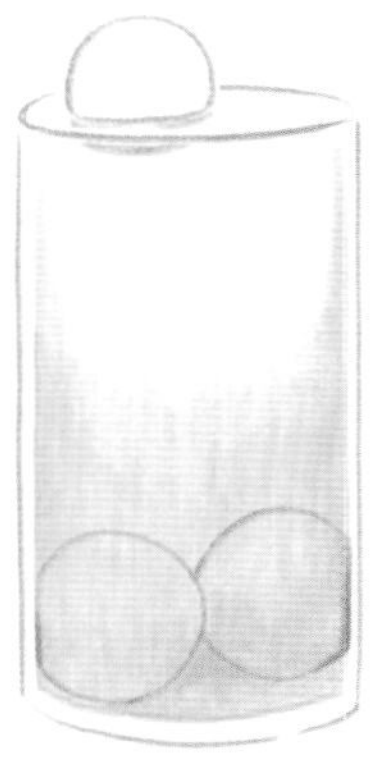

3 새로운 **레이어 16**을 추가하고 애플펜슬을 기울여 컵 외곽선에서 조금 떨어진 위치에 간격을 두어 넓은 질감으로 채색해 아래쪽에 깔린 토마토 청을 표현해 주세요.

● #e5bcb2

4 새로운 **레이어 17**을 추가하고 컵 안쪽에 토마토 외곽선을 그리고 채색해 주세요.

● #d15850

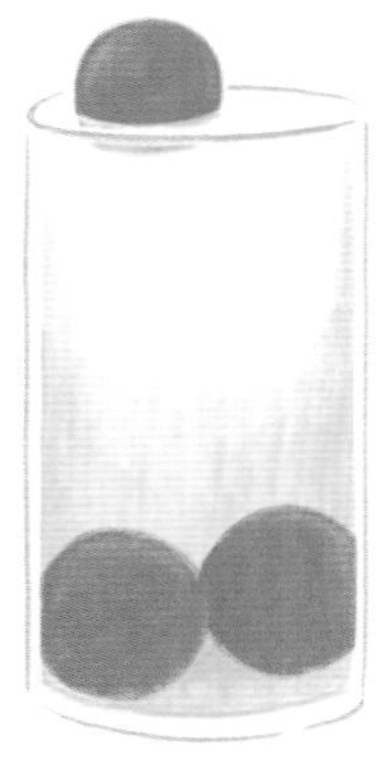

5 토마토 윗부분에 애플펜슬을 기울여 넓은 질감으로 채색해 따뜻한 색감을 더해주세요.

●#e0956b

6 새로운 **레이어 18**을 추가하고 바질 잎을 그린 다음 채색해 주세요.

●#859b74

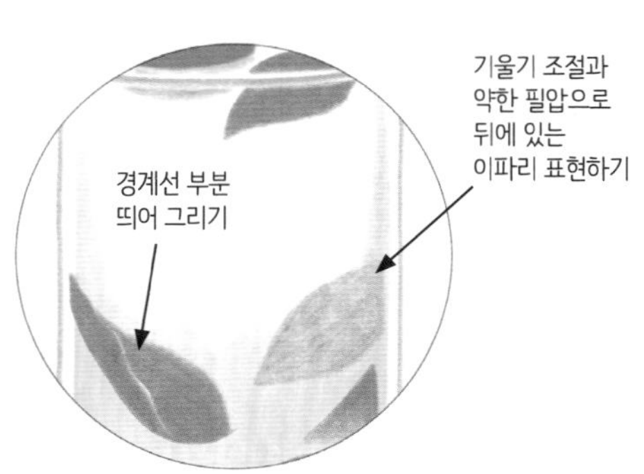

PLUS 접힌 바질 잎 경계선 부분을 띄어 그려 형태를 표현합니다.

PLUS 애플펜슬을 기울여 약한 필압으로 그리면 뒤에 있는 이파리처럼 표현할 수 있어요.

7 바질 잎 끝부분을 연두색으로 채색해 색감을 더해주세요.

●#b3c8a3

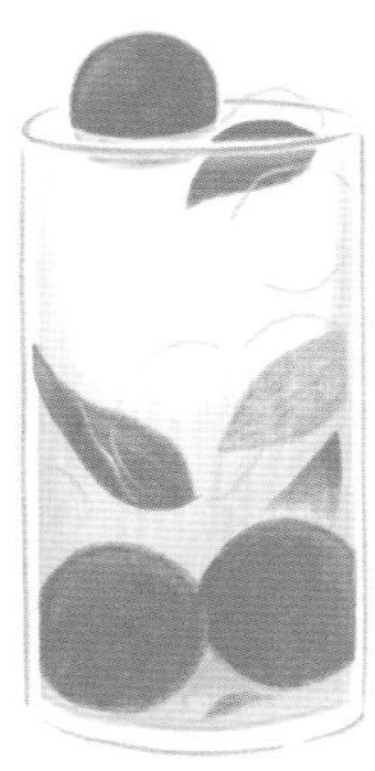

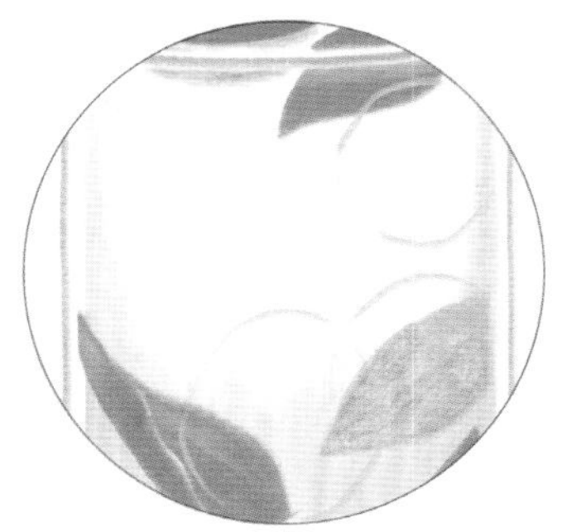

8 새로운 **레이어 19**를 추가하고 애플펜슬의 필압과 기울기를 조절하며 스케치 선을 따라 그려주세요. 얼음 외곽선을 또렷하지 않게 그려 러프하게 표현합니다.

#c9d1d3

PLUS 필압과 기울기를 조절해 선의 두께, 질감을 다르게 그리는 것만으로도 얼음을 입체감 있게 표현할 수 있습니다.

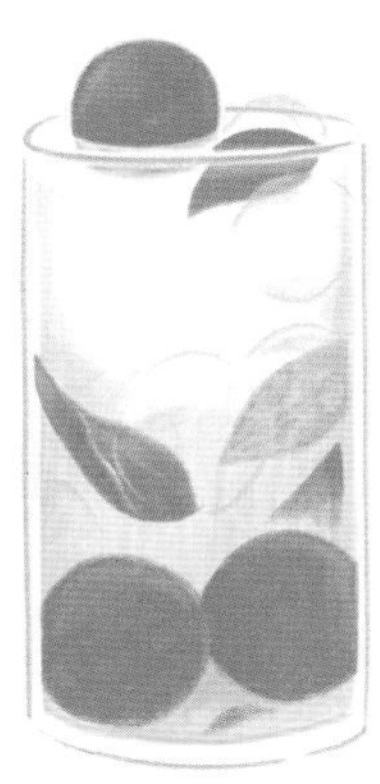

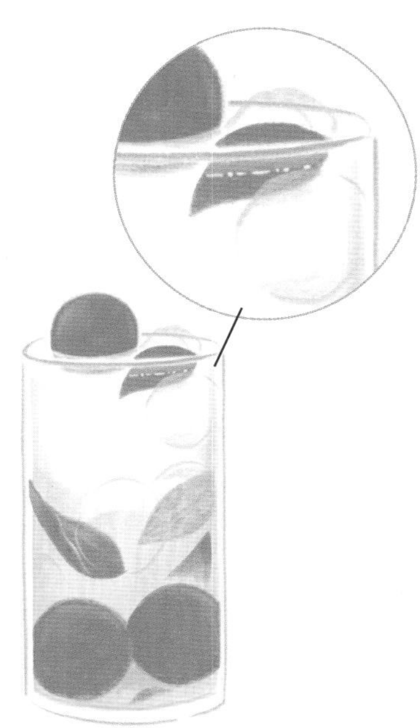

9 애플펜슬을 기울여 넓은 질감으로 얼음의 단면 일부분을 채색해 입체감을 더해주세요.

#c9d1d3

10 하얀색으로 음료 상단부분에 크고 작은 점을 찍어 빛을 받는 부분을 표현하고 완성합니다.

PLUS 점을 많이 찍을수록 탄산수의 뽀글뽀글한 느낌이 더 살아나요.

#f7f8f7

❺ 레시피 노트 꾸미기 '아웃 라인 타이틀'

브러시 ENSEE Pencil | **색상** ● ● ●

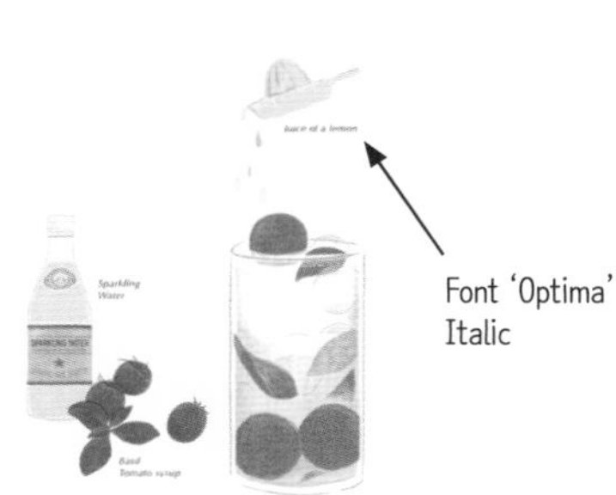

1 **[동작 → 추가 → 텍스트 추가]**에서 스케치를 참고해서 레시피 내용을 '텍스트'로 쓰고 **[변형]** 툴을 사용해 각각 위치를 이동해 주세요.
(텍스트 추가 105쪽)

2 텍스트 레이어는 모두 병합하고 불투명도를 낮춰주세요. 새로운 **레이어 21**을 추가하고 **[ENSEE Pencil]** 브러시(불투명도 100%)로 스케치의 텍스트를 따라 손글씨로 레시피 내용을 씁니다. 텍스트 레이어는 체크 표시를 해제해 잠시 가려주세요.

●#484848

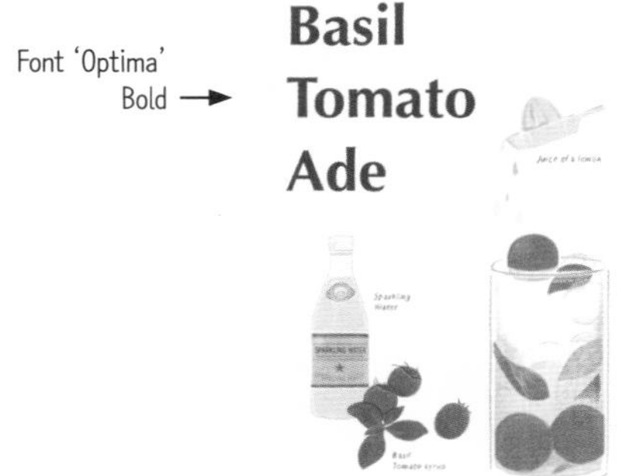

속성

TT

'아웃 라인'
텍스트로 변경

3 '1번'과 같은 방법으로 **[동작→추가→텍스트 추가]**에서 스케치를 참고해 타이틀 'Basil Tomato Ade'를 텍스트로 쓰고 **[변형]** 툴을 사용해 왼쪽 상단으로 이동해 주세요.

4 텍스트 레이어를 선택하면 나타나는 키보드의 **'Aa'**를 누르고 **디자인 탭**의 **'속성'**에서 **아웃 라인 아이콘**을 선택해 아웃 라인 텍스트로 변경합니다.
(텍스트 추가 105쪽)

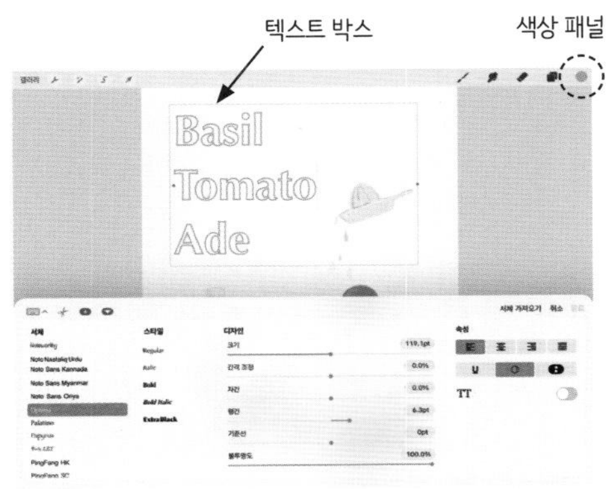

5 색상을 변경하기 위해 텍스트 내용을 2번 터치해 전체 선택한 후, 오른쪽 상단 색상 패널에서 텍스트 색상을 변경하고 완성합니다.

●#83b2bb

PLUS 텍스트 박스 또는 내용이 선택된 상태에서 색상 패널을 눌러 색상을 지정하고 변경합니다.

PLUS **[ENSEE Pencil]** 브러시로 아웃라인 텍스트 외곽선을 따라 그리면 또 다른 느낌의 아웃라인 타이틀을 만들 수 있어요.

●#4a5f7f

·Fig Open Sandwich·

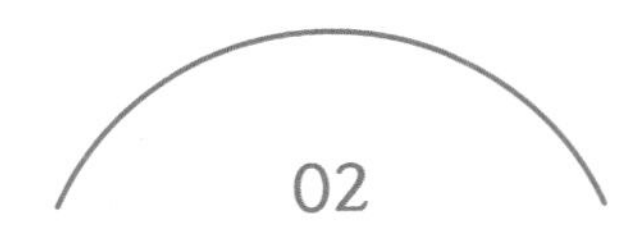

02 무화과 오픈 샌드위치

무화과로 간단한 오픈 샌드위치를 만들어 보아요.
깜빠뉴 위에 무화과 크림치즈를 바르고 적당한 크기로 자른 무화과를 얹으면 끝!
아주 간단하고 맛있는 한 끼가 될 거예요.

POINT 1

질감의 표현에 어울리는 브러시를 사용해 효율적으로 질감을 묘사합니다.

POINT 2

[변형] 툴 '뒤틀기'를 사용해 '아치형 타이틀'을 만들고 포스터를 디자인합니다.

캔버스 크기 299×422mm (A3 포스터 사이즈)

해상도 300DPI

준비 파일 c4_2_sketch.png / c4_2_final.png / c4_2_colorguide.png

브러시 ENSEE Dry Ink / ENSEE Pen / 서예 '분필' / 페인팅 '벽토' / 서예 '모노라인' / ENSEE Pencil

색상 ●#7d8f7c ●#b5bc92 ●#f2eee2 ●#f1dfd1 ●#a8a16b ●#d6c78f ●#de968b ●#da8a7d ●#faf5ed ●#f1e3d1 ●#d9b58d ●#d9aa8d ●#b38b6e ●#f8efe2 ●#a37557 ●#edd9bf ●#c3a38c ●#9a9f76 ●#868974

❶ 타임 허브와 파슬리

브러시 ENSEE Dry Ink | **색상** ● ●

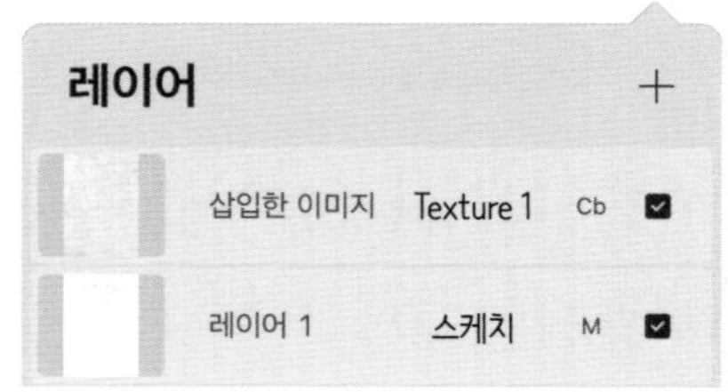

1 빈 **레이어** 1에 **스케치 파일**(c4_2_sketch)을 불러와 혼합 모드를 **곱하기**로 변경하고 레이어 불투명도를 10~20%로 조절합니다.

2 스케치 **레이어** 1 위로 텍스처 파일(ENSEE Texture1)을 불러온 후, 크기를 조절하고 혼합 모드와 불투명도를 각각 '색상 번, 100%'로 설정해 주세요. (텍스처 152쪽)

3 스케치 **레이어** 1 아래로 새로운 **레이어** 3을 추가하고 [ENSEE Dry Ink] 브러시(불투명도 100%)로 스케치 선을 따라 타임 허브 줄기를 그려주세요. ●#7d8f7c

4 타임 허브의 작은 이파리도 그리고 채색합니다.

5 타임 허브 **레이어 3**에 **[알파 채널 잠금]**을 적용하고 애플펜슬을 기울여 넓은 질감으로 이파리 끝부분을 채색한 후, 애플펜슬을 세워서 이파리 중앙을 지나는 잎맥을 그리고 완성합니다.

● #b5bc92

PLUS 타임 허브와 같이 작은 요소는 세밀하게 묘사하지 않아도 충분해요.

6 ❶-1에서 준비한 스케치 파일을 바탕으로 그림 중간의 파슬리도 이어서 채색합니다.

7 세모, 네모와 가까운 모양으로 부서진 파슬리 가루를 그리고 채색해 주세요.

● #b5bc92

❷ 무화과 조각

브러시 ENSEE Pen / ENSEE Dry Ink | **색상**

1 ❶-1에서 준비한 **스케치 파일**을 바탕으로 이어서 채색합니다.

2 새로운 **레이어 4**를 추가하고 **[ENSEE Pen]** 브러시(불투명도 98%)로 스케치 선을 따라 무화과 외곽선을 그려주세요.

#f2eee2

3 겹치는 질감을 자연스럽게 남기면서 안쪽을 채색해 주세요.

4 무화과 **레이어 4**에 **[알파 채널 잠금]**을 적용한 후, 껍질과 가까운 부분을 조금 남긴 지점에서 애플펜슬을 기울여 넓은 질감으로 채색해 무화과의 붉은 색감을 더해주세요.

#f1dfd1

5 새로운 **레이어 5**를 추가하고 초록색으로 무화과 껍질을 그립니다. 그 위에 연두색으로 껍질 일부를 채색해 색감을 더해주세요.

●#a8a16b ●#d6c78f

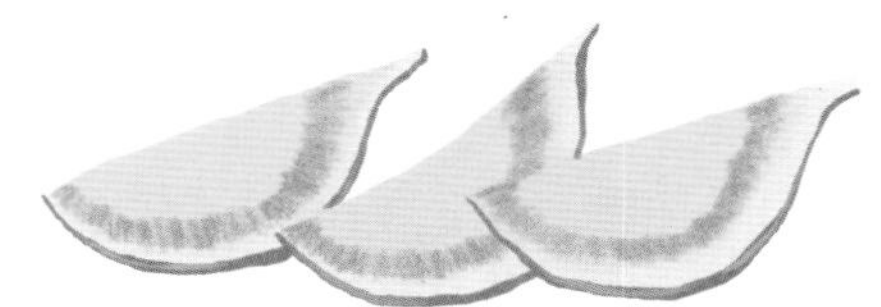

6 새로운 **레이어 6**을 추가하고 [ENSEE Dry Ink] 브러시(불투명도 98%)로 애플펜슬을 기울여 지그재그 선으로 무화과 과육의 외곽 부분을 그려주세요.

●#de968b

7 애플펜슬을 기울여 거친 질감이 남도록 붉은 과육의 안쪽을 채색해 주세요.

8 애플펜슬을 세워서 조금 더 명도가 낮은 색으로 과육 안쪽으로 향하는 짧은 선들을 둥글게 반복해 그려서 무화과의 과육을 묘사하고 완성합니다.

●#da8a7d

❸ 무화과 크림치즈

브러시 ENSEE Dry Ink / 서예 '분필' | **색상**

1 ❶–1에서 준비한 **스케치 파일**을 바탕으로 이어서 채색합니다.

2 새로운 **레이어 7**을 추가하고 **[ENSEE Dry Ink]** 브러시(불투명도 100%) 크기를 가장 크게 조절한 후, 스케치 선을 따라 물결을 그리듯 넓게 채색해 거친 느낌으로 크림치즈를 그려주세요.

#faf5ed

3 크림치즈 **레이어 7**에 **[알파 채널 잠금]**을 적용한 후, **[서예 '분필']** 브러시(불투명도 60%)를 이용해 잼 나이프로 눌러 바른 듯한 느낌으로 위아래 그림자 영역을 그려주세요.

#f1e3d1

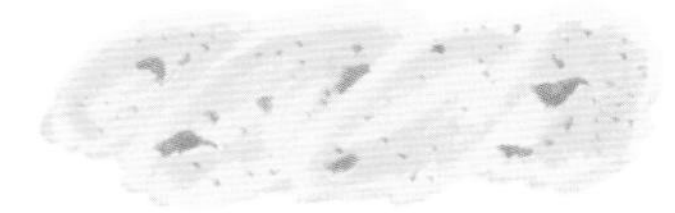

4 새로운 **레이어 8**을 추가하고 분필 브러시 크기를 작게 조절한 후, 2가지 색을 사용해 크림치즈에 섞인 무화과 조각들을 그려 완성합니다.

#d9b58d #d9aa8d

❹ 깜빠뉴 빵

브러시 ENSEE Dry Ink / 페인팅 '벽토' | **색상**

1 ❶-1에서 준비한 **스케치 파일**을 바탕으로 이어서 채색합니다.

2 새로운 **레이어 9**를 추가하고 **[ENSEE Dry Ink]** 브러시(불투명도 100%)로 스케치 선을 따라 깜빠뉴 외곽선을 그려주세요.

#b38b6e

3 드라이 잉크 브러시의 거친 질감을 자연스럽게 남기면서 안쪽을 채색해 주세요.

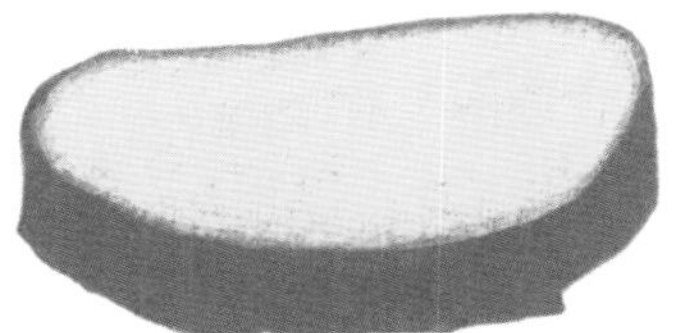

4 깜빠뉴 **레이어 9** 위로 새로운 **레이어 10**을 추가하고 **[클리핑 마스크]**를 적용한 후, **[페인팅 '벽토']** 브러시(불투명도 100%)로 스케치 선을 따라 깜빠뉴 단면을 그리고 채색해 주세요.

#f8efe2

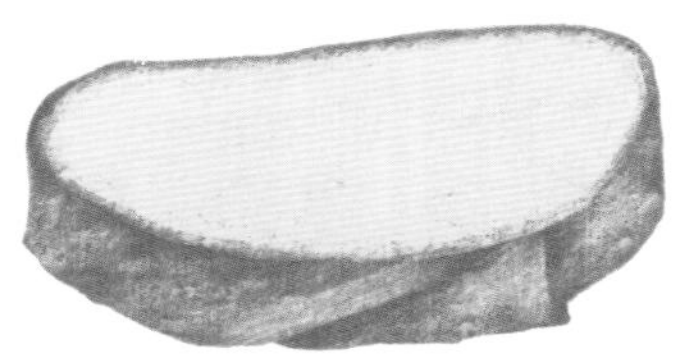

5 '벽토' 브러시 질감 느낌으로 빵 껍질 부분을 사선으로 채색해 거친 하드 계열 빵의 표면을 묘사해 주세요.

PLUS **'벽토' 브러시는 거친 느낌을 표현할 때 사용하기 좋아요.**

#f8efe2

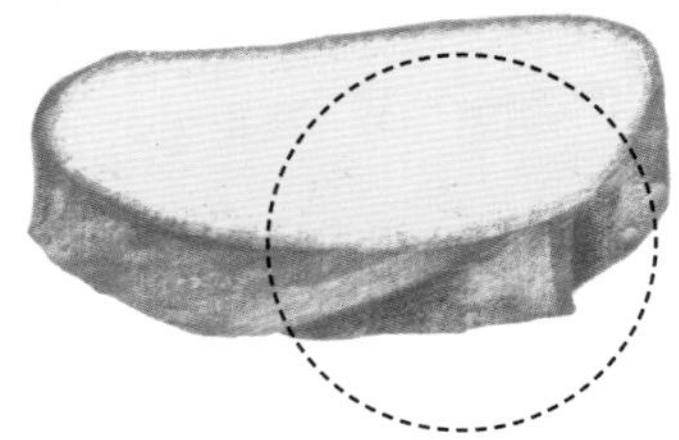

6 명도가 낮은 갈색으로 빵 껍질의 갈라진 부분을 채색해 입체감을 더합니다.

#a37557

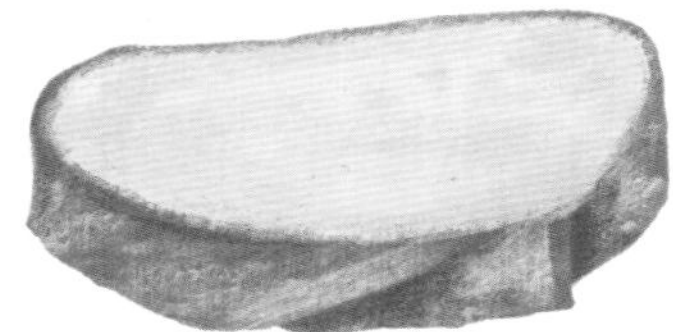

7 명도가 낮은 베이지색으로 깜빠뉴 단면 부분을 불규칙하게 채색해 단면의 디테일을 조금 더 표현해 주세요.

#edd9bf

8 '벽토' 브러시 크기를 작게 조절한 후, 스케치 선을 따라 깜빠뉴 단면의 기공(구멍)을 그리고 완성합니다.

#c3a38c

❺ 레시피 노트 꾸미기 '아치형 타이틀'

브러시 서예 '모노라인' / ENSEE Pencil | **색상** ● ●

1 새로운 **레이어 11**을 추가하고 **[서예 '모노라인']** 브러시로 타이틀이 들어갈 상단에 아치형 가이드를 만들 곡선을 그려주세요.

PLUS **'퀵 셰이프'**를 사용하면 반듯한 곡선을 그릴 수 있어요. (퀵 셰이프 77쪽)

2 '1번'에서 그린 곡선 **레이어 11**을 하나 더 **복제**한 후, **[변형] 툴**을 사용해 크기를 조금 키워 상단으로 위치를 이동합니다. **2개의 레이어 11**은 **병합**해 하나의 레이어로 만들어 주세요. (변형 툴 81쪽)

PLUS **[변형] 툴**의 **'스냅'**을 활성화하면 아치형 가이드를 정중앙에 자리잡을 수 있습니다.

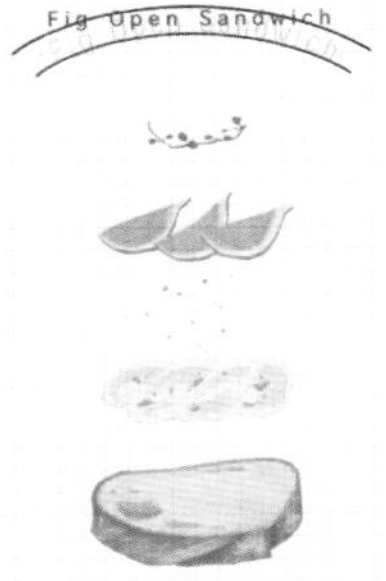

3 **[동작 → 추가 → 텍스트 추가]**에서 스케치를 참고해서 타이틀 'Fig Open Sandwich'를 텍스트로 쓰고 **[변형] 툴 '스냅'**을 활성화한 후 중앙으로 이동해 주세요.
(텍스트 추가 105쪽)

4 텍스트를 변형하기 전, **[동작 → 캔버스 → 그리기 가이드]**를 활성화해 주세요.
(자동으로 2d 격자 가이드가 적용됩니다.)

PLUS **'그리기 가이드'**를 활성화하면 텍스트를 변형할 때, 변형할 위치를 참고할 수 있어요.

병합하기

5 **[변형] 툴**의 **'뒤틀기'**에서 **고급 메시**를 선택합니다. '2번'에서 만든 아치형 가이드에 맞게 각 포인터를 움직여 텍스트를 변형하고 곡선 **레이어 11**(아치형 가이드)은 체크 해제해 잠시 가려주세요.

(텍스트 형태 변형 107쪽)

6 타이틀 레이어 위로 새로운 **레이어 13**을 추가하고 **[클리핑 마스크]**를 적용한 후, **컬러 드롭**으로 색상을 채워 타이틀 영역에만 색상을 적용합니다. **타이틀 레이어와 클리핑 마스크 레이어는 병합**해 하나의 레이어로 만들어 주세요.

●#9a9f76

7 새로운 **레이어 13**을 추가하고 [ENSEE Pencil] 브러시(불투명도 100%)로 스케치를 참고해 타이틀 양옆에 반짝이 장식을 그리고 완성합니다.

●#868974

PLUS [ENSEE Pencil] 브러시로 아치형 텍스트를 따라 손글씨를 쓰면 또 다른 느낌의 아치형 타이틀을 만들 수 있어요.

Tomato Cold Pasta

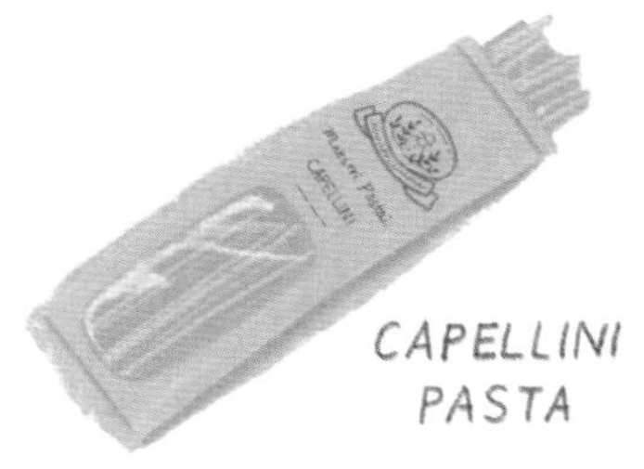

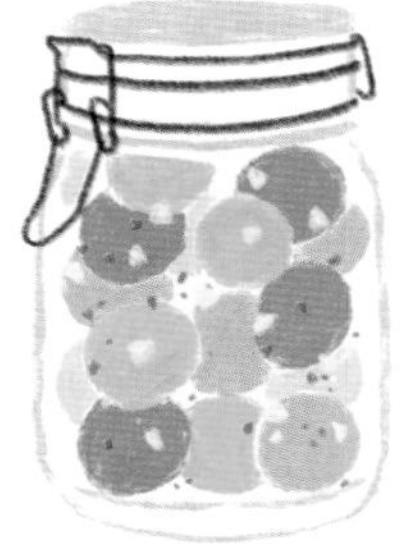

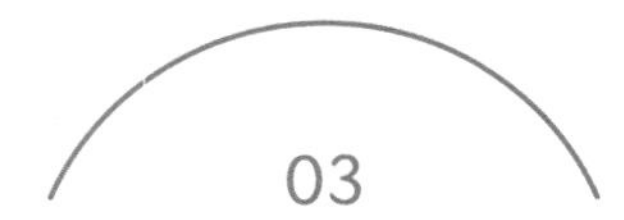

토마토 콜드 파스타

토마토 마리네이드와 몇 가지 간단한 재료로 만들 수 있는
토마토 콜드 파스타는 만들기도 쉽고 샐러드처럼 가볍게 즐기기 좋아요.

POINT 1

[ENSEE Oil Pastel] 브러시를 사용해 오일 파스텔 느낌으로 채색합니다.

POINT 2

텍스트 가이드로 손글씨 타이틀을 만들고 포스터를 디자인합니다.

캔버스 크기 299×422㎜ (A3 포스터 사이즈)

해상도 300DPI

준비 파일 c4_4_sketch.png / c4_4_final.png / c4_4_colorguide.png

브러시 ENSEE Oil Pastel / ENSEE Pencil

색상 #ddccbd #bea58d #d1b88e #f4dfbb #fffaf2 #5e8269 #b15644 #2d2d2d #dededd #dd594e #f9ba72 #c9d490 #f4e3a2 #fbf6e6 #75a16b #6b8160 #6a7a56 #83966b #cbd9b9 #513f36 #858380 #b9b5b2 #f7f3ee #e0dcd8 #675952 #ffffff #f6edcd #565656 #3e3e3e

❶ 카펠리니 파스타 면

브러시 ENSEE Oil Pastel / ENSEE Pencil | **색상**

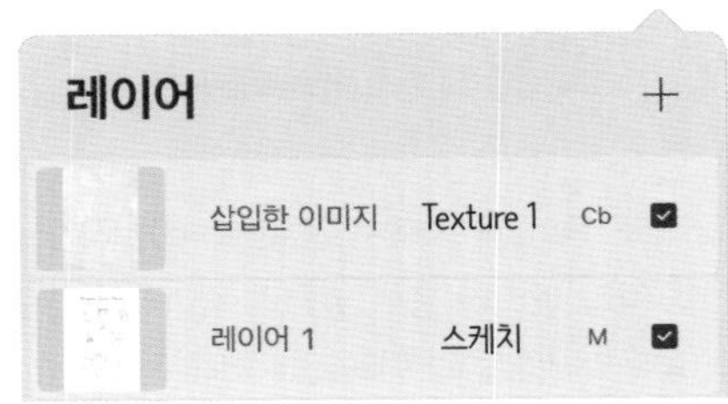

1 빈 **레이어 1**에 **스케치 파일**(c4_4_sketch)을 불러와 혼합 모드를 **곱하기**로 변경하고 레이어 불투명도를 10~20%로 조절합니다.

2 스케치 **레이어 1** 위로 텍스처 파일(ENSEE Texture1)을 불러온 후, 크기를 조절하고 혼합 모드와 불투명도를 각각 '색상 번, 100%'로 설정해 주세요. (텍스처 152쪽)

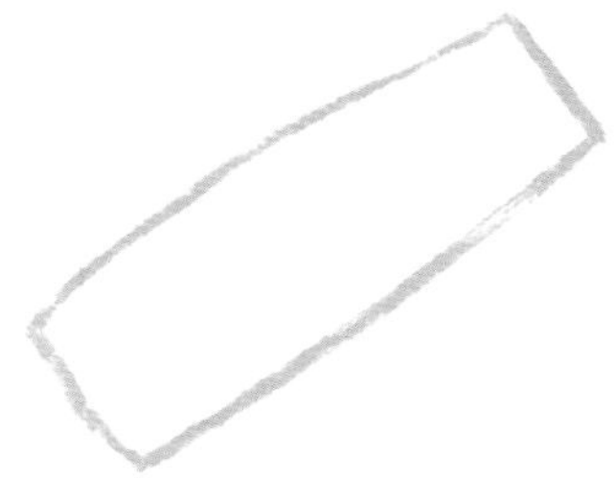

3 스케치 **레이어 1** 아래로 새로운 **레이어 3**을 추가하고 **[ENSEE Oil Pastel]** 브러시(불투명도 100%)로 스케치 선을 따라 파스타 봉투 외곽선을 그려주세요.

#ddccbd

4 획을 그을 때마다 색감이 달라지는 오일 파스텔 브러시의 특징을 사용해 풍부한 색감이 느껴지도록 파스타 봉투 외곽선 안쪽을 채색해 주세요.

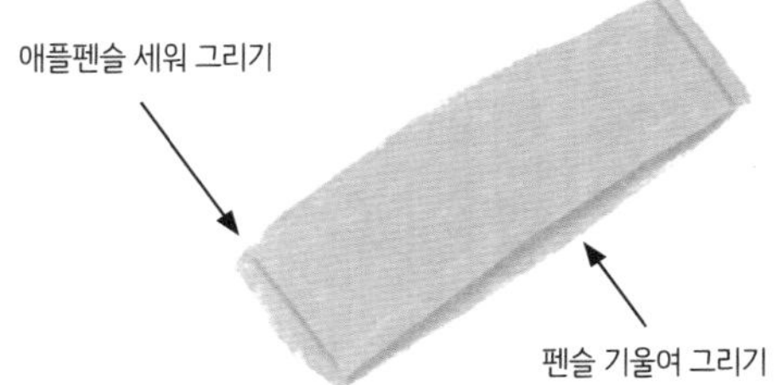

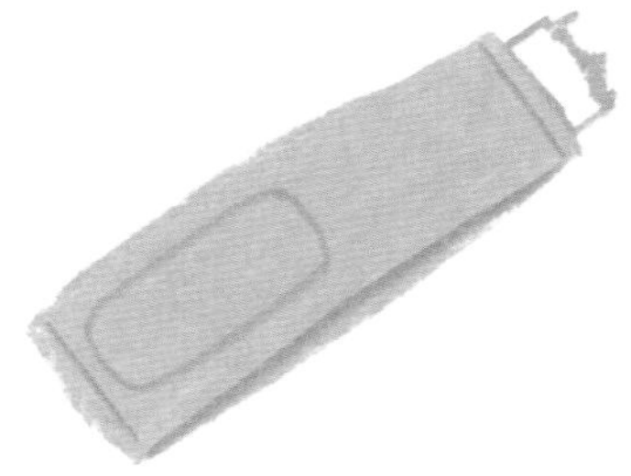

5 [ENSEE Pencil] 브러시(불투명도 100%)로 스케치 선을 따라 파스타 봉투 옆면과 위아래에 선을 그려 봉투의 입체감과 디테일을 더해주세요.

●#bea58d

6 새로운 **레이어 4**를 추가하고 스케치 선을 따라 파스타 면과 파스타 면이 보이는 봉투의 창 외곽선을 그려주세요.

●#d1b88e

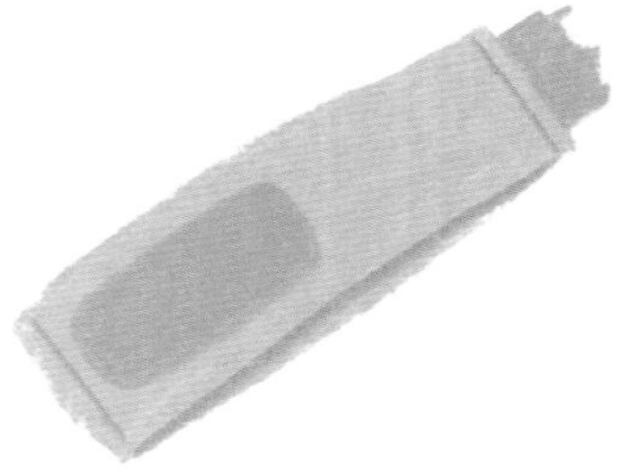

7 색연필 느낌이 나도록 빈 공간을 자연스럽게 남기며 파스타 면 외곽선 안쪽을 채색해 주세요.

8 명도가 높은 색으로 방향이 조금씩 다른 직선을 그려 파스타 면을 묘사해 주세요.

●#f4dfbb

9 새로운 **레이어 5**를 추가하고 [ENSEE Pencil] 브러시(불투명도 30%)로 파스타 면이 보이는 봉투 창에 반짝이는 비닐 재질을 표현합니다. 빛을 그려주세요.

#fffaf2

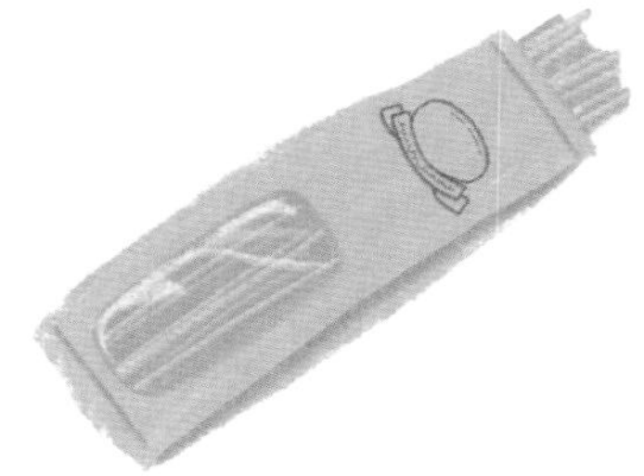

10 새로운 **레이어 6**을 추가하고 [ENSEE Pencil] 브러시(불투명도 100%)로 스케치 선을 따라 패키지 상단의 초록색 프레임을 그립니다. 리본 모양 안쪽에 글씨가 써있는 듯 구불구불한 선을 그려주세요.

●#5e8269

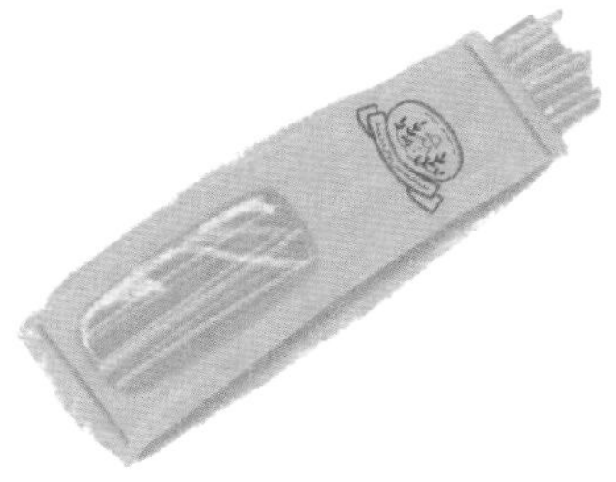

11 '10번'에서 그림 프레임 안쪽에 스케치 선을 따라 빨간색으로 밀과 농부를 간단한 형태로 그려주세요.

PLUS 그림의 작은 요소는 세밀하게 묘사하지 않아도 충분해요.

●#b15644

12 새로운 **레이어 7**을 추가하고 스케치를 참고해 로고 아래에 있는 문구를 쓰고 완성합니다.

●#2d2d2d

❷ 토마토 마리네이드

브러시 ENSEE Oil Pastel / ENSEE Pencil | **색상** ● ● ● ● ● ● ● ●

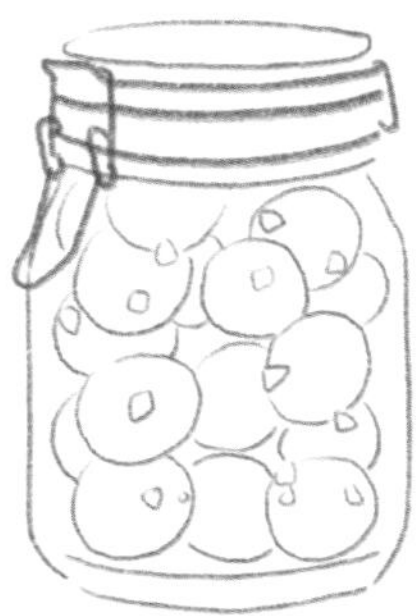

1 ❶-1에서 준비한 **스케치 파일**을 바탕으로 이어서 채색합니다.

2 새로운 **레이어 8**을 추가하고 **[ENSEE Oil Pastel]** 브러시(불투명도 100%)로 스케치 선을 따라 유리병의 뚜껑 상단을 그리고 채색해 주세요.

● #dededd

3 '2번'에서 그린 뚜껑 상단 아래로 스케치 선을 따라 뚜껑 외곽선을 그린 후, 아래에 곡선을 하나 더 그려서 병 입구를 묘사합니다.

● #dededd

4 뚜껑 아래로 스케치 선을 따라 유리병 외곽선을 그려주세요.

5 유리병 하단에 곡선을 그려 살짝 꺾이는 병의 형태를 표현합니다.

6 새로운 **레이어 9**를 추가하고 [ENSEE Pencil] 브러시(불투명도 100%)로 스케치 선을 따라 유리병 잠금 장치의 가로 선 부분을 그려주세요.
●#2d2d2d

7 스케치 선을 따라 유리병 잠금 장치의 세로선과 손잡이 부분도 그려주세요.

8 잠금 장치와 손잡이가 만나는 부분에 걸리는 모양의 장치를 그립니다.

9 새로운 **레이어 10**을 추가하고 [ENSEE Oil Pastel] 브러시(불투명도 100%)로 스케치 선을 따라 유리병 안의 빨간 방울토마토 외곽선을 그려주세요.

● #dd594e

10 획을 그을 때마다 색감이 달라지는 오일 파스텔 브러시 특징을 사용해 풍부한 색감이 느껴지도록 방울토마토의 외곽선 안쪽을 채색해 주세요.

11 새로운 **레이어 11**을 추가하고 스케치 선을 따라 '10번'에서 그린 빨간 방울토마토와 조금 떨어진 위치에 간격을 두어 주황색 방울토마토의 외곽선을 그려주세요.

● #f9ba72

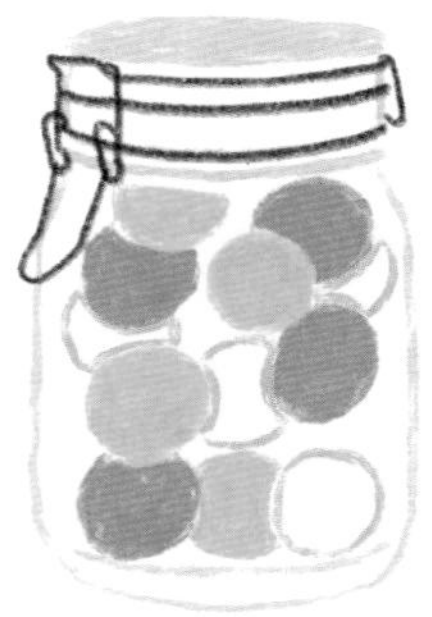

12 주황색 방울토마토의 외곽선 안쪽을 채색한 후, 새로운 **레이어 12**를 추가하고 '11번'과 같은 방법으로 초록색 방울토마토의 외곽선을 그려주세요.

● #f9ba72 ● #c9d490

13 다른 방울토마토들과 간격을 두어 초록색 방울토마토의 외곽선 안쪽을 채색해 주세요.

#c9d490

14 새로운 **레이어 13**을 추가하고, 같은 방법으로 가장 뒤에 있는 노란색 방울토마토를 그리고 채색합니다.

#f4e3a2

15 새로운 **레이어 14**를 추가하고 [ENSEE Pencil] 브러시(불투명도 100%)로 스케치 선을 따라 방울토마토 주변에 양파 조각들을 그리고 채색해 주세요.

#fbf6e6

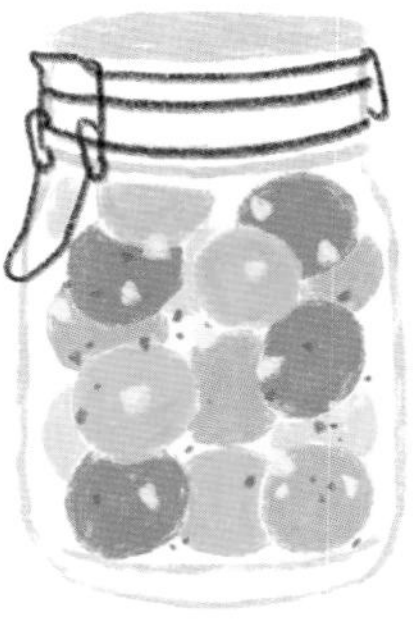

16 새로운 **레이어 15**를 추가하고 방울토마토 주변에 불규칙한 작은 세모, 네모, 점들로 바질 가루를 묘사하고 완성합니다.

#75a16b

❸ 루꼴라

브러시 ENSEE Oil Pastel / ENSEE Pencil | **색상** ● ● ● ●

1 ❶-1에서 준비한 **스케치 파일**을 바탕으로 이어서 채색합니다.

2 새로운 **레이어 16**을 추가하고 [ENSEE Oil Pastel] 브러시(불투명도 100%)로 스케치 선을 따라 루꼴라 줄기를 불규칙한 C 모양의 곡선으로 그려주세요.

● #6b8160

3 새로운 **레이어 17**을 추가하고 스케치 선을 따라 뒤쪽에 있는 루꼴라 잎들을 그리고 채색해 주세요.

● #6a7a56

4 새로운 **레이어 18**을 추가하고 명도가 높은 색으로 앞쪽에 있는 루꼴라 잎들을 그리고 채색해 주세요.

● #83966b

5 [ENSEE Pencil] 브러시(불투명도 100%)로 스케치 선을 따라 앞뒤 루꼴라 잎의 중앙을 지나는 잎맥을 그리고 완성합니다.

● #cbd9b9

❹ 올리브유

브러시 ENSEE Oil Pastel / ENSEE Pencil | **색상** ● ● ● ●

1 ❶-1에서 준비한 **스케치 파일**을 바탕으로 이어서 채색합니다.

2 새로운 **레이어 19**를 추가하고 **[ENSEE Oil Pastel]** 브러시(불투명도 100%)로 스케치 선을 따라 올리브 오일 병 외곽선을 그려주세요.

●#513f36

3 획을 그을 때마다 색감이 달라지는 오일 파스텔 브러시의 특징을 사용해 풍부한 색감이 느껴지도록 올리브 오일 병 외곽선의 안쪽을 채색해 주세요.

4 **[ENSEE Pencil]** 브러시(불투명도 100%)로 스케치 선을 따라 올리브 오일 병 상단에 가로선을 그려 곡선으로 꺾이는 병의 모양을 묘사해 주세요.

●#dededd

5 새로운 **레이어 20**을 추가하고 **[ENSEE Oil Pastel]** 브러시(불투명도 100%)로 스케치 선을 따라 병의 뚜껑 외곽선을 그려주세요.

● #dededd

6 뚜껑과 라벨 외곽선의 안쪽을 풍부한 색감이 느껴지도록 채색합니다.

7 새로운 **레이어 21**을 추가하고 **[ENSEE Pencil]** 브러시(불투명도 100%)로 스케치를 참고해 라벨 표면에 'Olive' 로고와 구불구불한 선, '500ml' 문구를 써주세요.

● #2d2d2d

8 올리브 오일 뚜껑 3분의 1 지점에 가로선 2개를 그려주세요.

● #858380

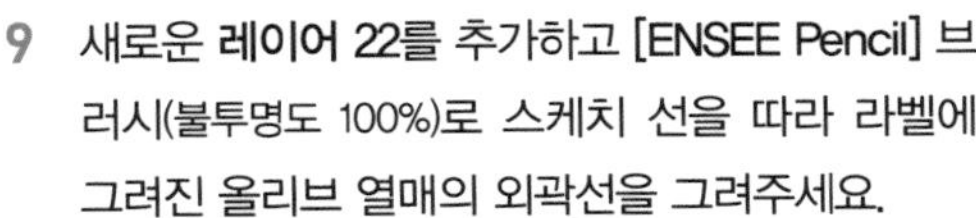

9 새로운 **레이어 22**를 추가하고 **[ENSEE Pencil]** 브러시(불투명도 100%)로 스케치 선을 따라 라벨에 그려진 올리브 열매의 외곽선을 그려주세요.

#858380

10 빈 공간을 자연스럽게 남기며 올리브 열매의 외곽선 안쪽을 채색해 주세요.

11 스케치 선을 따라 올리브 열매 오른쪽에 가지를 그린 후, 가지에서 뻗어나오는 이파리를 그려주세요.

12 이파리 중앙을 지나는 잎맥을 그리고 완성합니다.

❺ 소금과 후추

브러시 ENSEE Oil Pastel / ENSEE Pencil | **색상**

1 ❶-1에서 준비한 **스케치 파일**을 바탕으로 이어서 채색합니다.

2 새로운 **레이어 23**을 추가하고 [ENSEE Oil Pastel] 브러시(불투명도 100%)로 스케치 선을 따라 양념통 외곽선을 그려주세요.

#dededd

3 새로운 **레이어 24**를 추가하고 스케치 선을 따라 양념통 뚜껑 외곽선을 그리고 안쪽을 채색해 주세요.

#b9b5b2

4 [ENSEE Pencil] 브러시(불투명도 100%)로 스케치 선을 따라 양념통 뚜껑 아래쪽에 곡선 3개를 그린 후, 뚜껑 위쪽에 규칙적인 점을 그려서 양념이 나오는 구멍을 묘사합니다.

#f7f3ee

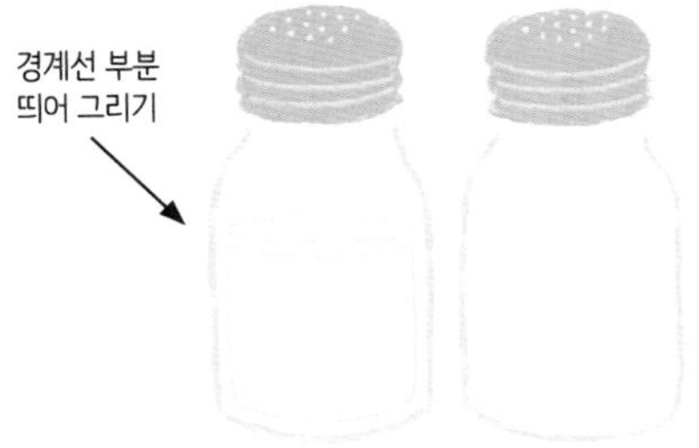

5 새로운 **레이어 25**를 추가하고 스케치 선을 따라 왼쪽 병 안에 담긴 소금 외곽선을 그려주세요.

#e0dcd8

6 빈 공간을 자연스럽게 남기며 소금 외곽선 안쪽을 채색해 주세요.

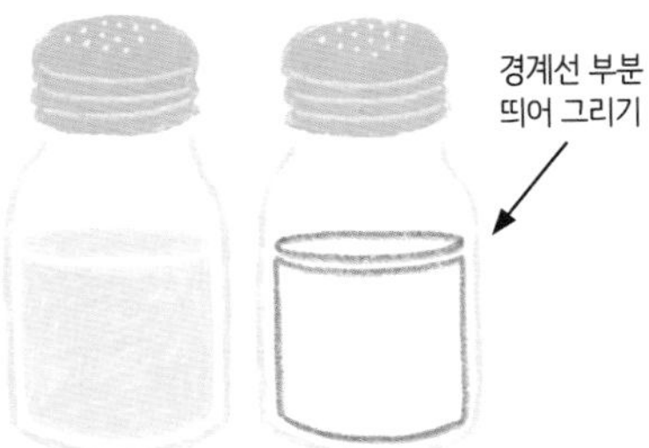

7 새로운 **레이어 26**을 추가하고 스케치 선을 따라 오른쪽 병 안에 담긴 후추 외곽선을 그려주세요.

#675952

8 빈 공간을 자연스럽게 남기며 후추 외곽선 안쪽을 채색한 후, 새로운 **레이어 27**을 추가하고 스케치를 참고해 양념통에 'SALT'와 'PEPPER' 문구를 쓰고 완성합니다.

#675952 #ffffff

❻ 토마토 콜드 파스타

브러시 ENSEE Oil Pastel / ENSEE Pencil | **색상**

1 ❶-1에서 준비한 **스케치 파일**을 바탕으로 이어서 채색합니다.

2 새로운 **레이어 28**을 추가하고 **[ENSEE Oil Pastel]** 브러시(불투명도 100%)로 스케치 선을 따라 파스타 그릇 외곽선을 그려주세요.

#dededd

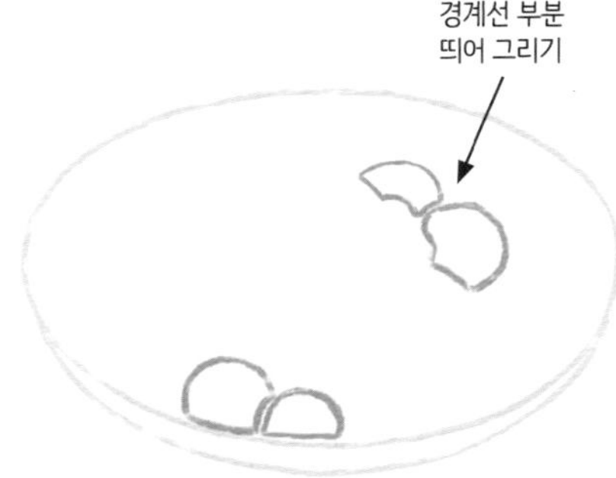

3 새로운 **레이어 29**를 추가하고 스케치 선을 따라 빨간 방울토마토 외곽선을 그려주세요.

#dd594e

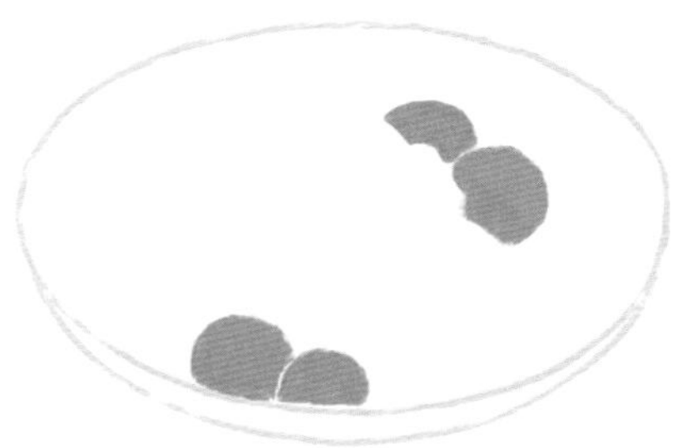

4 획을 그을 때마다 색감이 달라지는 오일 파스텔 브러시의 특징을 사용해 풍부한 색감이 느껴지도록 방울토마토 외곽선 안쪽을 채색해 주세요.

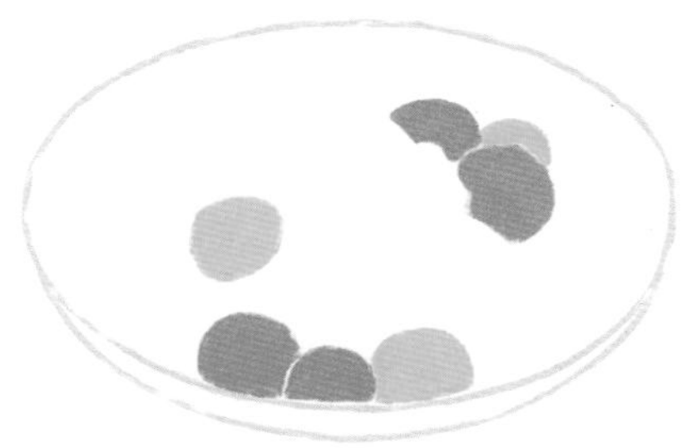

5 새로운 **레이어 30**을 추가하고 스케치 선을 따라 '4번'에서 그린 빨간 방울토마토와 조금 떨어진 위치에 간격을 두어 주황색 방울토마토의 외곽선을 그리고 안쪽을 채색해 주세요.

#f9ba72

6 새로운 **레이어 31**을 추가하고 스케치 선을 따라 '5번'과 같은 방법으로 초록색 방울토마토의 외곽선을 그리고 안쪽을 채색해 주세요.

#c9d490

7 새로운 **레이어 32**를 추가하고 스케치 선을 따라 '5번'과 같은 방법으로 노란색 방울토마토의 외곽선을 그리고 안쪽을 채색해 주세요.

#f4e3a2

8 새로운 **레이어 33**을 추가하고 스케치 선을 따라 파스타 면 덩어리를 나누는 선을 먼저 그려주세요.

#f6edcd

9 '8번'에서 그린 덩어리 한 칸에 같은 방향의 곡선을 조금씩 간격을 두어 반복해서 그리면서 파스타 면을 묘사해 주세요.

10 다른 파스타 면 덩어리는 '9번'에서 그린 방향과는 조금 다른 방향으로 곡선을 반복해서 그리면서 파스타 면을 묘사해 주세요.

#f6edcd

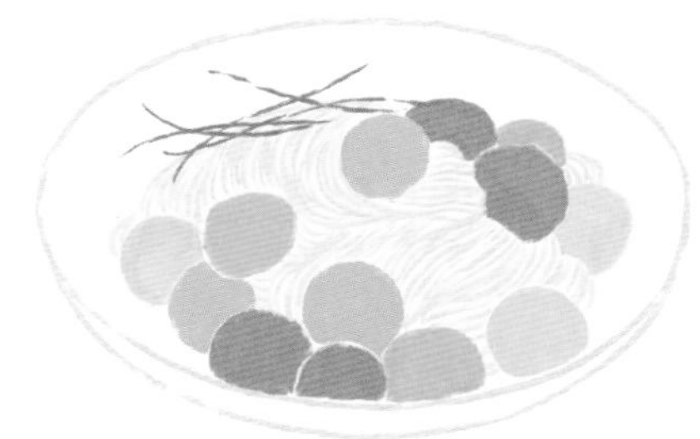

11 '9번', '10번'과 같은 방법으로 나머지 파스타 덩어리에 다른 방향의 곡선을 반복해서 그려주세요.

12 새로운 **레이어 34**를 추가하고 왼쪽 상단에 루꼴라 줄기를 불규칙하게 그려주세요. 대부분 가려질 영역이니 자세하게 그리지 않습니다.

#6b8160

13 새로운 **레이어 35**를 추가하고 스케치 선을 따라 뒤쪽에 있는 루꼴라 잎 외곽선을 그리고 채색해 주세요.

●#6a7a56

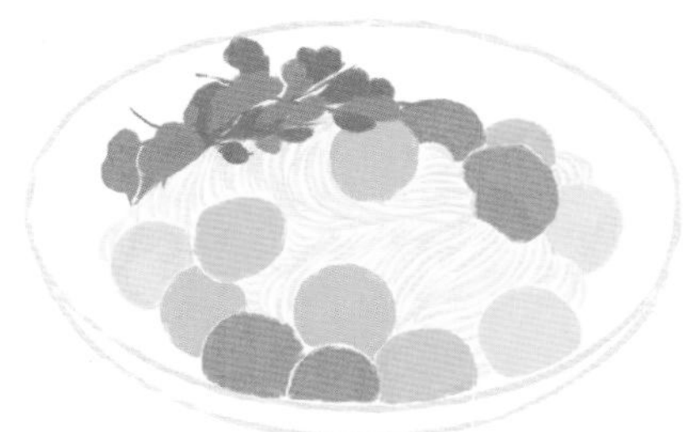

14 새로운 **레이어 36**을 추가하고 '12번', '13번'과 같은 방법으로 명도가 높은 색으로 스케치 선을 따라 앞쪽의 루꼴라 잎을 그리고 채색해 주세요.

●#83966b

15 **[ENSEE Pencil]** 브러시(불투명도 100%)로 스케치 선을 따라 앞뒤 루꼴라 중앙을 지나는 잎맥을 그려주세요.

●#cbd9b9

16 새로운 **레이어 37**을 추가하고 스케치 선을 따라 방울토마토 주변에 양파 조각들을 그리고 채색합니다. 새로운 **레이어 38**을 추가하고 불규칙한 작은 세모, 네모, 점들로 바질 가루를 그려 완성합니다.

○#fbf6e6 ●#83966b

❼ 레시피 노트 꾸미기 '손글씨 타이틀'

브러시 ENSEE Pencil / 서예 '분필' | **색상** ● ●

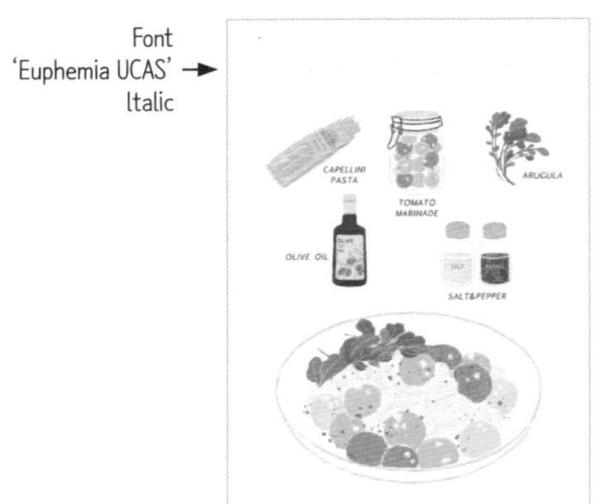

1 **[동작 → 추가 → 텍스트 추가]**에서 스케치를 참고해서 레시피 내용을 텍스트로 쓰고 **[변형] 툴**을 사용해 각각 위치를 이동해 주세요.

(텍스트 추가 105쪽)

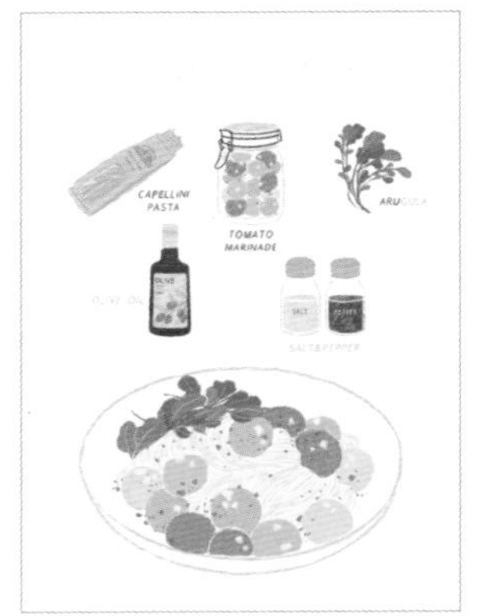

2 텍스트 레이어는 모두 병합하고 불투명도를 낮춰 주세요. 새로운 **레이어 40**을 추가하고 **[ENSEE Pencil]** 브러시(불투명도 100%)로 텍스트를 따라 레시피 내용을 손글씨로 써주세요.

●#565656

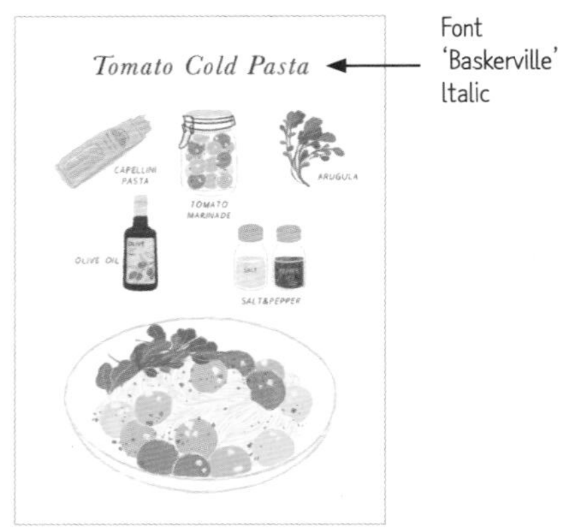

3 **[동작 → 추가 → 텍스트 추가]**에서 스케치를 참고해서 타이틀 'Tomato Cold Pasta'를 텍스트로 쓰고 **[변형] 툴**을 사용해 상단으로 위치를 이동해 주세요.

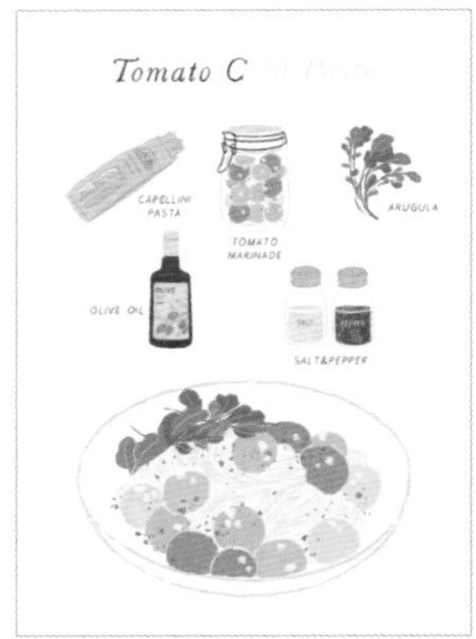

4 '3번'에서 만든 텍스트 레이어 불투명도를 낮추어 주세요. 새로운 **레이어 42**를 추가하고 **[서예 '분필']** 브러시(불투명도 100%)로 텍스트를 따라 타이틀 내용을 손글씨로 써주세요.

●#3e3e3e

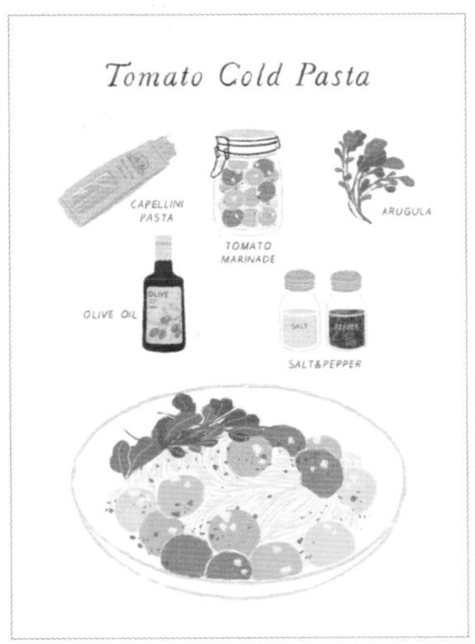

5 텍스트 레이어와 스케치 레이어는 체크 해제해 잠시 가리고 완성합니다.

CHAPTER 5

일러스트 소스 저장과 활용

더 많이 애정하는 법, 위시리스트

✦ 일러스트 소스 저장하고 사용하기

01 예쁜 컵과 그릇, 테이블웨어

| 고블렛 잔, 레트로 접시, 찻주전자, 머그컵, 플라워 그릇, 마블 법랑컵

02 문구 덕후, 서랍 속 문구점

| 크레용, 클립 집게, 지우개, 샤프, 가위, 문구용 칼, 컴포지션 노트

03 빵과 디저트, 빵지 순례

| 소금빵, 프레첼, 프레첼 베이글, 펌킨 파이, 까눌레와 마들렌, 당근 컵케이크

좋아하는 것들에 애정을 담아 그리다 보면
나의 취향과 조금 더 가까워질 수 있습니다.
장바구니 속 위시리스트를 그림으로 그려 수집하고,
수집한 그림을 활용해 멋진 포스터를 만들어 보아요.

#브러시 표현 #포스터 디자인 #텍스트 #패턴
#일러스트 소스

일러스트 소스 저장하고 사용하기

일러스트 소스 저장하기

1. 투명한 배경의 일러스트 소스 파일로 저장하기 위해 **'배경 색상', '텍스처', '스케치' 레이어의 체크 박스를 해제**해 잠시 가려주세요.
2. **[동작 → 공유 → PNG]**에서 **'이미지 저장'**을 선택해 일러스트 소스를 '사진' 앱에 저장해 주세요.

TIP 'PNG' 파일 형식으로 저장해야 배경이 없는 일러스트 소스로 저장할 수 있고 다양한 곳에서 사용할 수 있습니다.

일러스트 소스 사용하기

1. **[동작 → 추가 → 사진 삽입하기]**에서 '사진' 앱에 저장해 두었던 일러스트 소스를 불러옵니다.
2. **[변형] 툴**을 **'균등'**에 두어 원본 비율을 유지하면서 크기를 조절하고 위치를 설정해 주세요.
   (변형 툴 81쪽)

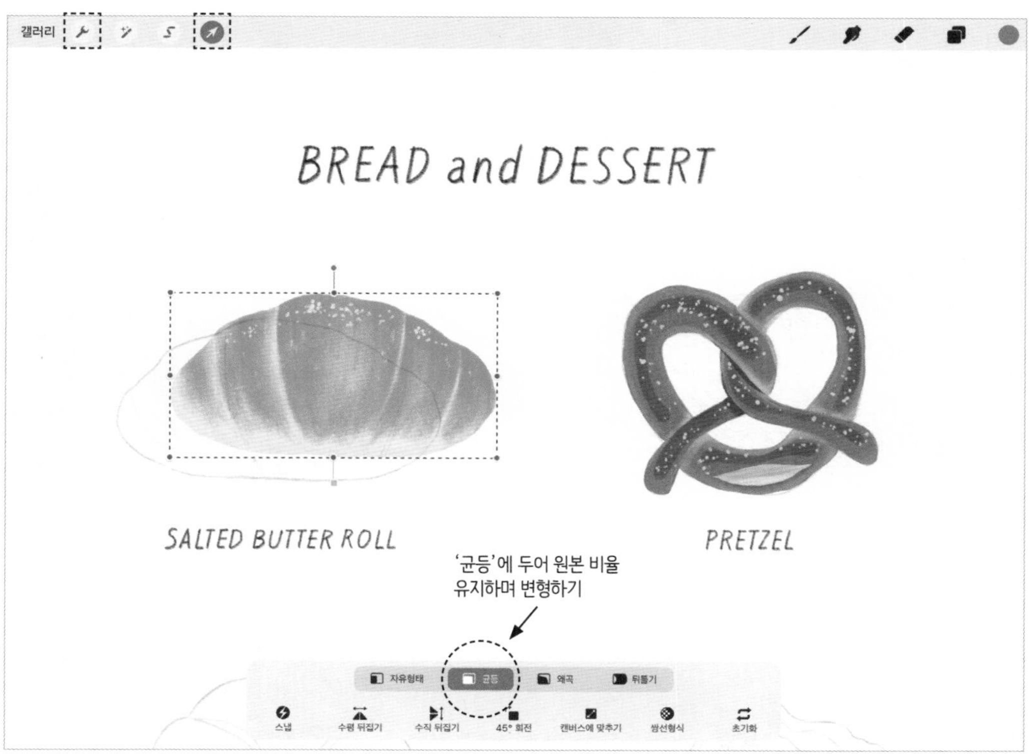

TABLEWARE

Plate · Goblet · Teapot · Mug · Cup · Bowl

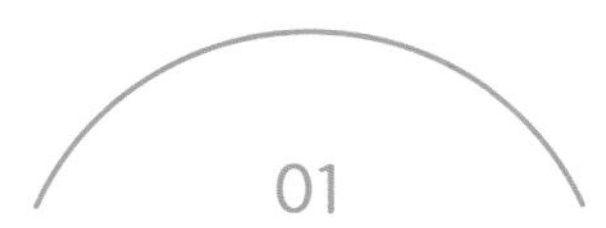

01

예쁜 컵과 그릇, 테이블웨어

예쁜 컵과 그릇에 대한 욕심은 끝이 없는 것 같아요.
같은 음식도 예쁘게 담아 먹는 것만으로도 좋은 하루가 될 것만 같은 기분이 듭니다.

작은 차이에서 소소한 행복을 만들어 보아요.

접시부터 깊이가 있는 그릇, 손잡이가 달린 머그컵 등을 그리며
다양한 형태를 표현해 보아요.

POINT 1

[ENSEE Pencil] 브러시를 사용해 색연필 느낌으로 채색합니다.

POINT 2

애플펜슬의 기울기와 필압을 조절하며 세밀한 표현, 넓은 질감 표현을 연습합니다.

❶ 고블렛 잔

고블렛 잔(와인잔)은 음료를 담는 컵 아래로 긴 목과 받침이 있는 것이 특징이에요.
유리, 금속, 도자기 등 소재와 형태가 다양하답니다.

캔버스 크기 2000×2000px

해상도 300DPI

준비 파일 c5_1a_sketch.png / c5_1a_final.png / c5_1a_colorguide.png / ENSEE Texture2.jpg

브러시 ENSEE Pencil

색상 ●#444444

1 빈 **레이어 1**에 **스케치 파일**(c5_1a_sketch)을 불러와 혼합 모드를 **곱하기**로 변경하고 불투명도를 10~20%로 조절한 후, 텍스처 파일(ENSEE Texture2.jpg)을 불러와 크기를 조절하고 아래와 같이 설정해 주세요.

- ENSEE Texture2 : 선형 번, 불투명도 45%

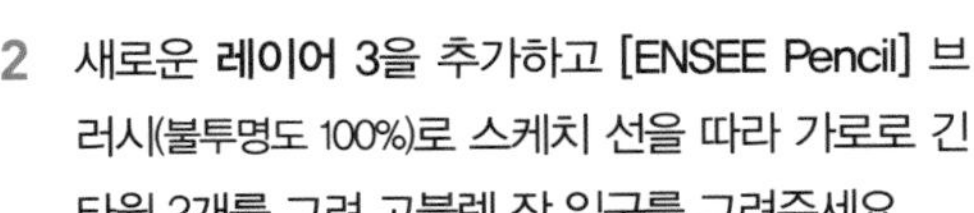

2 새로운 **레이어 3**을 추가하고 [ENSEE Pencil] 브러시(불투명도 100%)로 스케치 선을 따라 가로로 긴 타원 2개를 그려 고블렛 잔 입구를 그려주세요.

●#444444

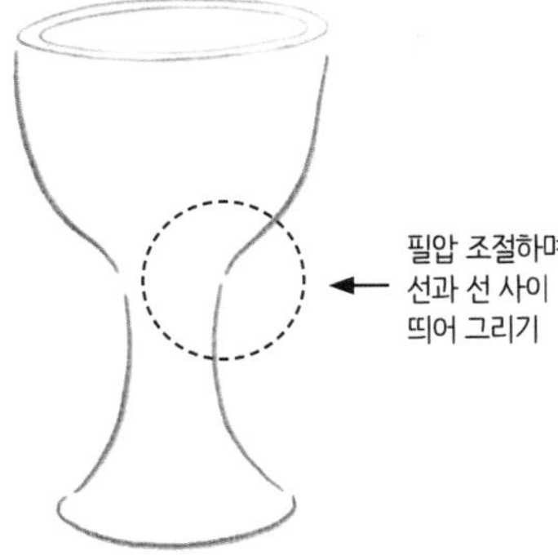

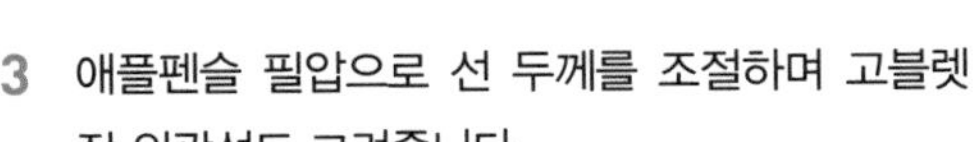

3 애플펜슬 필압으로 선 두께를 조절하며 고블렛 잔 외곽선도 그려줍니다.

PLUS 선과 선 사이를 조금씩 띄어 그려 러프한 느낌으로 그립니다.

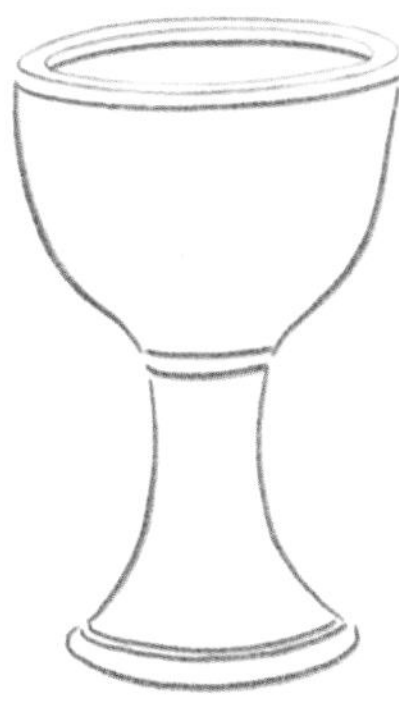

4 스케치 선을 따라 입구, 고블렛 잔의 목, 바닥에 라인 장식을 그릴 외곽선을 그려주세요.

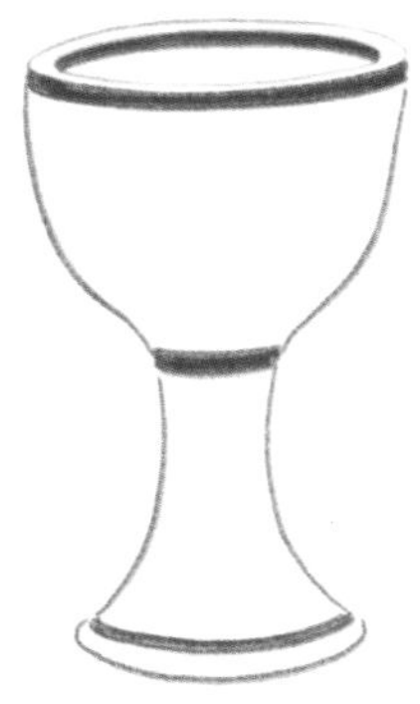

5 '4번'에서 그린 라인 안쪽을 채색해 두꺼운 라인 장식을 그려주세요.

●#444444

6 스케치 선을 따라 고블렛 잔 가운데에 꽃 모양 외곽선을 그려주세요.

7 '6번'에서 그린 꽃 모양 외곽선 안쪽을 채색하고 완성합니다.

PLUS 꼼꼼하게 채색하지 않고 빈 공간을 자연스럽게 남기며 채색할수록 색연필 그림 느낌을 표현할 수 있습니다.

❷ 레트로 접시

예쁜 접시를 하나 구입한다면 레트로 라인 디자인의 접시를 추천해요.
패턴이 있는 접시도 좋지만 심플한 라인 디자인의 접시는 어떤 음식을 담아도 잘 어울리고
유행을 크게 타지 않는 장점이 있어요.

캔버스 크기 2000×2000px

해상도 300DPI

준비 파일 c5_1b_sketch.png / c5_1b_final.png / c5_1b_colorguide.png / ENSEE Texture2.jpg

브러시 ENSEE Pencil

색상 ● #899468 ● #d7a37a ● #ead7a0 ● #e6e5e4

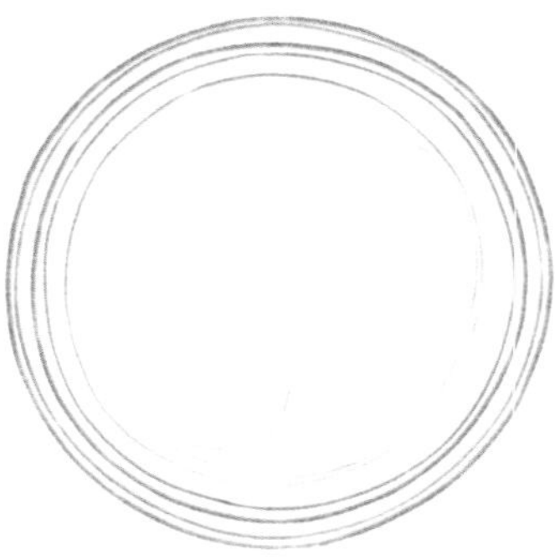

1 빈 **레이어** 1에 **스케치 파일**(c5_1b_sketch)을 불러와 혼합 모드를 **곱하기**로 변경하고 불투명도를 10~20%로 조절한 후, 텍스처 파일(ENSEE Texture2.jpg)을 불러와 크기를 조절하고 아래와 같이 설정해 주세요.

- ENSEE Texture2 : 선형 번, 불투명도 45%

2 새로운 **레이어** 3을 추가하고 **[ENSEE Pencil]** 브러시(불투명도 100%)로 스케치 선을 따라 필압을 강하게 두꺼운 선으로 그리거나, 얇은 외곽선을 먼저 그리고 안쪽을 채색하는 방법으로 바깥쪽 초록색 라인을 두꺼운 선으로 그려주세요.

●#899468

3 초록색 선 안쪽으로 주황색, 노란색 라인을 차례대로 필압을 약하게 그리거나 브러시 크기를 작게 조절해 얇은 선으로 그려주세요.

PLUS 원형을 그릴 때 손이 편한 방향으로 캔버스를 회전하며 그려주세요. (제스처 35쪽)

●#d7a37a ●#ead7a0

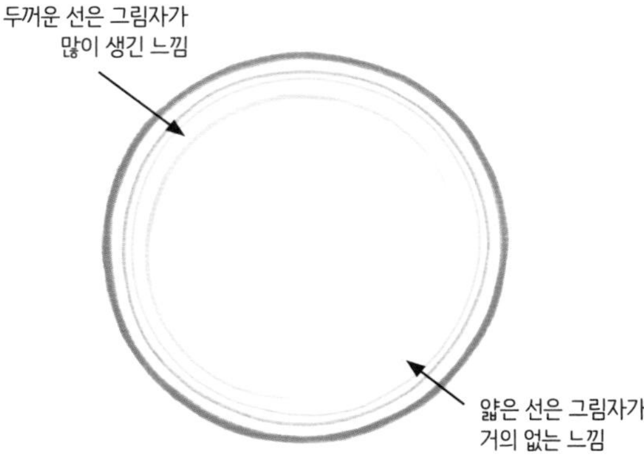

4 새로운 **레이어** 4를 추가하고 스케치 선을 따라 접시 가운데 오목한 부분을 그려주세요.

PLUS 필압으로 선 두께를 조절해 그리면 선만으로도 그림자를 표현할 수 있어요. 접시의 얕은 오목함을 묘사할 수 있습니다.

●#e6e5e4

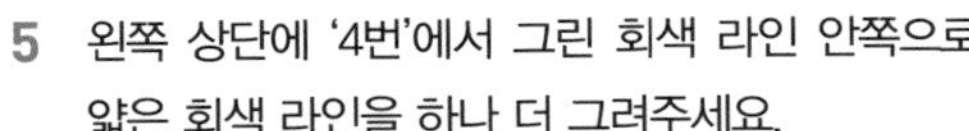

5 왼쪽 상단에 '4번'에서 그린 회색 라인 안쪽으로 얇은 회색 라인을 하나 더 그려주세요.

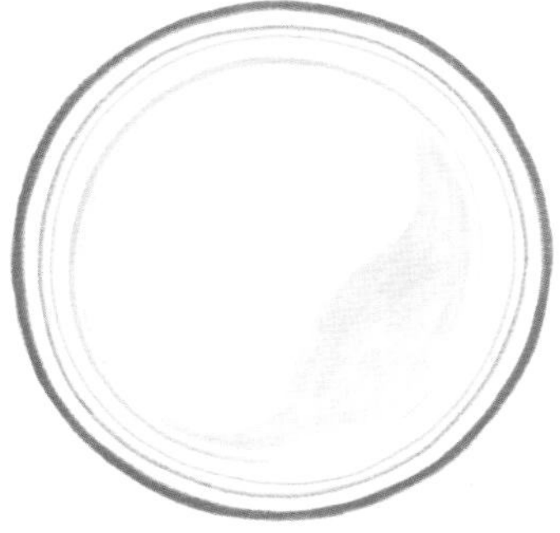

6 오른쪽 하단에 접시의 그림자 영역을 애플펜슬을 기울여 넓은 질감으로 채색하고 완성합니다.

❸ 찻주전자

찻물의 온도를 유지시켜 주는 찻주전자예요.
흔히 티포트teapot라고도 합니다.
날이 추워지면 찻주전자에 끓인 물을 담아 놓고 수시로 차를 우려 마시는 시간을 좋아해요.

캔버스 크기 2000×2000px

해상도 300DPI

준비 파일 c5_1c_sketch.png / c5_1c_final.png / c5_1c_colorguide.png / ENSEE Texture2.jpg

브러시 ENSEE Pencil

색상 ●#d4dccf ●#eff3ef ●#d49188

1 빈 **레이어** 1에 **스케치 파일**(c5_1c_sketch)을 불러와 혼합 모드를 **곱하기**로 변경하고 불투명도를 10~20%로 조절합니다. 텍스처 파일(ENSEE Texture2.jpg)을 불러와 크기를 조절하고 아래와 같이 설정해 주세요.

- ENSEE Texture2 : 선형 번, 불투명도 45%

2 새로운 **레이어** 3을 추가하고 **[ENSEE Pencil]** 브러시(불투명도 100%)로 스케치 선을 따라 뚜껑 외곽선을 그린 후, 찻주전자 몸통과 바닥 외곽선을 뚜껑 외곽선과 조금 띄어 그려주세요.

PLUS 경계선 부분을 띄어 그리면 선을 그리지 않아도 나뉘어 있는 형태를 표현할 수 있어요.

#d4dccf

3 빈 공간을 자연스럽게 남기면서 색연필 느낌으로 찻주전자 외곽선 안쪽을 채색해 주세요.

4 새로운 **레이어 4**를 추가하고 **[클리핑 마스크]**를 적용한 후, 찻주전자 중앙을 중심으로 뚜껑과 몸통, 받침 부분 오른쪽을 밝은 색으로 채색해 빛을 묘사해 주세요.

#eff3ef

5 새로운 **레이어 5**를 추가하고 필압을 약하게 하거나 브러시 크기를 작게 조절해 얇은 선으로 빨간색 라인을 세로로 그려주세요.

#d49188

6 새로운 **레이어 6**을 추가하고 찻주전자 몸통의 밝은 부분 상단을 애플펜슬을 기울여 넓은 질감으로 채색해 각진 도자기의 표면을 표현해 주세요.

#d4dccf

7 '6번'과 같은 방법으로 찻주전자 몸통의 어두운 부분 일부를 넓은 질감으로 채색해 각진 도자기 표면을 묘사하고 빨간색 라인을 중심으로 얇은 선을 그려 빛을 표현한 후 완성합니다.

#eff3ef

❹ 머그컵

겨울, 하면 어떤 장면이 생각나시나요?
저는 따뜻한 커피나 차를 담은 머그컵을 손으로 감싸들고 있는 모습이 생각나요.
머그컵에 담긴 따뜻한 온기가 그대로 전해지는 것만 같아요.

캔버스 크기 2000×2000px

해상도 300DPI

준비 파일 c5_1d_sketch.png / c5_1d_final.png / c5_1d_colorguide.png / ENSEE Texture2.jpg

브러시 ENSEE Pencil

색상 ● #7aacba #f6f6f5 ● #eec56d ● #b0dbe7

1 빈 **레이어 1**에 **스케치 파일**(c5_1d_sketch)을 불러와 혼합 모드를 **곱하기**로 변경하고 불투명도를 10~20%로 조절합니다. 텍스처 파일(ENSEE Texture2.jpg)을 불러와 크기를 조절하고 아래와 같이 설정해 주세요.

- ENSEE Texture2 : 선형 번, 불투명도 45%

2 새로운 **레이어 3**을 추가하고 **[ENSEE Pencil]** 브러시(불투명도 100%)로 스케치 선을 따라 머그컵 입구의 외곽선을 그린 후, 머그컵 입구 아래로 컵의 몸통과 손잡이 외곽선도 그려주세요.

PLUS 경계선 부분을 띄어 그리면 선을 그리지 않아도 나뉘어 있는 형태를 표현할 수 있어요.

● #7aacba

3 빈 공간을 자연스럽게 남기면서 색연필 느낌으로 머그컵 외곽선의 안쪽을 채색해 주세요.

4 새로운 **레이어 4**를 추가하고 스케치 선을 따라 머그컵 바깥쪽과 안쪽에 흰색으로 세로선을 반복해서 그리고 채색해, 스트라이프 무늬를 만들어 주세요.

#f6f6f5

5 새로운 **레이어 5**를 추가하고 '4번'에서 그린 흰색 스트라이프 무늬 가운데에 얇은 노란색 선을 그려주세요.

#eec56d

6 새로운 **레이어 6**을 추가한 후, 애플펜슬을 기울여 넓은 질감으로 머그컵 안쪽과 바깥쪽 하단을 하늘색으로 채색해 도자기 표면을 묘사합니다. 손잡이 부분에 얇은 선을 그려 빛을 표현하고 완성합니다.

#b0dbe7

❺ 플라워 그릇

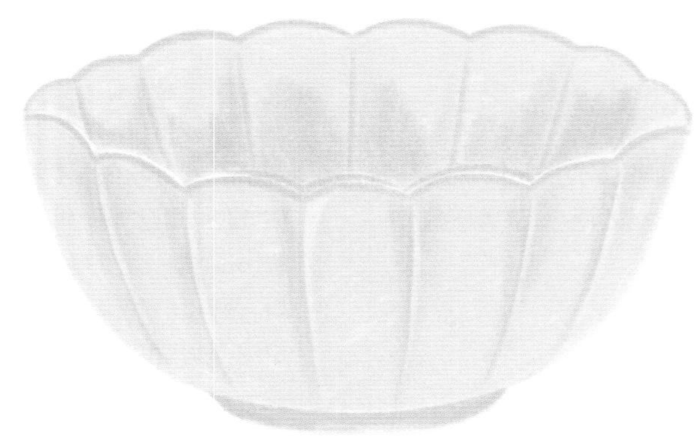

디자인이 독특한 우묵한 그릇은 밥그릇, 국그릇으로도 좋고
요거트와 그래놀라를 담아 먹거나 간단한 과일을 담기에도 좋아서 활용도가 높습니다.

캔버스 크기 2000×2000px

해상도 300DPI

준비 파일 c5_1e_sketch.png / c5_1e_final.png / c5_1e_colorguide.png / ENSEE Texture2.jpg

브러시 ENSEE Pencil

색상 #e5e4df #cccbc5 #f1efee #ddcda9

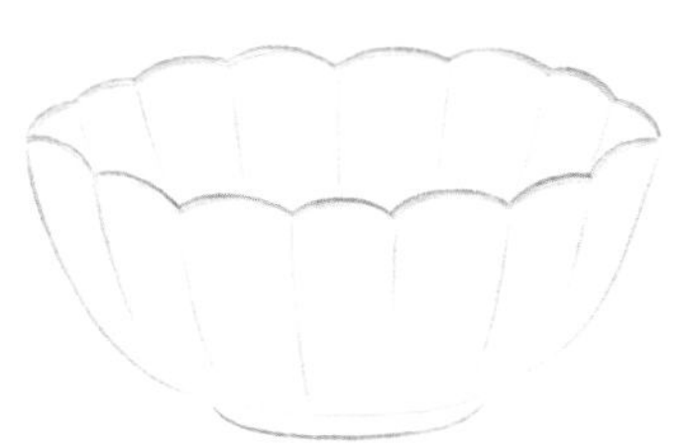

경계선 부분
띄어 그리기

1 빈 **레이어** 1에 **스케치 파일**(c5_1e_sketch)을 불러와 혼합 모드를 **곱하기**로 변경하고 불투명도를 10~20%로 조절합니다. 텍스처 파일(ENSEE Texture2.jpg)을 불러와 크기를 조절하고 아래와 같이 설정해 주세요.

- ENSEE Texture2 : 선형 번, 불투명도 45%

2 새로운 **레이어** 3을 추가하고 **[ENSEE Pencil]** 브러시(불투명도 100%)로 스케치 선을 따라 그릇 입구 외곽선을 물결 모양으로 그린 후, 곡선의 그릇 외곽선과 받침 부분을 그릇 입구 외곽선과 조금 띄어 그려주세요.

PLUS 경계선 부분을 띄어 그리면 선을 그리지 않아도 나뉘어 있는 형태를 표현할 수 있어요.

#e5e4df

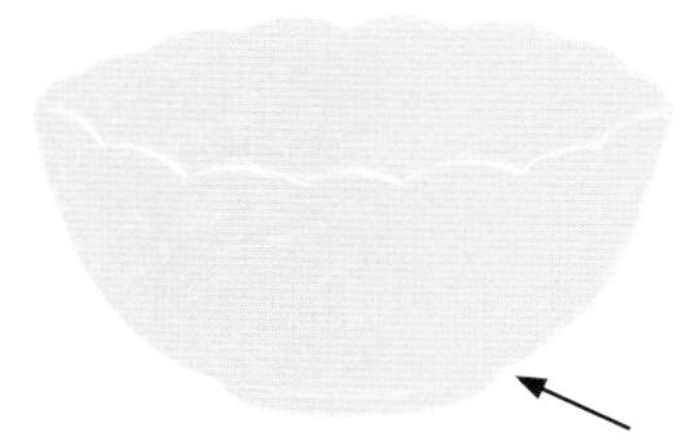

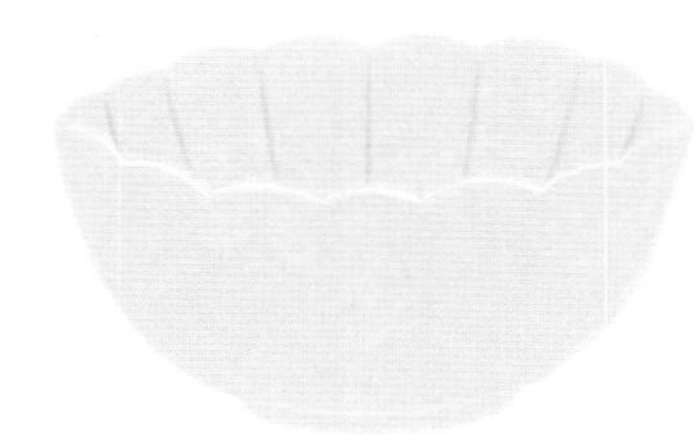

3 빈 공간을 자연스럽게 남기면서 색연필 느낌으로 그릇 외곽선 안쪽을 채색해 주세요.

4 새로운 **레이어** 4를 추가하고 **[클리핑 마스크]**를 적용한 후, 스케치 선을 따라 그릇 안쪽에 일정한 간격의 선을 그려 꽃잎 모양 그릇을 표현해 주세요.

#cccbc5

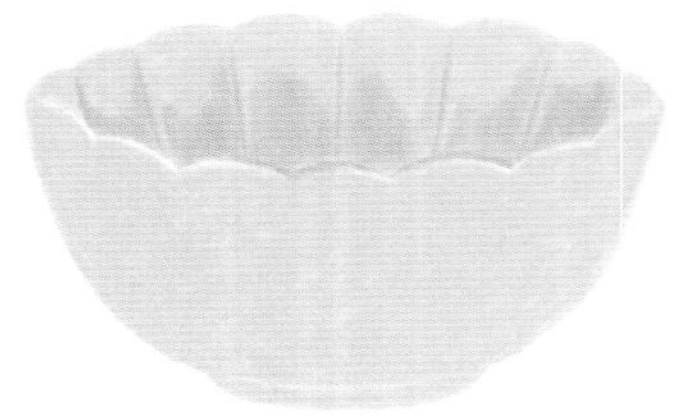

5 '4번'에서 그린 선과 선 사이를 애플펜슬을 기울여 넓은 질감으로 채색해, 꽃 모양 그릇의 깊이를 묘사합니다.

PLUS 선과 간격을 두고 채색해야 오목한 느낌을 살려 그릴 수 있어요.

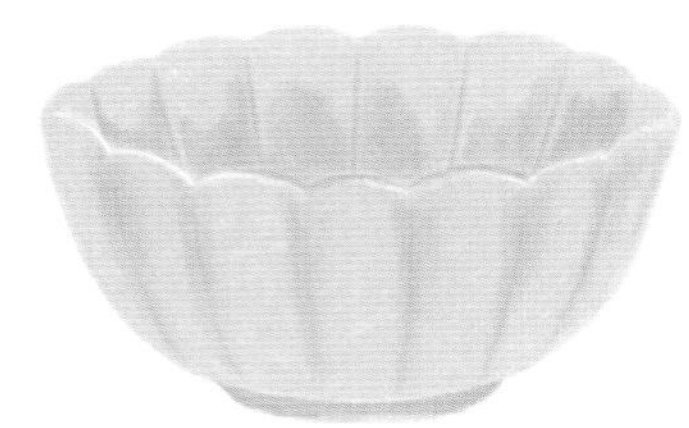

6 '4번'과 같은 방법으로 그릇 바깥쪽에도 일정한 간격의 선을 그린 후, 바닥 받침 부분을 어둡게 채색합니다. '5번'과 같은 방법으로 애플펜슬을 기울여 선 주변을 넓은 질감으로 채색해 주세요.

PLUS 바깥쪽은 선과 간격을 두지 않고 채색해야 볼록한 느낌으로 그릴 수 있어요.

7 '6번'에서 그린 바깥쪽 선 오른쪽에 밝은 색으로 얇게 빛을 그려서 반짝이는 도자기 느낌을 표현합니다.

#f1efee

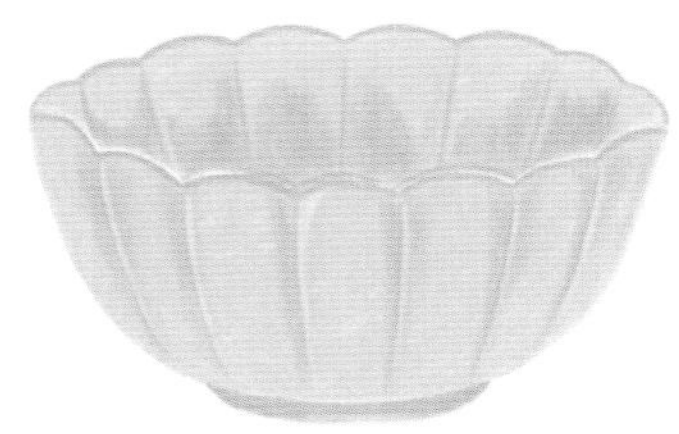

8 새로운 **레이어 5**를 추가하고 그릇 입구에 금색 선을 그려 완성합니다.

#ddcda9

❻ 마블 법랑컵

마블 패턴의 컵과 그릇은 어떤 음식을 담아도 잘 어울리고 홈 카페 감성 그 자체지요.
법랑 재질의 컵은 쉽게 깨지지 않아 캠핑에서 사용하기에도 좋습니다.

캔버스 크기 2000×2000px

해상도 300DPI

준비 파일 c5_1f_sketch.png / c5_1f_final.png / c5_1f_colorguide.png / ENSEE Texture2.jpg

브러시 ENSEE Pencil

색상 ● #e8e5e0 ● #d7cec0 ● #f7f4f1 ● #69696e ● #e0b6b7 ● #e2c892

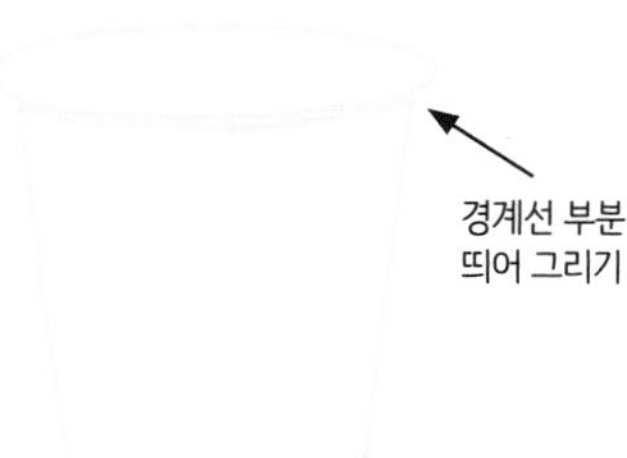

1 빈 **레이어 1**에 **스케치 파일**(c5_1f_sketch)을 불러와 혼합 모드를 **곱하기**로 변경하고 불투명도를 10~20%로 조절합니다. 텍스처 파일(ENSEE Texture2.jpg)을 불러와 크기를 조절하고 아래와 같이 설정해 주세요.

- ENSEE Texture2 : 선형 번, 불투명도 45%

2 새로운 **레이어 3**을 추가하고 **[ENSEE Pencil]** 브러시(불투명도 100%)로 스케치 선을 따라 컵 입구 외곽선을 그립니다. 컵 입구 아래로 컵의 외곽선도 그려주세요.

PLUS 경계선 부분을 띄어 그리면 선을 그리지 않아도 나뉘어 있는 형태를 표현할 수 있어요.

#e8e5e0

3 빈 공간을 자연스럽게 남기면서 색연필 느낌으로 컵 외곽선 안쪽을 채색해 주세요.

4 조금 더 명도가 낮은 색으로 스케치 선을 따라 컵 안쪽을 그리고 채색해 주세요.

#d7cec0

5 애플펜슬을 기울여 밝은 색을 써서 넓은 질감으로 컵 바깥쪽 상단을 세로로 채색해 컵의 둥근 형태를 묘사합니다.

#f7f4f1

6 새로운 **레이어 4**를 추가하고 **[클리핑 마스크]**를 적용한 후, 스케치 선을 참고해 검은색 마블 무늬를 그리고 채색해 주세요.

#69696e

7 새로운 **레이어 5**를 추가하고 **[클리핑 마스크]**를 적용한 후, 스케치 선을 참고해 핑크색 마블 무늬를 그리고 채색해 주세요.

#e0b6b7

8 새로운 **레이어 6**을 추가하고 **[클리핑 마스크]**를 적용한 후, 스케치 선을 참고해 노란색 마블 무늬를 그리고 채색해 주세요.

#e2c892

9 새로운 **레이어 7**을 추가하고 컵 입구에 짧은 선으로 빛을 그려 완성합니다.

#f7f4f1

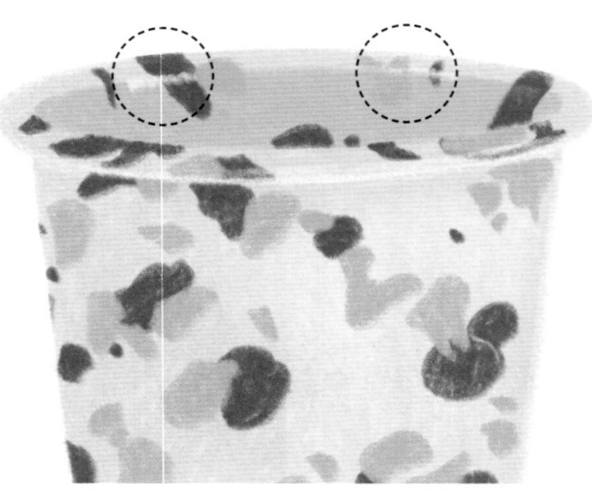

❼ 포스터 만들기

앞에서 그린 테이블웨어 일러스트를 활용해 멋진 포스터를 만들어 보아요.

캔버스 크기 299×422㎜ (A3 포스터 사이즈)

해상도 300DPI

준비 파일 c5_1_sketch / ENSEE Texture2.jpg

브러시 ENSEE Pencil

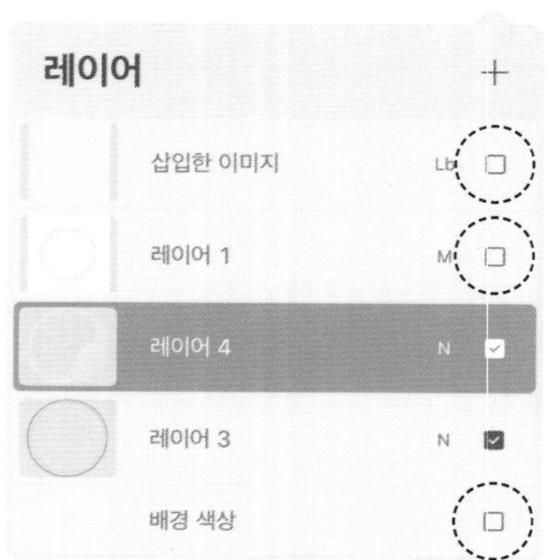

1 앞에서 그린 원본 파일에서 '배경 색상', '텍스처',' 스케치' 레이어 체크 박스를 해제해 잠시 가린 후, **[동작 → 공유 → PNG]**에서 **'이미지 저장'**을 선택해 '사진' 앱에 각각 저장해 주세요. (일러스트 소스 저장 226쪽)

PLUS 배경을 투명하게 저장해야 **'일러스트 소스'**로 사용할 수 있어요.

2 새로운 캔버스를 만들고 빈 **레이어** 1에 **스케치 파일**(c5_1_sketch)을 불러와 혼합 모드를 **곱하기**로 변경하고 불투명도를 10~20%로 조절합니다. 텍스처 파일(ENSEE Texture2.jpg)을 불러와 크기를 조절하고 아래와 같이 설정해 주세요.

- ENSEE Texture2 : 선형 번, 불투명도 45%

3 **[동작 → 추가 → 사진 삽입하기]**를 선택해 '1번'에서 저장한 일러스트 소스를 차례로 불러온 후, 스케치 위치를 참고해 **[변형] 툴**로 위치와 크기를 설정해 주세요.

PLUS **[변형] 툴**은 **'균등'**으로 설정해야 원본 비율을 유지하며 크기를 변경할 수 있어요.

4 새로운 **레이어**를 추가하고 **[ENSEE Pencil]** 브러시(불투명도 100%)로 스케치 선을 따라 타이틀과 하단 내용을 쓰고 완성합니다.

●#444444

STATIONERY

Clampy Clip · Cutter · Scissors · Pencil · Crayon · Notebook · Eraser

02

문구 덕후, 서랍 속 문구점

'이 샤프를 사면 필기를 더 잘할 것만 같아.'
'이 가위가 있으면 내 책상 위가 더 멋질 것 같아.'

이렇게 갖가지 이유로 하나둘 사모은 연필, 지우개, 노트, 샤프 등이 모여
서랍 속 작은 문구점이 되기도 합니다.

기록의 도구를 하나씩 그리며 기록해 보아요.

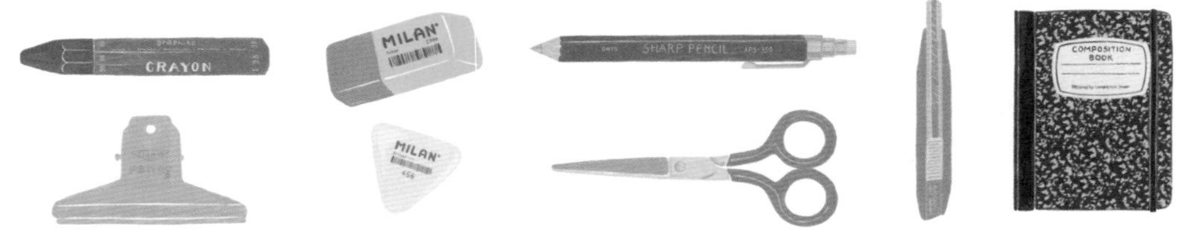

POINT 1

[ENSEE Pen] 브러시를 사용해 최소한의 채색으로 디테일하게 묘사합니다.

POINT 2

그림의 일부 영역에 패턴을 적용합니다.

❶ 크레용

어릴 적, 크레용 36색 세트를 가지고 있으면 세상을 다 가진 기분이었지요.
오일 파스텔과 비슷해 보이지만 오일 파스텔이 크레용보다 조금 더 부드러운 질감을 가지고 있습니다.

거친 느낌의 그림을 그릴 때 사용하기 좋아요.

캔버스 크기 2000×2000px

해상도 300DPI

준비 파일 c5_2a_sketch.png / c5_2a_final.png / c5_2a_colorguide.png / ENSEE Texture2.jpg

브러시 ENSEE Pen

색상 ●#6f6d6c ●#80817c ●#ededed

1 빈 **레이어** 1에 **스케치 파일**(c5_2a_sketch)을 불러와 혼합 모드를 **곱하기**로 변경하고 불투명도를 10~20%로 조절한 후, 텍스처 파일(ENSEE Texture2.jpg)을 불러와 크기를 조절하고 아래와 같이 설정해 주세요.

- ENSEE Texture2 : 선형 번, 불투명도 75%

2 새로운 **레이어** 3을 추가하고 **[ENSEE Pen]** 브러시(불투명도 95%)로 스케치 선을 따라 크레용 앞부분 외곽선을 그려주세요.

● #6f6d6c

3 스케치 선을 참고해 크레용의 각진 모양 부분을 제외한 나머지 부분에 겹치는 질감을 자연스럽게 남기면서 채색해 주세요.

PLUS 선 부분을 남기고 채색하면 선을 그리지 않아도 나뉘어 있는 형태를 표현할 수 있어요.

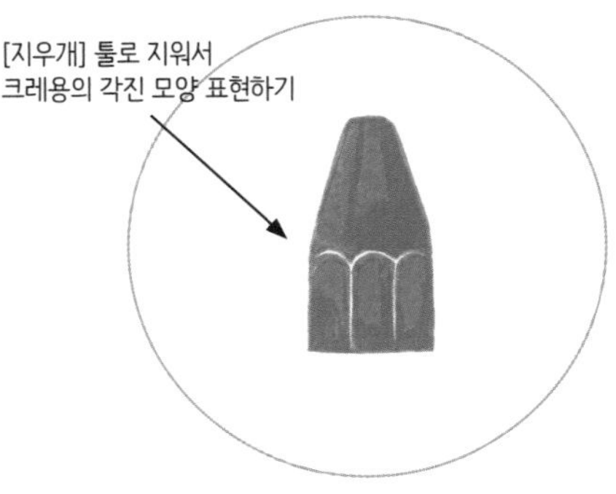

PLUS 먼저 전체를 채색한 후, 지우개로 선 부분을 지우는 방법을 사용하셔도 좋습니다.

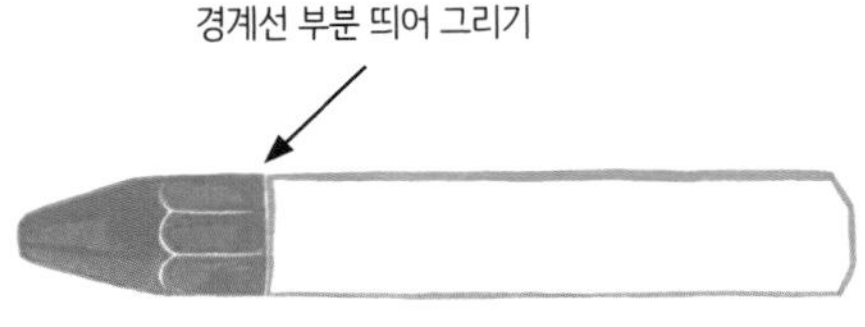

4 새로운 **레이어 4**를 추가하고 조금 더 명도가 높은 색으로 스케치 선을 따라 크레용 몸통 외곽선을 그려주세요.

● #80817c

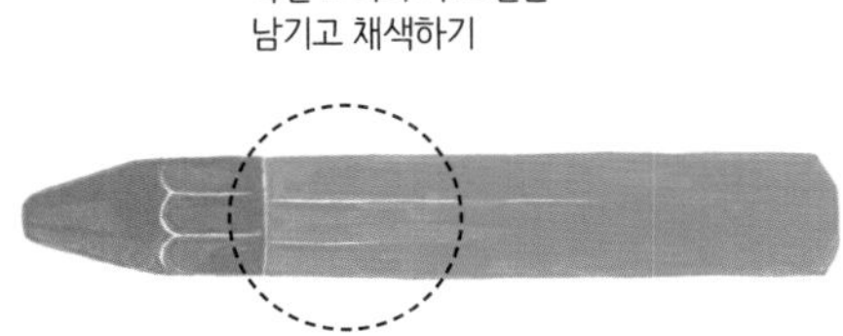

5 스케치 선을 참고해 크레용 몸통의 각진 모서리 부분을 제외한 나머지 부분에 겹치는 질감을 자연스럽게 남기면서 채색해 주세요.

6 새로운 **레이어 5**를 추가하고 스케치 내용을 참고해 크레용 바깥 부분에 작은 문구를 먼저 써 주세요.

● #ededed

7 스케치 내용을 참고해 가운데 'CRAYON' 로고를 그려 완성합니다.

❷ 클립 집게

커다란 클립 집게는 책을 읽을 때 책장이 넘어가지 않도록 잡아주기에 좋아요.
많은 서류를 한 번에 묶을 수도 있습니다.

캔버스 크기 2000×2000px

해상도 300DPI

준비 파일 c5_2b_sketch.png / c5_2b_final.png / c5_2b_colorguide.png / ENSEE Texture2.jpg

브러시 ENSEE Pen

색상 ●#ceb785 ●#b9b9b8 ●#a28b5f

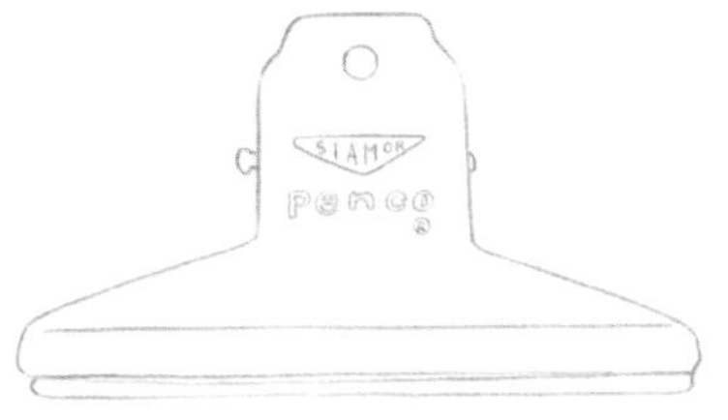

1 빈 **레이어** 1에 **스케치 파**일(c5_2b_sketch)을 불러와 혼합 모드를 **곱하기**로 변경하고 불투명도를 10~20%로 조절한 후, 텍스처 파일(ENSEE Texture2.jpg)을 불러와 크기를 조절하고 아래와 같이 설정해 주세요.

- ENSEE Texture2 : 선형 번 / 불투명도 75%

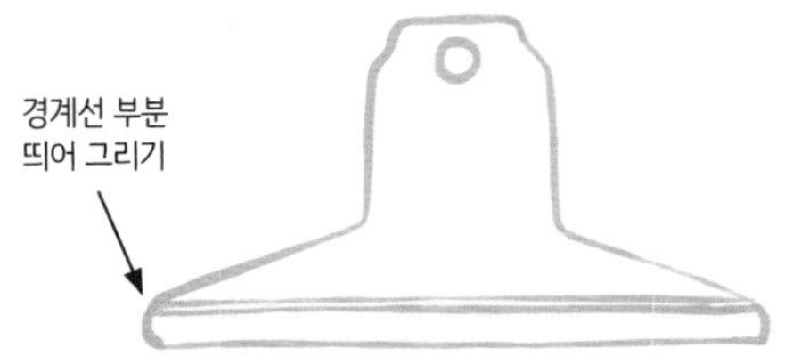

2 새로운 **레이어** 3을 추가하고 [ENSEE Pen] 브러시(불투명도 95%)로 스케치 선을 따라 클립 집게 외곽선을 그려주세요.

PLUS 경계선 부분을 띄어 그리면 선을 그리지 않아도 나뉘어 있는 형태를 표현할 수 있어요.

#ceb785

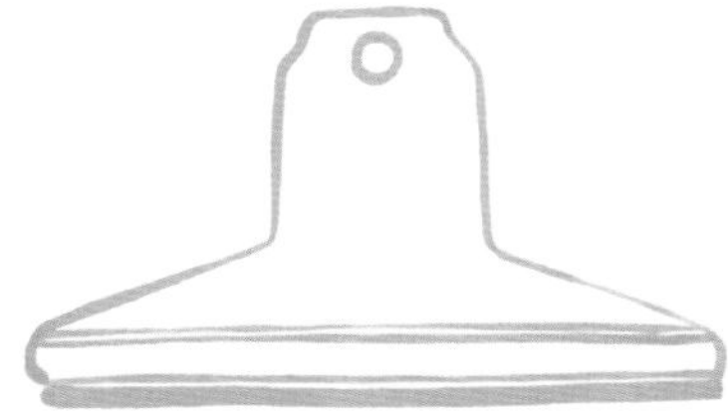

3 가장 아래 집게 부분은 필압을 조절하거나 브러시 크기를 크게 조절해 두꺼운 선으로 한 번에 그려주세요.

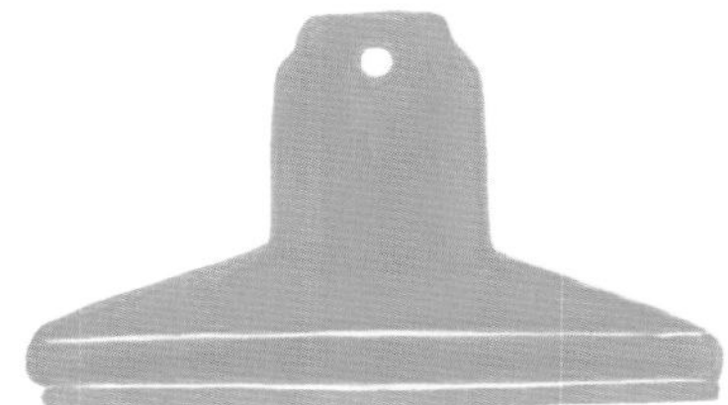

4 겹치는 질감을 자연스럽게 남기면서 클립 집게 외곽선 안쪽을 채색해 주세요.

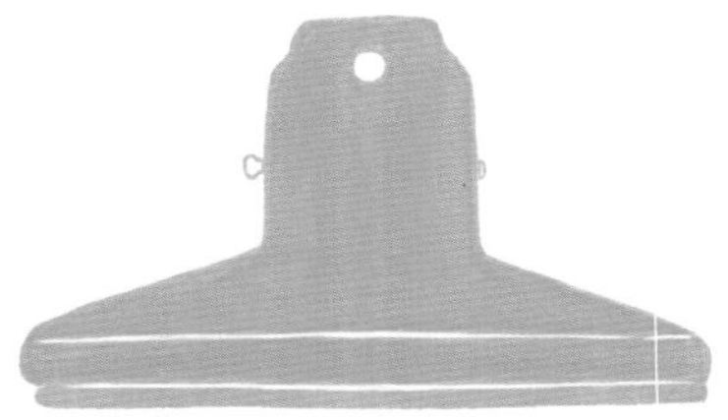

5 새로운 **레이어 4**를 추가하고 집게를 연결하는 금속 핀 외곽선을 그려주세요.

●#b9b9b8

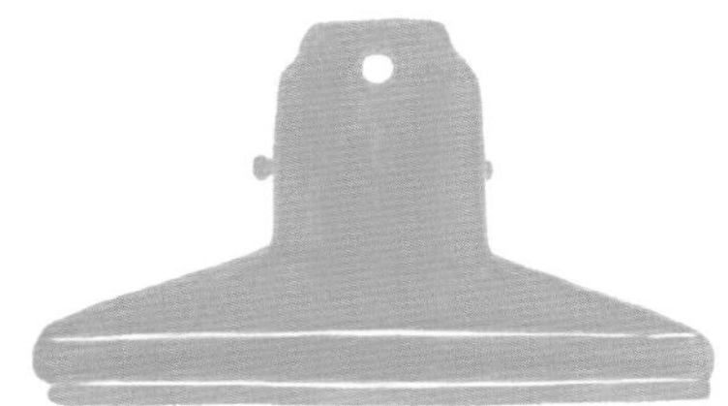

6 금속 핀은 작은 부분이니 브러시 크기를 줄이고 안쪽을 채색해 주세요.

7 새로운 **레이어 5**를 추가하고 스케치를 참고해 클립 집게 앞쪽의 삼각형 로고를 그린 후, 아래쪽에 나머지 로고를 그려 완성합니다.

●#a28b5f

❸ 지우개

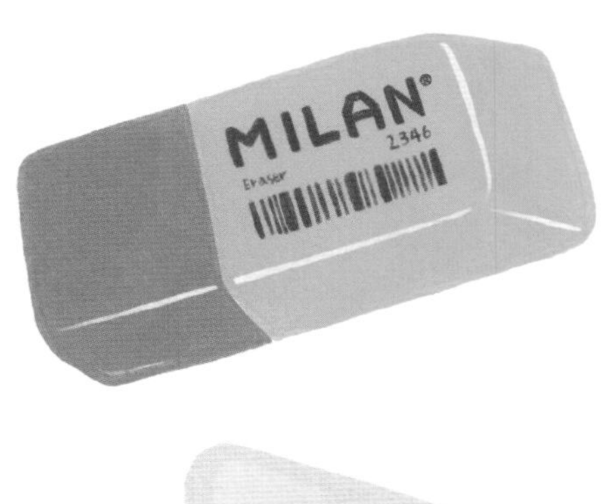

지우개 가루를 모아 찰흙처럼 반죽해서 작은 인형을 만드는 놀이가 유행하던 시절이 있었습니다.

필기도 그림도 아이패드를 주로 사용하는 요즘은 지우개를 잘 사용하지 않지만
독특한 디자인이나 예쁜 지우개를 발견하면 종종 사온답니다.

캔버스 크기 2000×2000px

해상도 300DPI

준비 파일 c5_2c_sketch.png / c5_2c_final.png / c5_2c_colorguide.png / ENSEE Texture2.jpg

브러시 ENSEE Pen

색상 ● #f9b0b0 ● #83a1b8 ● #6f6361 ● #efe4d5 ● #faf3e7 ● #777791

1 빈 **레이어** 1에 **스케치 파일**(c5_2c_sketch)을 불러와 혼합 모드를 **곱하기**로 변경하고 불투명도를 10~20%로 조절합니다. 텍스처 파일(ENSEE Texture2.jpg)을 불러와 크기를 조절하고 아래와 같이 설정해 주세요.

- ENSEE Texture2 : 선형 번, 불투명도 75%

2 새로운 **레이어** 3을 추가하고 **[ENSEE Pen]** 브러시(불투명도 95%)로 스케치 선을 따라 직사각형 지우개 오른쪽 외곽선을 그려주세요.

●#f9b0b0

3 겹치는 질감을 자연스럽게 남기면서 외곽선 안쪽을 채색해 주세요.

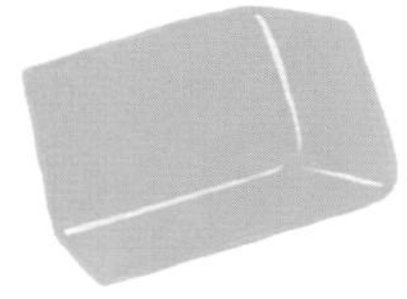

4 **[지우개] 툴 아이콘을 길게 터치해 '현재 브러시로 지우기'**라는 알림이 뜨면 **[지우개]** 툴을 사용해 스케치 선을 따라 지우개 모서리 선을 지워 각진 입체감을 표현합니다.

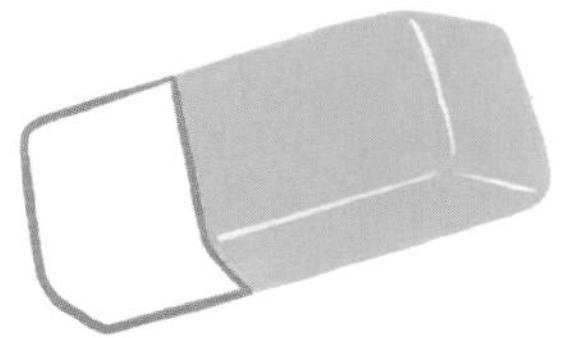

5 새로운 **레이어 4**를 추가하고 [ENSEE Pen] 브러시(불투명도 95%)로 스케치 선을 따라 직사각형 지우개 왼쪽 외곽선을 그려주세요.

●#83a1b8

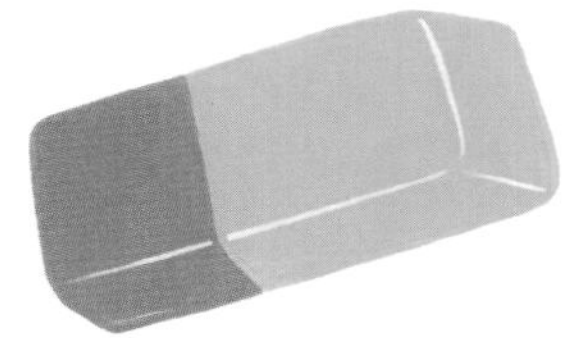

6 겹치는 질감을 자연스럽게 남기면서 외곽선 안쪽을 채색합니다. '4번'과 같은 방법으로 **[지우개] 툴**로 스케치 선을 따라 지우개 모서리 선을 지워서 각진 입체감을 표현합니다.

7 새로운 **레이어 5**를 추가하고 [ENSEE Pen] 브러시(불투명도 95%)로 스케치 내용을 참고해 지우개 회사 로고와 바코드 모양을 그려주세요.

●#6f6361

8 새로운 **레이어 6**을 추가하고 스케치 선을 따라 삼각형 지우개 외곽선을 그린 후, 겹치는 질감을 자연스럽게 남기면서 외곽선 안쪽을 채색해 주세요.

●#efe4d5

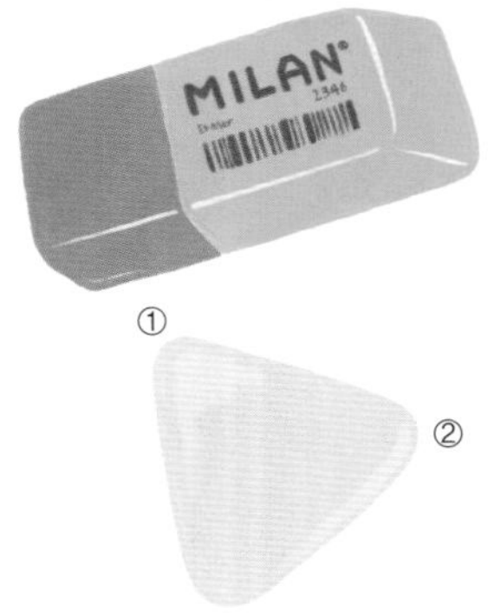

9 조금 더 명도가 높은 색으로 애플펜슬을 기울여 넓은 질감으로 밝은 부분(①, ②)을 채색해 삼각형 지우개의 납작하고 통통한 형태를 묘사해 주세요.

● #faf3e7

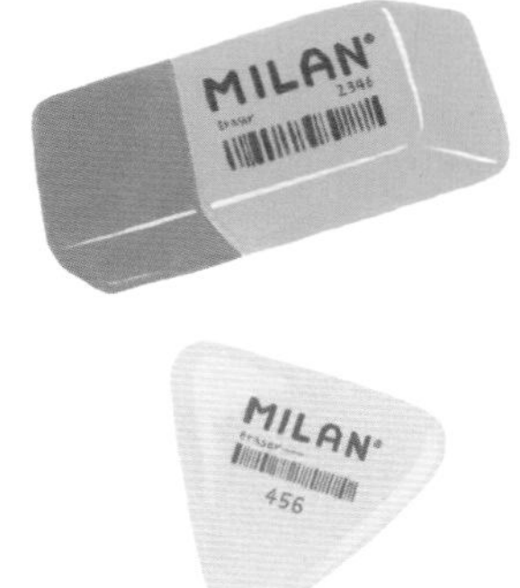

10 새로운 **레이어 7**을 추가하고 스케치 내용을 참고해 지우개 회사 로고와 바코드 모양을 그려 완성합니다.

● #777791

❹ 샤프

연필보다 세밀하게 쓰고 그릴 수 있는 샤프를 더 선호합니다.
그중에서도 연필을 깎아 놓은 듯한 디자인의 샤프는 연필의 아날로그 감성도 가지고 있어요.

캔버스 크기 2000×2000px

해상도 300DPI

준비 파일 c5_2d_sketch.png / c5_2d_final.png / c5_2d_colorguide.png / ENSEE Texture2.jpg

브러시 ENSEE Pen

색상 ●#6b8371 ●#ddcbb9 ●#aeaeae ●#d7d7d7 ●#dfc3be ●#f1ddd7 ●#e2e8e4

1 빈 **레이어** 1에 **스케치 파일**(c5_2d_sketch)을 불러와 혼합 모드를 **곱하기**로 변경하고 불투명도를 10~20%로 조절한 후, 텍스처 파일(ENSEE Texture2.jpg)을 불러와 크기를 조절하고 아래와 같이 설정해 주세요.

- ENSEE Texture2 : 선형 번, 불투명도 75%

2 새로운 **레이어 3**을 추가하고 **[ENSEE Pen]** 브러시(불투명도 95%)로 스케치 선을 따라 샤프 몸통의 외곽선을 그려주세요.

● #6b8371

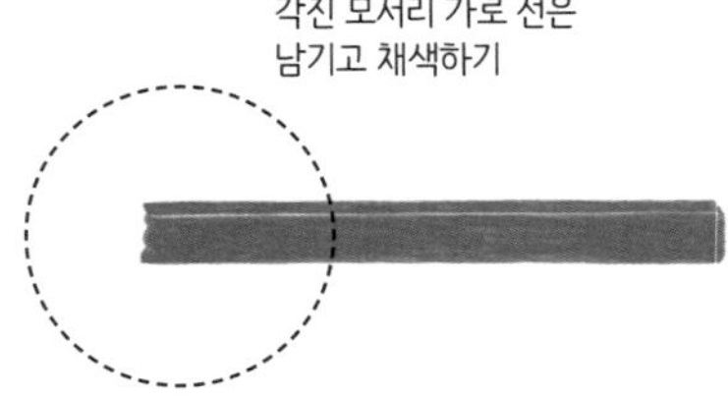

3 스케치 선을 참고해 연필 모양 샤프의 각진 모서리 부분을 제외한 나머지 부분을 겹치는 질감을 자연스럽게 남기면서 채색해 주세요.

4 새로운 **레이어 4**를 추가하고 샤프 앞쪽의 외곽선을 그린 후, 연필이 깎인 모양 선을 제외한 나머지 부분을 채색해 주세요.

PLUS 각 요소들은 조금씩 띄어 그리고 채색합니다.

● #ddcbb9

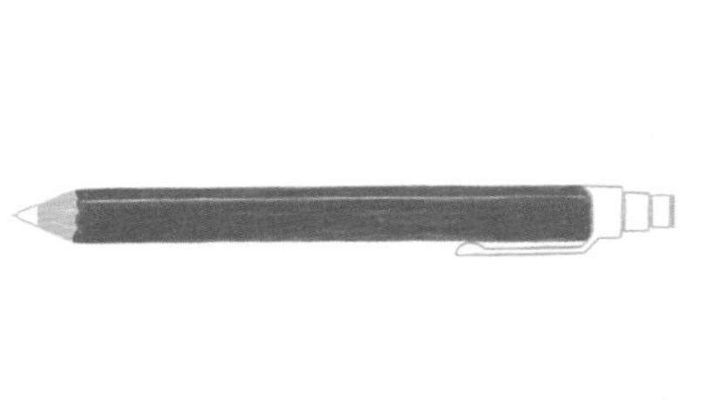

5 새로운 **레이어 5**를 추가하고 샤프 앞과 뒤 금속 부분의 외곽선을 그려주세요.

●#aeaeae

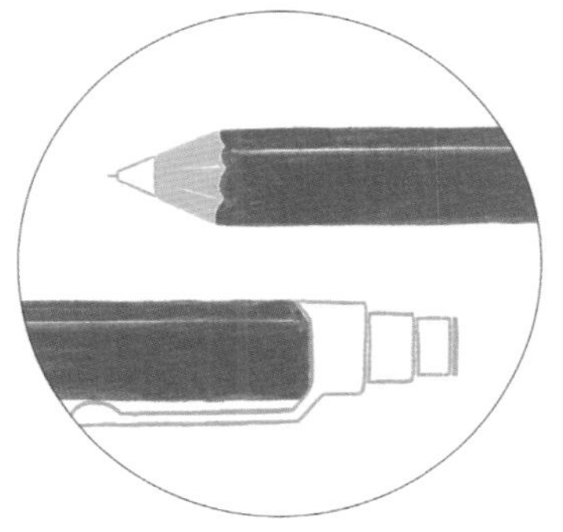

PLUS 경계선 부분을 띄어 그리면 선을 그리지 않아도 나뉘어 있는 형태를 표현할 수 있어요.

6 겹치는 질감을 자연스럽게 남기면서 금속 외곽선 안쪽을 채색한 후, 조금 더 명도가 높은 색으로 금속 중앙에 가로선을 그려서 반짝이는 빛을 표현합니다.

●#aeaeae ●#d7d7d7

7 새로운 **레이어 6**을 추가하고 샤프 끝에 있는 지우개 외곽선을 그려주세요.

●#dfc3be

8 지우개 외곽선 안쪽을 채색한 후, 조금 더 명도가 높은 색으로 '6번'과 같은 방법으로 반짝이는 빛을 표현합니다.

●#dfc3be ●#f1ddd7

9 새로운 **레이어 7**을 추가하고 스케치 내용을 참고해 샤프 몸통에 글씨와 로고를 쓰고 완성합니다.

●#e2e8e4

❺ 가위

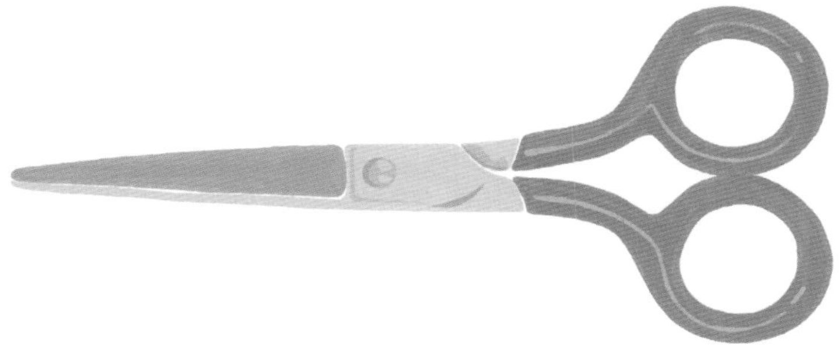

가위는 용도에 따라 모양과 크기가 참 다양합니다.
주변에서 흔히 볼 수 있는 형태의 문구용 가위를 함께 그려보아요.

캔버스 크기 2000×2000px

해상도 300DPI

준비 파일 c5_2e_sketch.png / c5_2e_final.png / c5_2e_colorguide.png / ENSEE Texture2.jpg

브러시 ENSEE Pen

색상 ●#d9d7d7 ●#adadad ●#cf6c68 ●#efa9a6

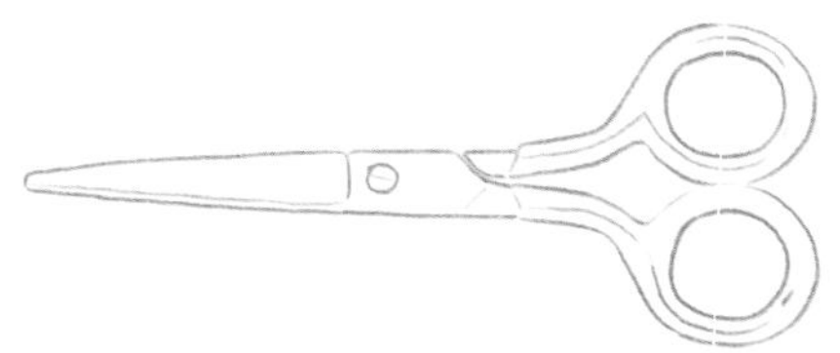

1 빈 **레이어** 1에 **스케치 파일**(c5_2e_sketch)을 불러와 혼합 모드를 **곱하기**로 변경하고 불투명도를 10~20%로 조절합니다. 텍스처 파일(ENSEE Texture2.jpg)을 불러와 크기를 조절하고 아래와 같이 설정해 주세요.

- ENSEE Texture2 : 선형 번, 불투명도 75%

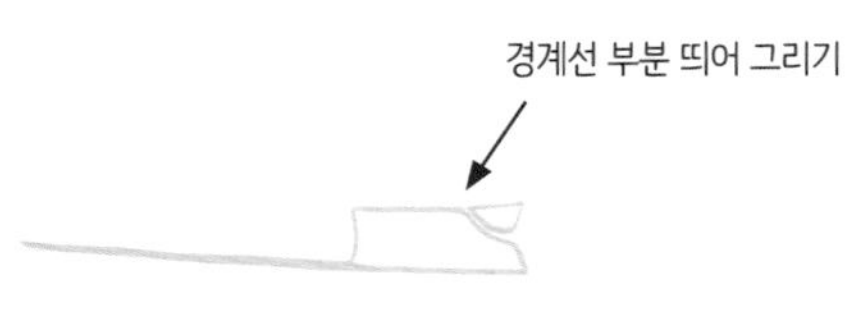

2 새로운 **레이어** 3을 추가하고 **[ENSEE Pen]** 브러시(불투명도 95%)로 스케치 선을 따라 가윗날 밝은 부분 외곽선을 그려주세요.

#d9d7d7

3 겹치는 질감을 자연스럽게 남기면서 안쪽을 채색한 후, 조금 더 명도가 낮은 색으로 가윗날의 어두운 부분 외곽선도 그려주세요.

#d9d7d7 #adadad

4 겹치는 질감을 자연스럽게 남기면서 안쪽을 채색해 주세요.

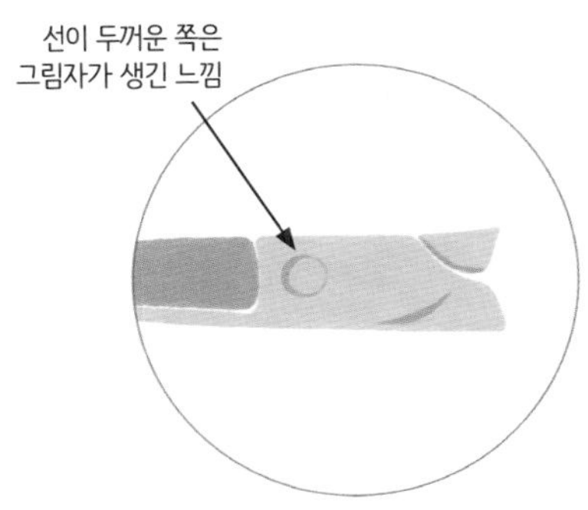

5 스케치 선을 따라 가위를 연결하는 동그란 나사 부분을 그린 후, 필압을 조절하며 선을 그려 가윗날의 입체감을 묘사합니다.

●#adadad

PLUS 필압과 기울기를 조절해 선의 두께, 질감을 다르게 그리는 것만으로도 입체감 표현이 가능합니다.

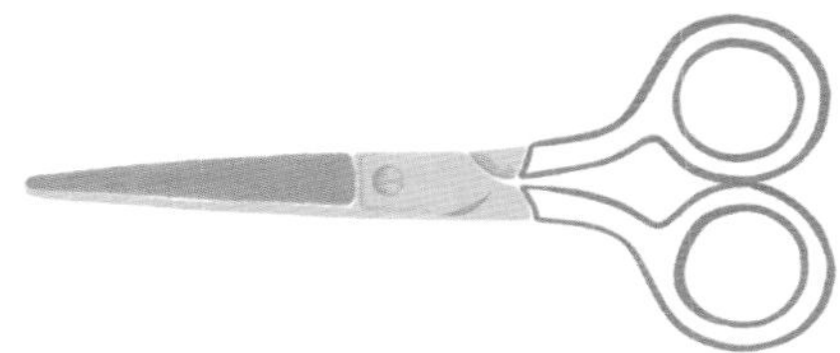

6 [ENSEE Pen] 브러시 **불투명도를 50%**로 조절한 후, 가위를 연결하는 나사의 왼쪽과 가운데 부분, 앞뒤 가윗날 하단을 채색해 입체감을 표현합니다.

●#adadad

7 새로운 **레이어 4**를 추가하고 [ENSEE Pen] 브러시(불투명도 95%)로 스케치 선을 따라 가위 손잡이 외곽선을 그려주세요.

●#cf6c68

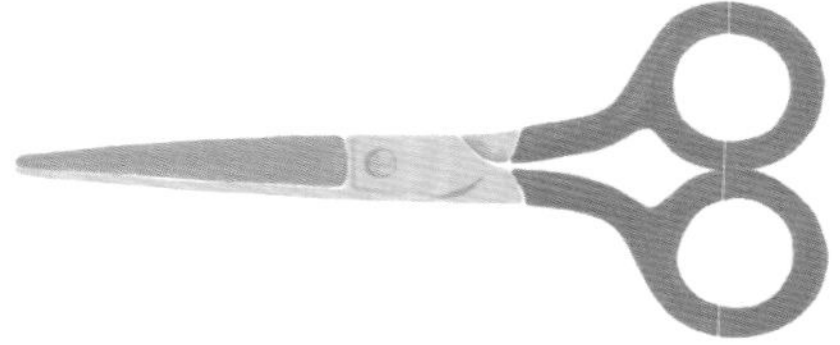

8 겹치는 질감을 자연스럽게 남기면서 안쪽을 채색해 주세요.

●#cf6c68

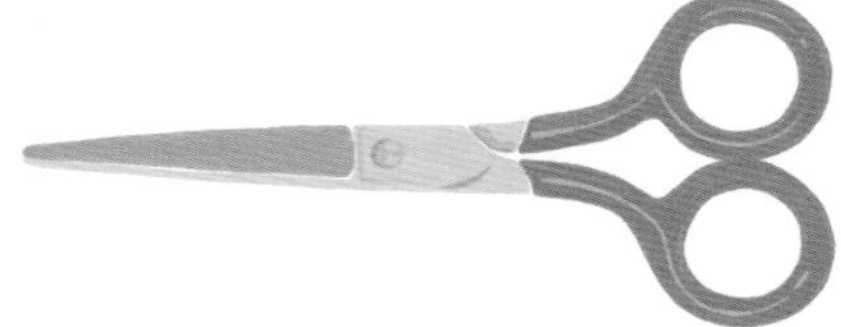

9 조금 더 명도가 높은 색으로 스케치 선을 따라 가위 손잡이 밝은 부분에 선을 그려 빛을 표현하고 완성합니다.

●#efa9a6

❻ 문구용 칼

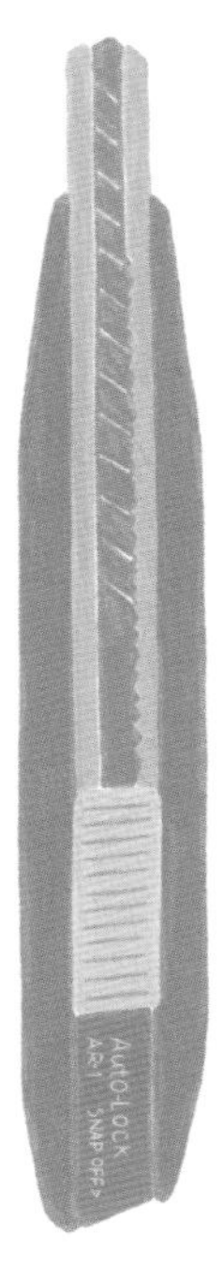

귀여운 디자인의 플라스틱 문구용 칼입니다.

칼심, 손잡이 등 다소 복잡한 형태로 보이지만 단계 별로 나눠 그리면 쉽게 그릴 수 있어요.

캔버스 크기 2000×2000px

해상도 300DPI

준비 파일 c5_2f_sketch.png / c5_2f_final.png / c5_2f_colorguide.png / ENSEE Texture2.jpg

브러시 ENSEE Pen

색상 ●#c0c0bf ●#9a9a98 ●#809cba ●#f4d093 ●#dcaf63 ●#d77d7a ●#f0dddc

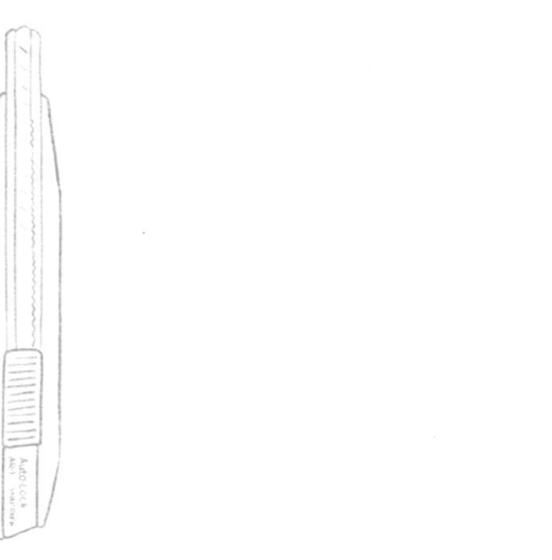

1 빈 **레이어** 1에 **스케치 파일**(c5_2f_sketch)을 불러와 혼합 모드를 **곱하기**로 변경하고 불투명도를 10~20%로 조절한 후, 텍스처 파일(ENSEE Texture2.jpg)을 불러와 크기를 조절하고 아래와 같이 설정해 주세요.

- ENSEE Texture2 : 선형 번, 불투명도 75%

2 새로운 **레이어** 3을 추가하고 **[ENSEE Pen]** 브러시(불투명도 95%)로 스케치 선을 따라 칼집 외곽선을 그려주세요. 오른쪽 칼날이 걸리는 부분은 지그재그 선으로 그립니다.

● #c0c0bf

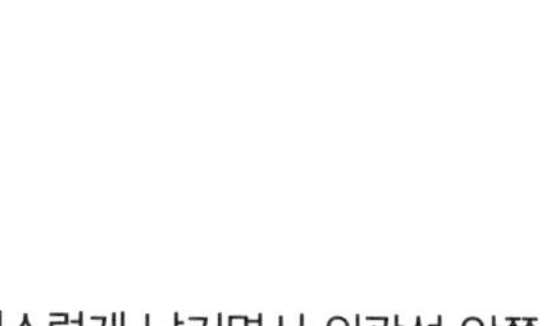

3 겹치는 질감을 자연스럽게 남기면서 외곽선 안쪽을 채색해 주세요.

4 조금 더 명도가 낮은 색으로 칼심을 그리고 칼심이 잘리는 선을 제외한 나머지 부분을 겹치는 질감을 자연스럽게 남기면서 채색해 주세요.

● #9a9a98

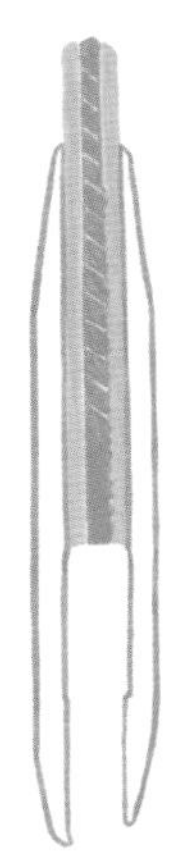

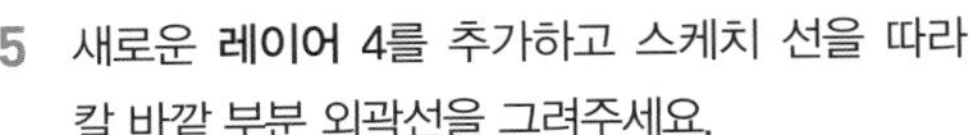

5 새로운 **레이어 4**를 추가하고 스케치 선을 따라 칼 바깥 부분 외곽선을 그려주세요.

●#809cba

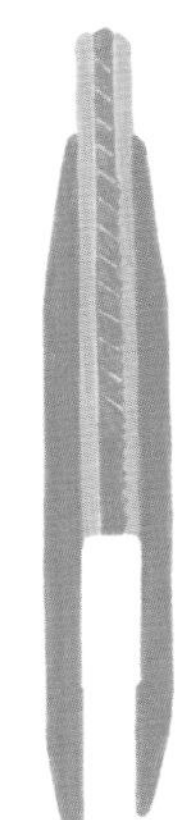

6 겹치는 질감을 자연스럽게 남기면서 안쪽을 채색해 주세요.

7 새로운 **레이어 5**를 추가하고 손잡이 외곽선을 그리고 안쪽을 채색합니다. 조금 더 명도가 낮은 색으로 손잡이 부분에 일정한 간격으로 가로선을 그려주세요.

●#f4d093 ●#dcaf63

8 새로운 **레이어 6**을 추가하고 칼 하단의 마개 외곽선을 그리고 안쪽을 채색합니다. 스케치 내용을 참고해 칼 하단 마개에 글씨를 쓰고 완성합니다.

●#d77d7a ●#f0dddc

❼ 컴포지션 노트

'컴포지션' 노트는 아이폰 이모지로 있을 만큼 미국에서는 흔히 볼 수 있는 대중적인 노트입니다.
검은색 마블 패턴으로, 심플하지만 감성적인 디자인의 노트예요.

캔버스 크기 2000×2000px

해상도 300DPI

준비 파일 c5_2g_sketch.png / c5_2g_final.png / c5_2g_colorguide.png / ENSEE Texture2.jpg / P_composition.png

브러시 ENSEE Pen

색상 ●#434240 ●#525250 #f4f4f6

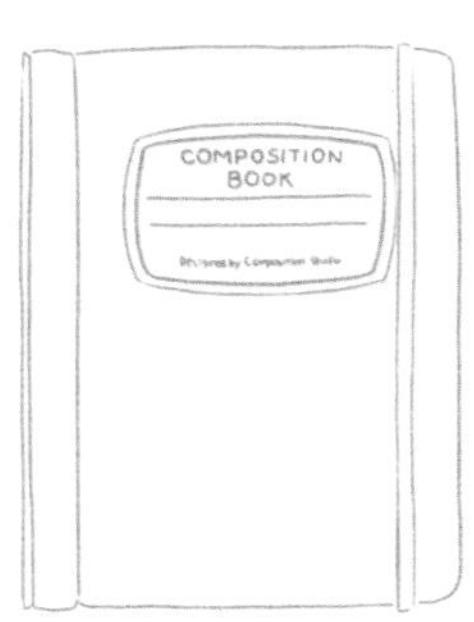

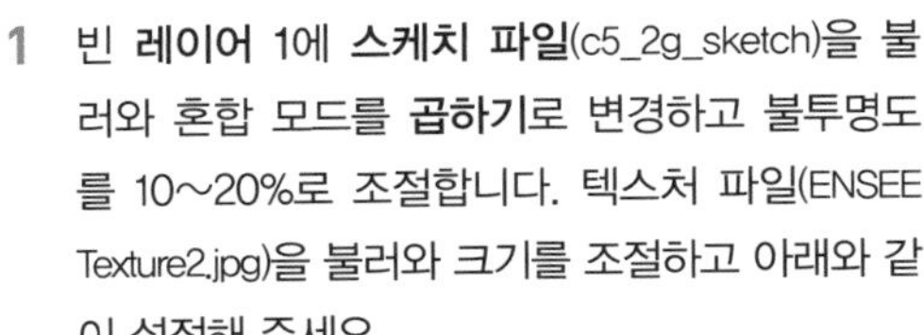

1 빈 **레이어** 1에 **스케치 파일**(c5_2g_sketch)을 불러와 혼합 모드를 **곱하기**로 변경하고 불투명도를 10~20%로 조절합니다. 텍스처 파일(ENSEE Texture2.jpg)을 불러와 크기를 조절하고 아래와 같이 설정해 주세요.

- ENSEE Texture2 : 선형 번, 불투명도 45%

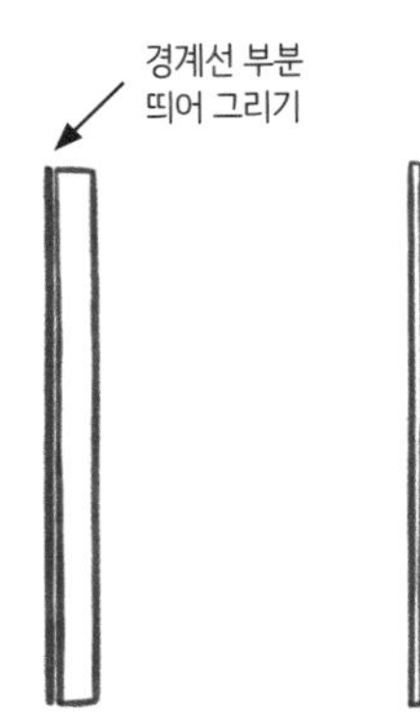

2 새로운 **레이어 3**을 추가하고 **[ENSEE Pen]** 브러시(불투명도 95%)로 스케치 선을 따라 책등과 책끈 외곽선을 그려주세요.

●#434240

3 겹치는 질감을 자연스럽게 남기면서 외곽선 안쪽을 채색해 주세요.

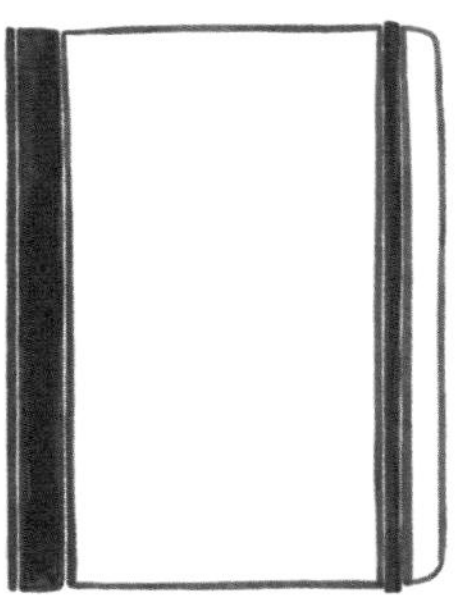

4 새로운 **레이어 4**를 추가하고 조금 더 명도가 높은 색으로 노트 외곽선을 그려주세요.
책등, 책 끈과 조금 간격을 두어 선을 그립니다.

●#525250

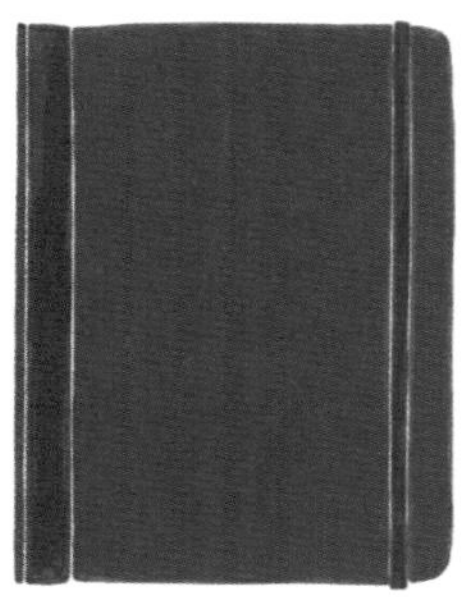

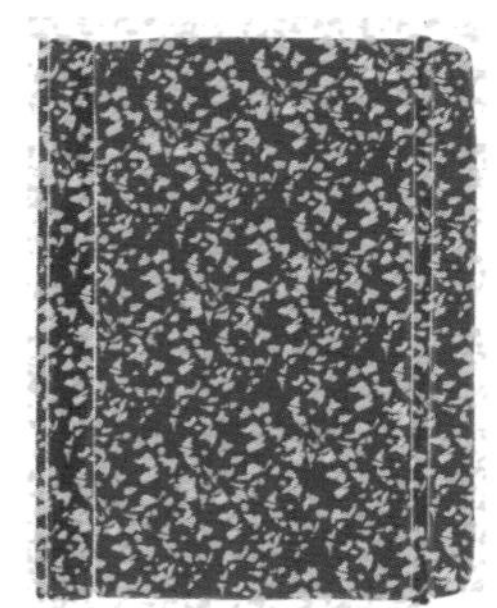

5 겹치는 질감을 자연스럽게 남기면서 안쪽을 채색해 주세요.

●#525250

6 **[동작 → 추가 → 사진 삽입하기]**에서 '사진' 앱에 저장해 두었던 컴포지션 패턴 이미지(P_composition.png)를 노트 **레이어 4** 위로 불러옵니다.

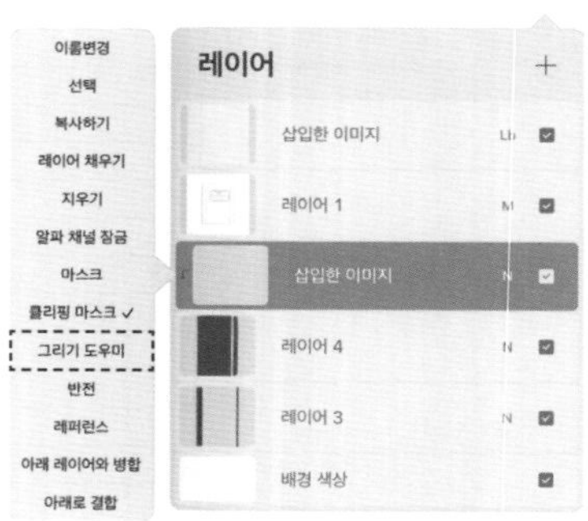

7 컴포지션 패턴 '레이어 옵션'에서 **[클리핑 마스크]**를 적용해 주세요.

(클리핑 마스크 51쪽)

8 **[클리핑 마스크]**를 사용하면 컴포지션 **패턴 레이어**가 노트 **레이어 4** 영역에만 나타납니다.

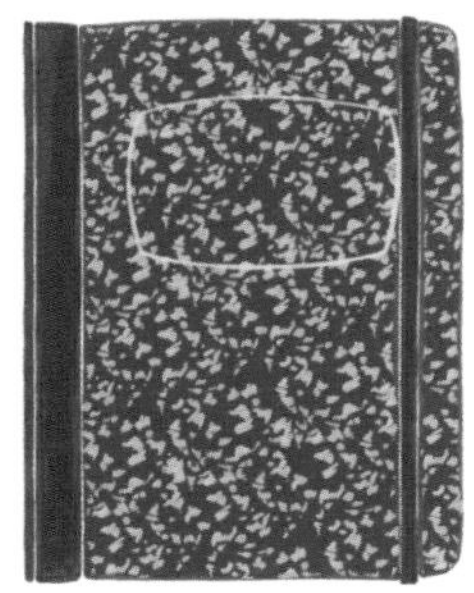

9 새로운 **레이어 6**을 추가하고 스케치 선을 따라 노트 라벨의 외곽선을 그려주세요.

#f4f4f6

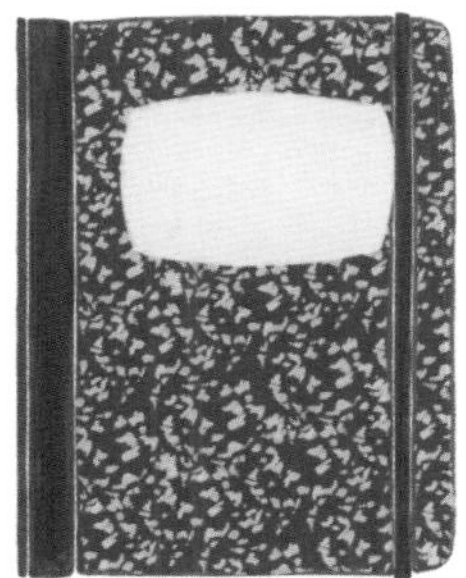

10 겹치는 질감을 자연스럽게 남기면서 외곽선 안쪽을 채색해 주세요.

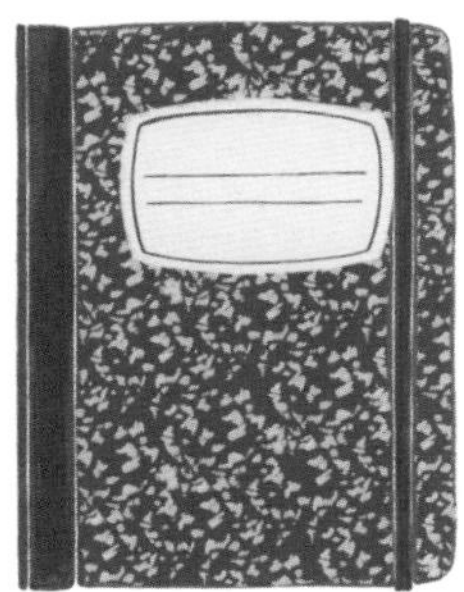

11 새로운 **레이어 7**을 추가하고 스케치 선을 따라 바깥 프레임과 안쪽에 가로선 2개를 그려주세요.

●#525250

12 스케치를 참고해 위아래 글씨를 쓰고 완성합니다.

상단: COMPOSITION BOOK

하단: Designed by Composition Studio

❽ 포스터 만들기

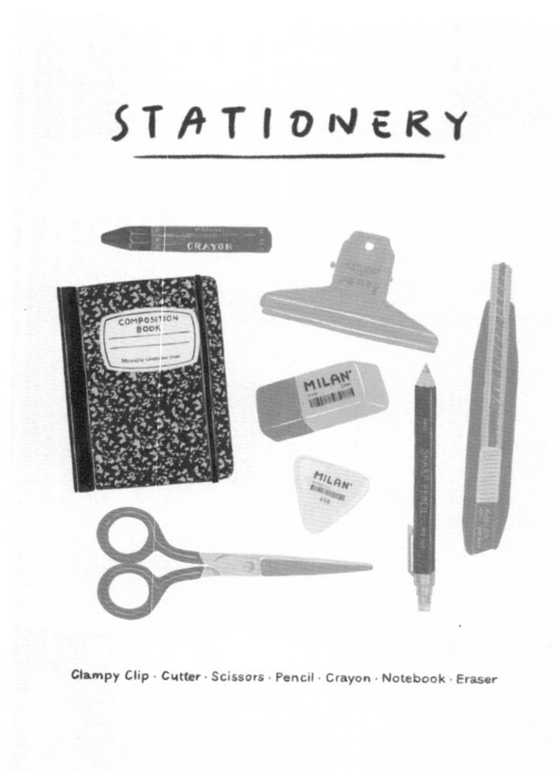

앞에서 그린 문구 일러스트를 활용해 멋진 포스터를 만들어 보아요.

캔버스 크기 299×422㎜ (A3 포스터 사이즈)

해상도 300DPI

준비 파일 c5_2_sketch / ENSEE Texture2.jpg

브러시 ENSEE Dry Ink

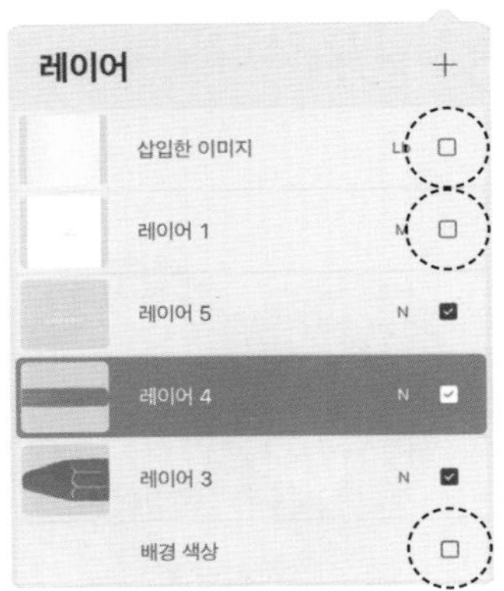

1 앞에서 그린 원본 파일들은 '배경 색상', '텍스처', '스케치' 레이어 체크 박스를 해제해 잠시 가린 후, **[동작 → 공유 → PNG]**에서 **'이미지 저장'**을 선택해 '사진' 앱에 각각 저장해 주세요.
(일러스트 소스 저장 226쪽)

PLUS 배경을 투명하게 저장해야 **'일러스트 소스'**로 사용할 수 있어요.

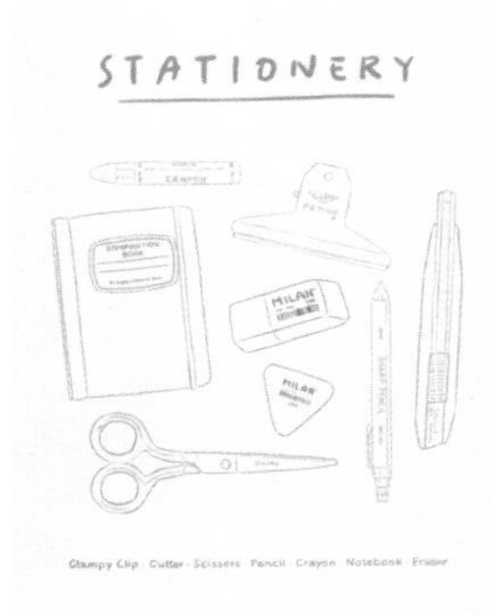

2 새로운 캔버스를 만들고 빈 **레이어** 1에 **스케치 파일**(c5_2_sketch)을 불러와 혼합 모드를 **곱하기**로 변경하고 불투명도를 10~20%로 조절합니다. 텍스처 파일(ENSEE Texture2.jpg)을 불러와 크기를 조절하고 아래와 같이 설정해 주세요.

• ENSEE Texture2 : 선형 번, 불투명도 45%

3 **[동작 → 추가 → 사진 삽입하기]**에서 1번에서 저장한 일러스트 소스를 차례로 불러온 후, 스케치 위치를 참고해 **[변형] 툴**로 위치와 크기를 설정해 주세요.

PLUS **[변형] 툴**은 **'균등'**으로 설정해야 원본 비율을 유지하며 크기를 변경할 수 있어요.

4 새로운 **레이어**를 추가하고 [ENSEE Dry Ink] 브러시(불투명도 100%)로 스케치 선을 따라 타이틀과 하단 내용을 쓰고 완성합니다.
●#555553

BREAD and DESSERT

SALTED BUTTER ROLL

PRETZEL

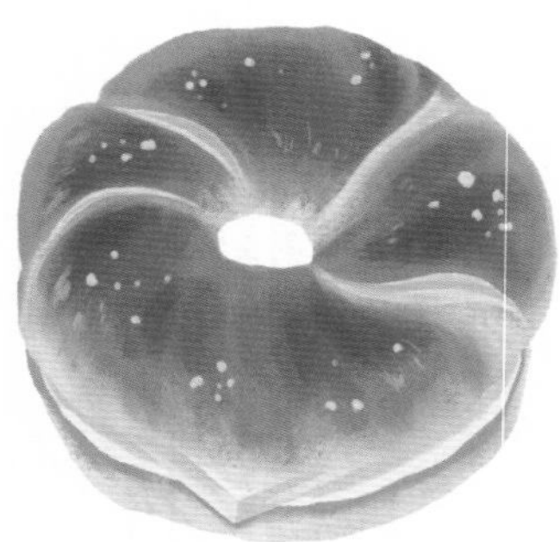
PRETZEL BAGEL

PUMPKIN PIE

CANNELE & MADELEINE

CARROT CUPCAKE

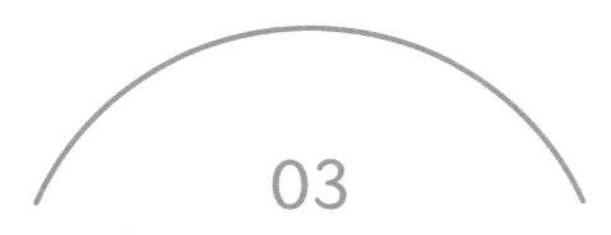

03

빵과 디저트, 빵지 순례

먹음직스럽게 쌓인 빵과 디저트 앞에서 정신을 차려 보니
트레이 가득 빵과 디저트가 담겨 있던 경험이 있으신가요?
그렇다면 여러분을 '빵순이'로 임명합니다.

부드러운 빵, 바삭한 구움 과자, 달콤한 케이크의 질감은
브러시로 어떻게 표현하는지 함께 그리며 알아보아요.

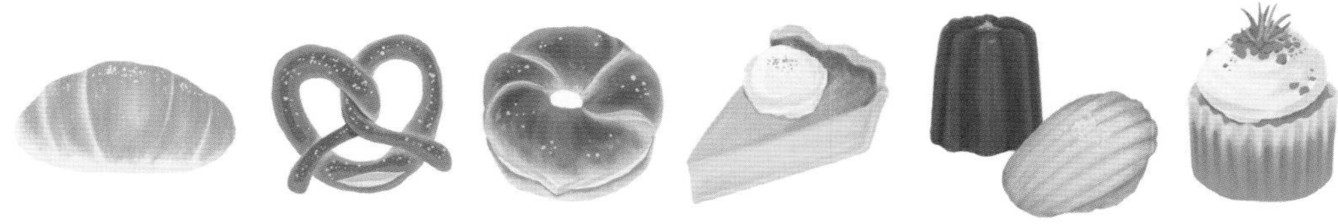

POINT 1

먹음직스러운 빵과 디저트의 질감을 알맞은 브러시를 사용해 효율적으로 묘사합니다.

POINT 2

애플펜슬의 기울기와 필압을 조절하며 세밀한 표현, 넓은 질감 표현 등을 연습합니다.

---

❶ 소금빵

소금빵은 동글동글한 생김새도 귀엽지만 버터 풍미가 가득한 맛이 일품이지요.
안에 버터 조각을 넣고 돌돌 말아 구워 버터가 녹으면서 생긴 구멍이 있는 게 특징이랍니다.
2가지 브러시를 사용해 '겉바속촉' 소금빵을 표현해 보아요.

캔버스 크기 2000×2000px

해상도 300DPI

준비 파일 c5_1a_sketch.png / c5_1a_final.png / c5_1a_colorguide.png / ENSEE Texture2.jpg

브러시 ENSEE Pen / ENSEE Gouache

색상 #f4e9d2 #faf4eb #cc986b #f6d7aa #f4f1ec

1 빈 **레이어** 1에 **스케치 파일**(c5_1a_sketch)을 불러와 혼합 모드를 **곱하기**로 변경하고 불투명도를 10~20%로 조절합니다. 텍스처 파일(ENSEE Texture2.jpg)을 불러와 크기를 조절하고 아래와 같이 설정해 주세요.

- ENSEE Texture2 : 선형 번, 불투명도 45%

2 새로운 **레이어** 3을 추가하고 [ENSEE Pen] 브러시(불투명도 98%)로 소금빵 외곽선을 그리고 채색해 주세요.

PLUS 필압을 강하게 그릴수록 빵의 외곽선이 거친 느낌으로 그려져요.

#f4e9d2

3 소금빵 **레이어** 3에 [**알파 채널 잠금**]을 적용한 후, [ENSEE Gouache] 브러시(불투명도 100%)를 사용해 필압으로 농도를 조절하면서 아래쪽에 빵의 결과 같은 방향으로 채색해 주세요.

#faf4eb

4 소금빵 **레이어** 3 위로 새로운 **레이어** 4를 추가하고 [**클리핑 마스크**]를 적용한 후, 스케치 선을 따라 빵의 결과 같은 방향으로 노릇노릇한 빵의 표면을 묘사합니다.

#cc986b

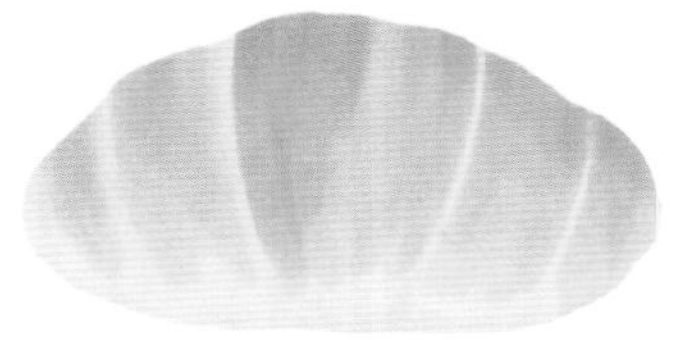

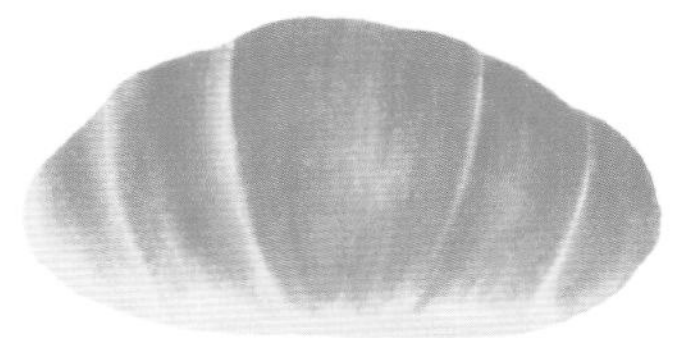

5 필압과 브러시 크기를 조절하면서 구아슈 브러시의 겹쳐 칠해지는 특징을 사용해 소금빵의 4분의 3지점까지만 질감을 쌓으며 채색해 주세요.

6 전체적으로 일정하게 색칠한다는 느낌이 아닌, 많이 익은 부분은 필압을 강하게, 덜 익은 부분은 필압을 약하게 조절하며 채색합니다.

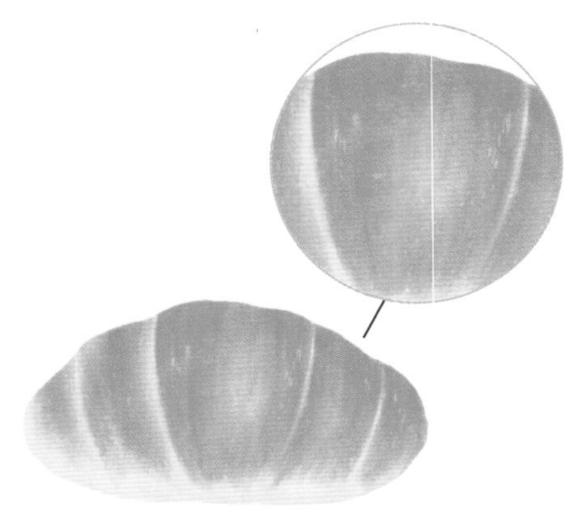

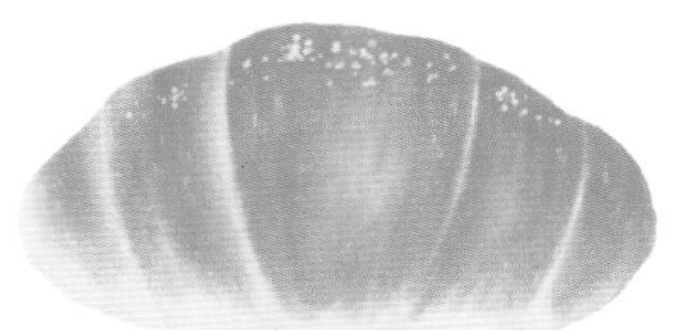

7 [ENSEE Pen] 브러시(불투명도 98%)로 애플펜슬을 기울여 넓은 질감으로 채색해 색감을 더한 후, 다시 애플펜슬을 세워서 부분 부분 짧은 선을 불규칙하게 그려서 빵 표면을 추가로 묘사해 주세요.

#f6d7aa

8 새로운 **레이어 5**를 추가하고 소금빵 상단에 브러시로 콕콕 점을 찍듯이 크기가 다른 소금 알갱이들을 그려 완성합니다.

#f4f1ec

맛있는 빵 그리기 Tip

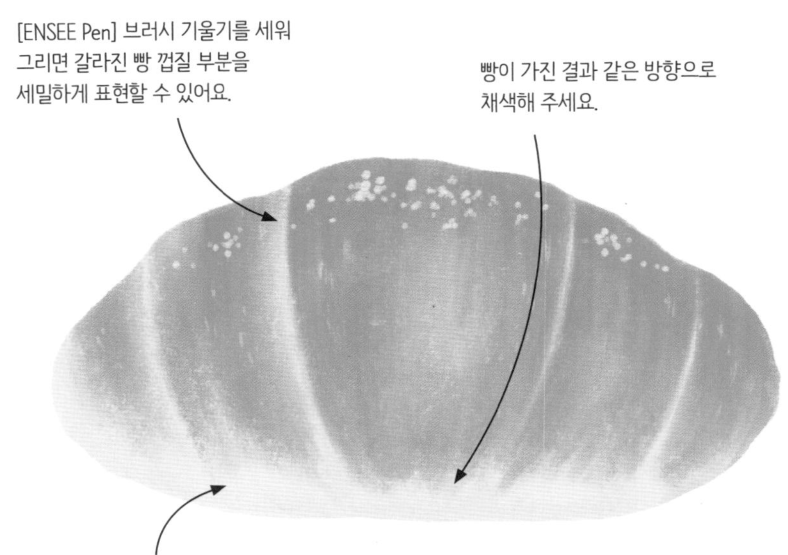

[ENSEE Gouache] 브러시의 필압을 약하게 조절하면 나타나는 거친 질감으로 부풀어 생기는 빵의 표면을 묘사합니다.

레이어 5 N

레이어 4 N

레이어 3 N

[클리핑 마스크]를 사용하면 바깥 부분을 제외한 빵 모양 부분에만 채색할 수 있어요.

❷ 프레첼

하트 모양 프레첼은 보기만 해도 사랑스러운데요.
조금은 복잡한 형태인 프레첼의 입체감을 표현하고
반짝반짝한 표면을 가진 빵은 어떻게 그리는지 알아보아요.

캔버스 크기 2000×2000px

해상도 300DPI

준비 파일 c5_1b_sketch.png / c5_1b_final.png / c5_1b_colorguide.png / ENSEE Texture2.jpg

브러시 ENSEE Pen / ENSEE Gouache

색상 ●#af7f59 ●#e4cfb1 ●#95643d ●#845835 ●#f3e7d1 ●#d3bc9f ●#e6e0d8

1 빈 **레이어** 1에 **스케치 파일**(c5_1b_sketch)을 불러와 혼합 모드를 **곱하기**로 변경하고 불투명도를 10~20%로 조절합니다. 텍스처 파일(ENSEE Texture2.jpg)을 불러와 크기를 조절하고 아래와 같이 설정해 주세요.

- ENSEE Texture2 : 선형 번, 불투명도 45%

2 새로운 **레이어** 3을 추가하고 [ENSEE Pen] 브러시(불투명도 98%)로 프레첼 외곽선을 그려주세요.

PLUS 필압을 강하게 그릴수록 빵의 외곽선이 거친 느낌으로 그려져요.

#af7f59

3 겹치는 질감을 자연스럽게 남기면서 안쪽을 채색해 주세요.

4 프레첼 **레이어** 3 위로 새로운 **레이어** 4를 추가하고 **[클리핑 마스크]**를 적용한 후, [ENSEE Gouache] 브러시(불투명도 100%)로 스케치 선을 따라 프레첼 외곽 부분과 꼬인 부분을 채색해 덜 구워진 부분을 표현합니다.

#e4cfb1

5 새로운 **레이어 5**를 추가하고 **[클리핑 마스크]**를 적용한 후, [ENSEE Pen] 브러시(불투명도 98%)의 필압을 조절하며 프레첼의 가장 볼록한 부분을 채색해 노릇노릇 구워진 색을 묘사해 주세요.

●#95643d

6 프레첼 가운데 꼬인 부분에 그림자를 그려 입체감을 표현합니다.

●#845835

7 새로운 **레이어 6**을 추가하고 프레첼 빵 하단에 가로로 긴 이파리 모양을 그린 후, 명도가 낮은 색으로 윗부분을 채색해 입술처럼 갈라진 모양을 묘사해 주세요.

●#f3e7d1 ●#d3bc9f

8 새로운 **레이어 7**을 추가하고 브러시로 콕콕 점을 찍듯이 크기가 다른 소금 알갱이들을 그려 완성합니다.

●#e6e0d8

❸ 프레첼 베이글

유명한 베이글 가게에서 먹었던 프레첼 베이글은
특별한 크림치즈 없이 버터 조각이 샌드되어 있었는데 정말 맛있었어요.
하트 모양 프레첼보다 조금 더 복잡한 형태의 베이글을 그리며 드로잉 실력을 업그레이드해 볼까요.

캔버스 크기 2000×2000px

해상도 300DPI

준비 파일 c5_1c_sketch.png / c5_1c_final.png / c5_1c_colorguide.png / ENSEE Texture2.jpg

브러시 ENSEE Pen / ENSEE Gouache

색상 ●#ba8459 ●#f1e2cb ●#d1bc9b ●#9f6138 ●#7e492a ●#d4b290
●#e6ded4 ●#c09874 ●#f7f0e1 ●#d5c2a7 ●#efe0bc ●#e5c896 ●#f9f2e0

1 빈 **레이어** 1에 **스케치 파일**(c5_1c_sketch)을 불러와 혼합 모드를 **곱하기**로 변경하고 불투명도를 10~20%로 조절합니다. 텍스처 파일(ENSEE Texture2.jpg)을 불러와 크기를 조절하고 아래와 같이 설정해 주세요.

- ENSEE Texture2 : 선형 번, 불투명도 45%

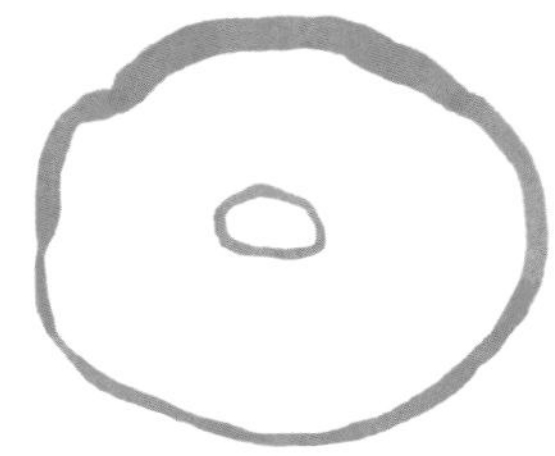

2 새로운 **레이어** 3을 추가하고 [ENSEE Pen] 브러시(불투명도 98%)로 상단 베이글 외곽선을 그리고 채색해 주세요.

#ba8459

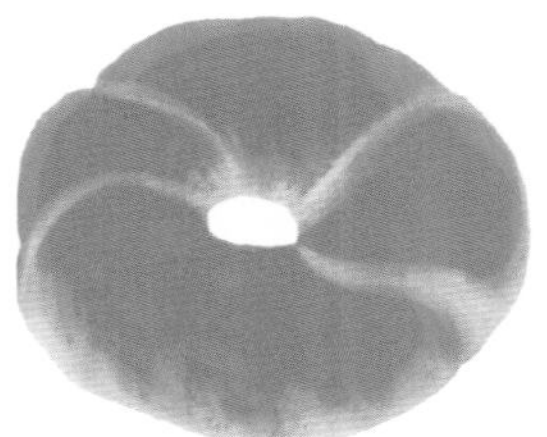

3 베이글 **레이어** 3 위로 새로운 **레이어** 4를 추가하고 **[클리핑 마스크]**를 적용한 후, [ENSEE Gouache] 브러시(불투명도 100%)로 스케치 선을 따라 베이글 외곽 부분과 꼬인 부분, 베이글 하단을 채색해 덜 구워진 부분을 표현합니다.

#f1e2cb

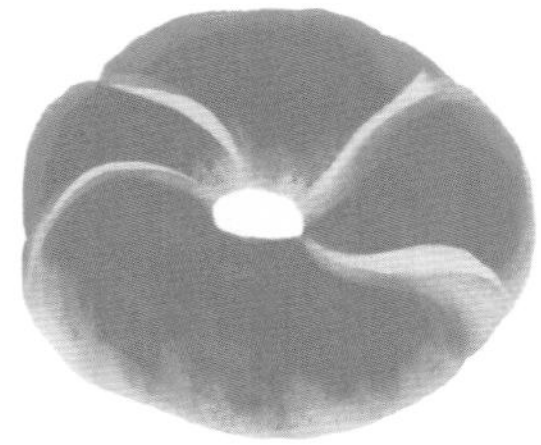

4 [ENSEE Pen] 브러시(불투명도 98%)로 베이글이 꼬인 부분의 갈라진 면을 더 또렷하게 그린 후, 명도가 낮은 색으로 채색해 갈라진 느낌을 묘사해 주세요.

#f1e2cb #d1bc9b

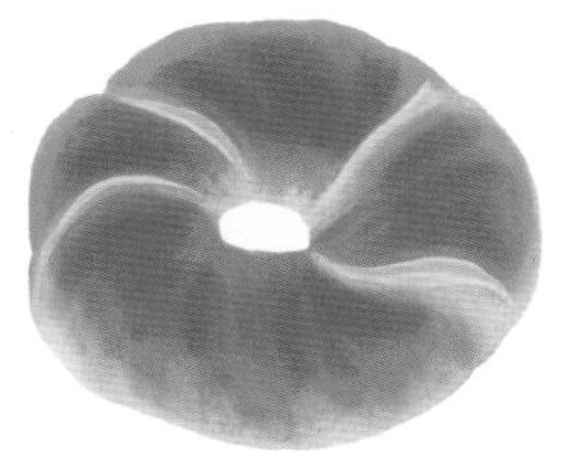

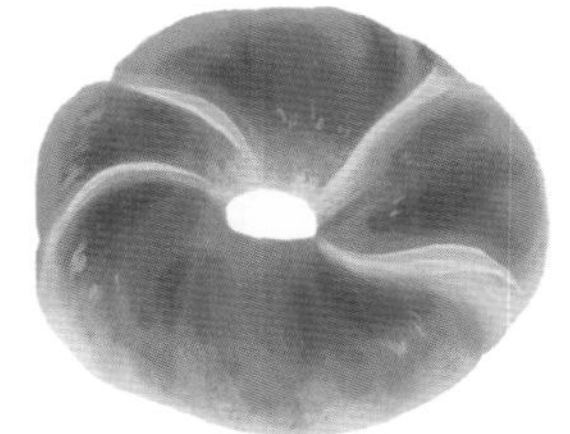

5 새로운 **레이어 5**를 추가하고 **[클리핑 마스크]**를 적용한 후, [ENSEE Gouache] 브러시(불투명도 100%)를 사용해 베이글이 꼬인 방향과 같은 방향으로 채색해 노릇노릇한 표면을 묘사해 주세요.

● #9f6138

6 조금 더 명도가 낮은 색으로 채색해 맛있어 보이는 베이글 질감을 표현한 후, 밝은 갈색으로 부분부분 짧은 선을 그려 디테일을 더해 표현해 주세요.

● #7e492a ● #d4b290

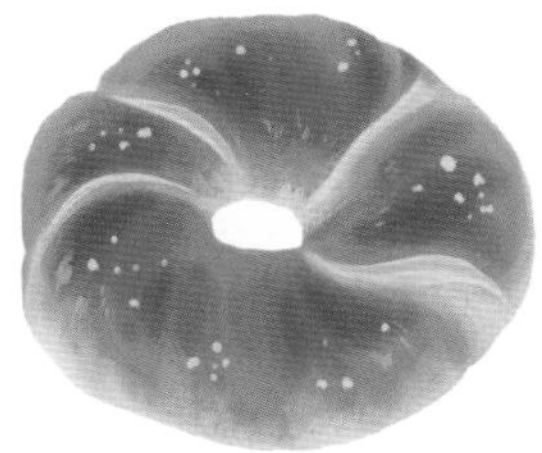

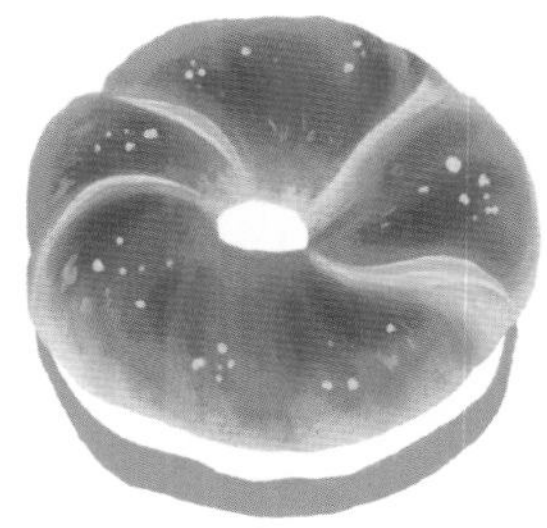

7 새로운 **레이어 6**을 추가하고 [ENSEE Pen] 브러시(불투명도 98%)로 콕콕 점을 찍듯이 크기가 다른 소금 알갱이들을 그려주세요.

● #e6ded4

8 상단 베이글 **레이어 3** 아래로 새로운 **레이어 7**을 추가하고 하단 베이글 반쪽을 그린 뒤 채색해 주세요.

● #c09874

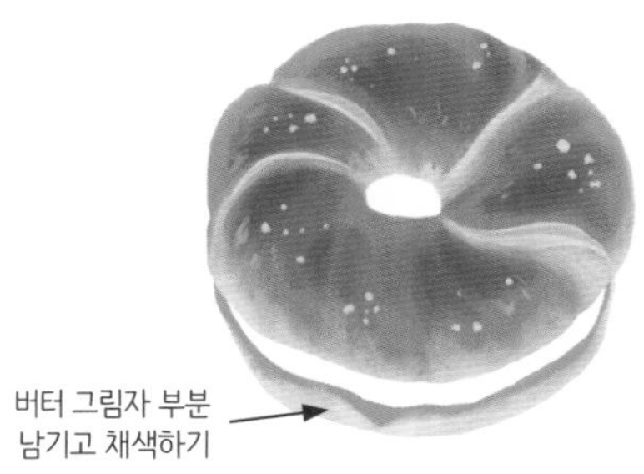

9 하단 베이글 **레이어 7**에 **[알파 채널 잠금]**을 적용하고 애플펜슬을 기울여 넓은 질감으로 채색해 덜 구워진 부분을 표현합니다.

PLUS 버터 그림자 모양을 남기며 채색하면 그림자를 따로 그리지 않아도 됩니다.

#f1e2cb

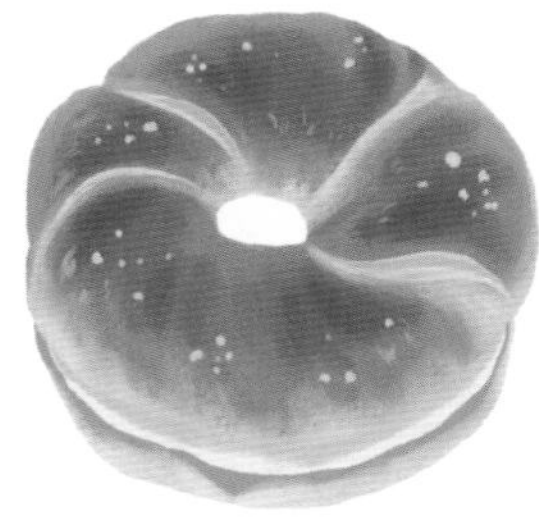

10 새로운 **레이어 8**을 추가하고 하단 베이글 단면을 채색한 후, 명도가 낮은 색으로 상단 베이글과 가까운 부분을 채색해 그림자를 표현해 주세요.

#f7f0e1 #d5c2a7

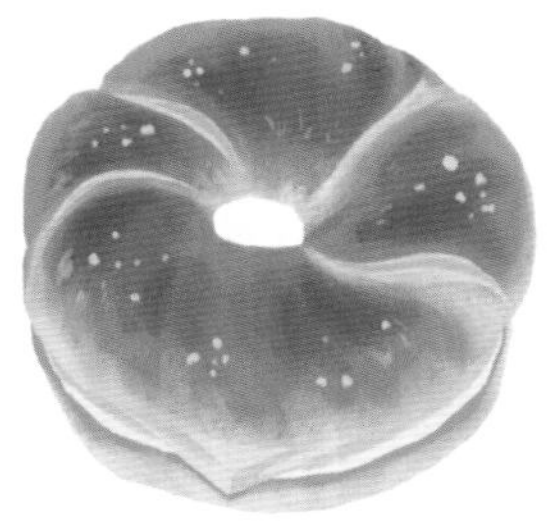

11 새로운 **레이어 9**를 추가하고 버터 조각을 그린 후, 조금 더 명도가 낮은 색으로 버터의 옆 단면에 선을 그리듯 채색해 입체감을 묘사해 주세요.

#efe0bc #e5c896

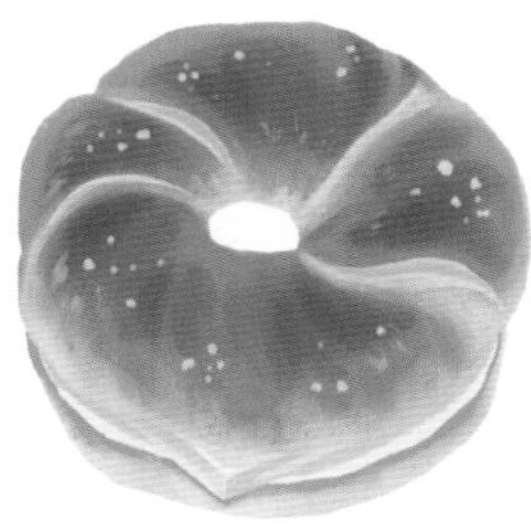

12 버터 윗부분과 왼쪽 옆면에 일부를 채색해 밝은 부분을 표현하고 완성합니다.

#f9f2e0

❹ 펌킨 파이

바삭한 파이지 안에 꾸덕한 호박 필링을 채워 구운 펌킨 파이예요.
먹음직스러운 펌킨 파이를 그리며 재료의 바삭함, 부드러움, 꾸덕함을 표현해 보아요.

캔버스 크기 2000×2000px

해상도 300DPI

준비 파일 c5_1d_sketch.png / c5_1d_final.png / c5_1d_colorguide.png / ENSEE Texture2.jpg

브러시 ENSEE Pen / ENSEE Gouache

색상 #edd4b1 #e2bc8a #f5dbb4 #e9c38a #e5b174 #905f3e #f4efe5 #e5e0d5 #faf8f5 #b99880

1 빈 **레이어 1**에 **스케치 파일**(c5_1d_sketch)을 불러와 혼합 모드를 **곱하기**로 변경하고 불투명도를 10~20%로 조절합니다. 텍스처 파일(ENSEE Texture2.jpg)을 불러와 크기를 조절하고 아래와 같이 설정해 주세요.

- ENSEE Texture2 : 선형 번, 불투명도 45%

2 새로운 **레이어 3**을 추가해 [ENSEE Pen] 브러시(불투명도 98%)로 파이지를 그리고 **[알파 채널 잠금]**을 적용합니다. 명도가 낮은 색으로 물결 모양을 그린 후 노릇노릇 구워진 파이지를 묘사해 주세요.

#edd4b1 #e2bc8a

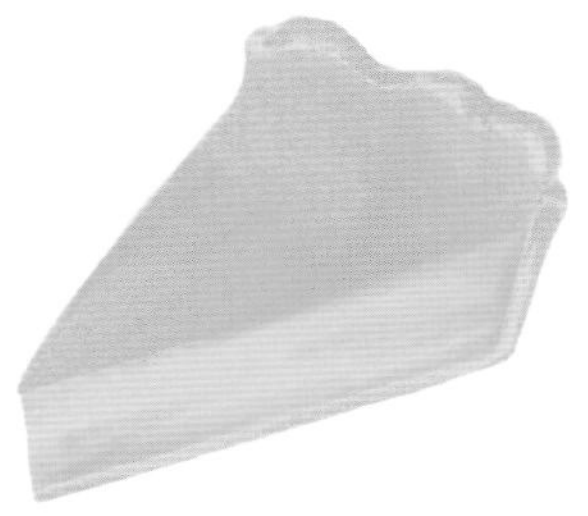

3 새로운 **레이어 4**를 추가해 스케치 선을 따라 펌킨 파이의 단면을 그리고 채색한 후, 조금 더 진한 색으로 펌킨 파이의 윗부분을 그리고 채색합니다.

#f5dbb4 #e9c38a

4 펌킨 파이 **레이어 4**에 **[알파 채널 잠금]**을 적용한 후, [ENSEE Gouache] 브러시(불투명도 100%)로 채색해 꾸덕꾸덕한 호박 필링을 묘사해 주세요.

#e5b174

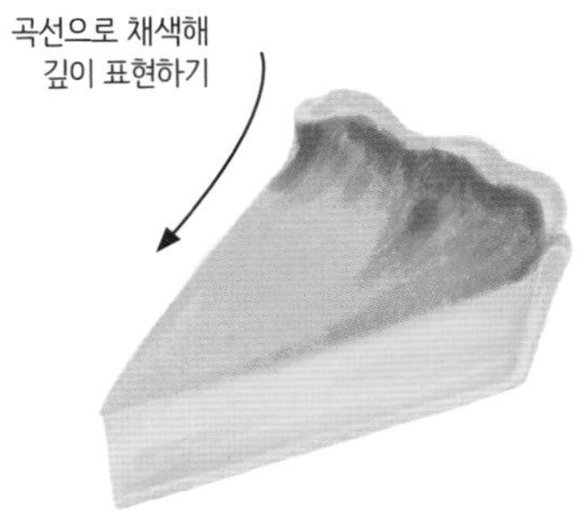

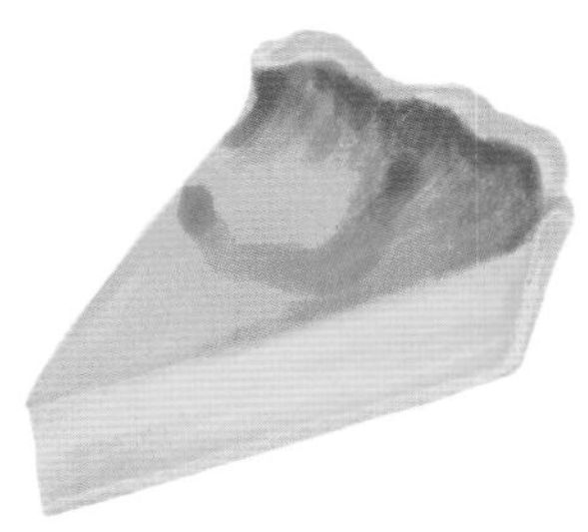

5 파이지 끝부분에 애플펜슬의 필압을 조절하면서 질감이 나타나도록 채색해 먹음직스럽게 그을린 느낌을 표현해 주세요.

●#905f3e

6 스케치 선을 참고해 크림치즈 덩어리 아랫부분에 그림자를 미리 그려주세요.

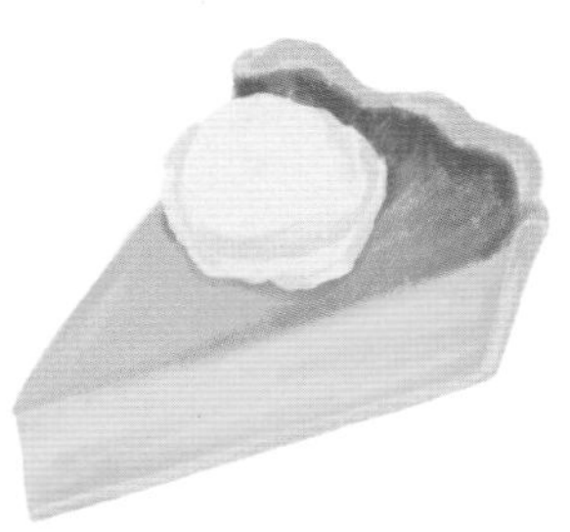

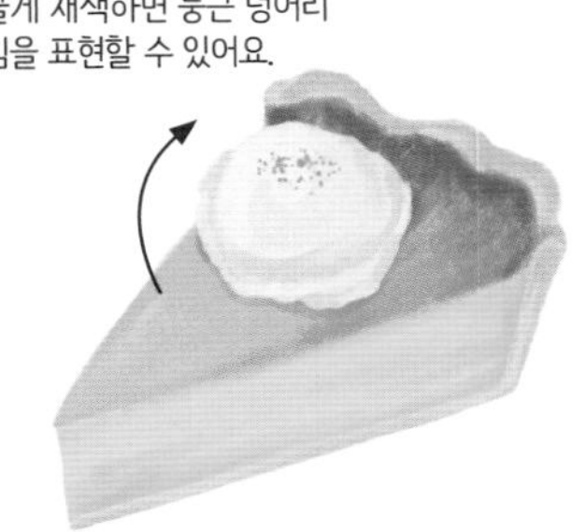

7 새로운 **레이어 5**를 추가하고 **[ENSEE Pen]** 브러시(불투명도 98%)로 스쿱으로 떠올린 모양의 크림치즈 덩어리를 그리고 채색한 후, 조금 더 명도가 낮은 색으로 크림치즈 하단에 스쿱 자국이 남아 생긴 그림자를 그려주세요.

#f4efe5 ●#e5e0d5

8 크림치즈 왼쪽 상단을 둥글게 채색해 밝은 부분을 표현한 후, 갈색으로 중앙에 콕콕 점을 찍듯이 시나몬 파우더를 그려 완성합니다.

#faf8f5 ●#b99880

❺ 까눌레와 마들렌

커피나 차와 잘 어울리는 '겉바속촉' 구움 과자, 까눌레와 마들렌.
두 디저트 모두 주름을 가진 모양이 특징인데요.
주름이 있는 형태의 디저트를 그리며 복잡한 입체감을 묘사해 보아요.

캔버스 크기 2000×2000px

해상도 300DPI

준비 파일 c5_1e_sketch.png / c5_1e_final.png / c5_1e_colorguide.png / ENSEE Texture2.jpg

브러시 ENSEE Pen / ENSEE Gouache

색상 ●#7c5b46 ●#5e4132 ●#50392e ●#b19881 ●#976b48 ●#798353 ●#69723d ●#bca661 ●#e2cb83 ●#e9c89d ●#d1a66f ●#9f6d48 ●#f2deb7 ●#fbe8a3 ●#eed993

1 빈 **레이어** 1에 **스케치 파일**(c5_1e_sketch)을 불러와 혼합 모드를 **곱하기**로 변경하고 불투명도를 10~20%로 조절합니다. 텍스처 파일(ENSEE Texture2.jpg)을 불러와 크기를 조절하고 아래와 같이 설정해 주세요.

- ENSEE Texture2 : 선형 번, 불투명도 45%

2 새로운 **레이어** 3을 추가하고 [ENSEE Pen] 브러시(불투명도 98%)로 까눌레 외곽선을 그린 후, 겹치는 질감을 자연스럽게 남기면서 안쪽을 채색해 주세요.

●#7c5b46

3 까눌레 **레이어** 3 위로 새로운 **레이어 4**를 추가하고 **[클리핑 마스크]**를 적용한 후, [ENSEE Gouache] 브러시(불투명도 100%)로 스케치 선을 따라 까눌레 주름의 오목한 부분을 채색해 주세요.

●#5e4132

4 [ENSEE Pen] 브러시(불투명도 98%)로 조금 더 어두운 부분을 채색해 입체감을 더합니다.

PLUS 애플펜슬 기울기를 조절하며 넓은 질감으로 채색하다가 가장 어두운 부분은 선을 그리듯 채색합니다.

●#50392e

5 까눌레 상단에 부분 부분 짧은 선을 그리듯 채색해 단단한 까눌레 표면의 반짝이는 느낌을 묘사해 주세요.

#b19881

6 애플펜슬을 살짝 기울여 까눌레 주름의 가장 볼록한 부분에 세로로 긴 선들을 그려 주황 색감을 살짝 더해주세요.

#976b48

7 새로운 **레이어 5**를 추가하고 2가지 초록색을 사용해 까눌레 상단의 오목한 부분에 채워진 녹차 필링을 그려주세요.

#798353 #69723d

8 녹차 필링 위로 2가지 색을 사용해 금 장식을 그려 완성합니다.

#bca661 #e2cb83

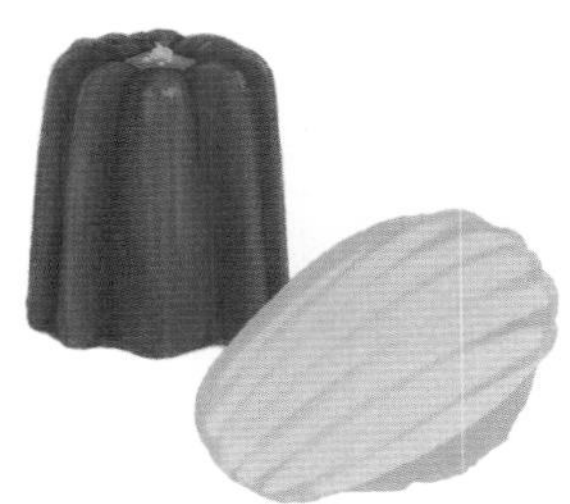

9 새로운 **레이어 6**을 추가해 마들렌 외곽선을 그린 후, 겹치는 질감을 자연스럽게 남기면서 안쪽을 채색해 주세요.

● #e9c89d

10 마들렌 **레이어 6** 위로 새로운 **레이어 7**을 추가해 **[클리핑 마스크]**를 적용한 후, 브러시 필압과 기울기를 조절하면서 스케치 선을 따라 마들렌의 주름 모양을 그려주세요. 마들렌 하단과 외곽을 채색해 노릇노릇 구워진 느낌을 묘사합니다.

● #d1a66f

11 애플펜슬을 기울여 마들렌 외곽과 가까운 부분을 넓은 질감으로 채색해 통통한 입체감을 표현해 주세요.

12 조금 더 명도가 낮은 색으로 마들렌 외곽 부분과 깊은 주름 부분을 채색해 맛있는 구움과자 색감을 더해주세요.

● #9f6d48

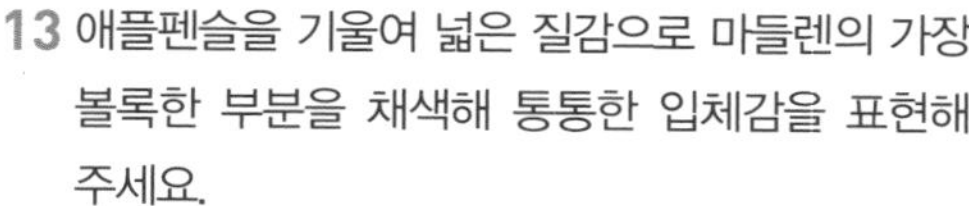

13 애플펜슬을 기울여 넓은 질감으로 마들렌의 가장 볼록한 부분을 채색해 통통한 입체감을 표현해 주세요.

#f2deb7

14 새로운 **레이어 8**을 추가하고 2가지 색을 사용해 마들렌 위에 올라 간 레몬 필을 그려 완성합니다.

#fbe8a3 #eed993

❻ 당근 컵케이크

예쁜 컵케이크들은 보기만 해도 배가 부르죠.
당근 컵케이크를 그리며 컵케이크를 감싸고 있는 주름 종이 틀, 듬뿍 올라간 크림치즈,
바삭한 크럼블 가루 등의 특징을 효율적으로 표현하는 방법을 알아보아요.

캔버스 크기 2000×2000px

해상도 300DPI

준비 파일 c5_1f_sketch.png / c5_1f_final.png / c5_1f_colorguide.png / ENSEE Texture2.jpg

브러시 ENSEE Pen / ENSEE Gouache / ENSEE Dry Ink

색상 ●#b68966 ●#9b6b42 ●#e5e0dc ●#c9bfb6 ●#b68966 ●#9b6b42 ●#f2efe8 ●#dcd4c3 #fbf8f1 ●#b3875f ●#916743 ●#7c8469 ●#acb594

1 빈 **레이어 1**에 **스케치 파일**(c5_1f_sketch)을 불러와 혼합 모드를 **곱하기**로 변경하고 불투명도를 10~20%로 조절합니다. 텍스처 파일(ENSEE Texture2.jpg)을 불러와 크기를 조절하고 아래와 같이 설정해 주세요.

- ENSEE Texture2 : 선형 번, 불투명도 45%

2 새로운 **레이어 3**을 추가하고 **[ENSEE Pen]** 브러시(불투명도 98%)로 컵케이크 외곽선을 그려주세요.

●#b68966

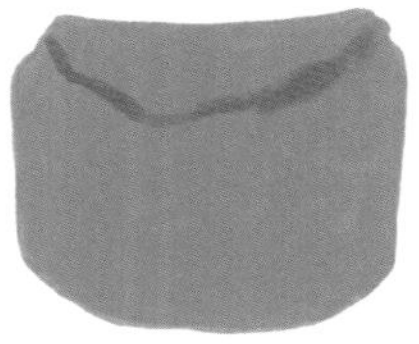

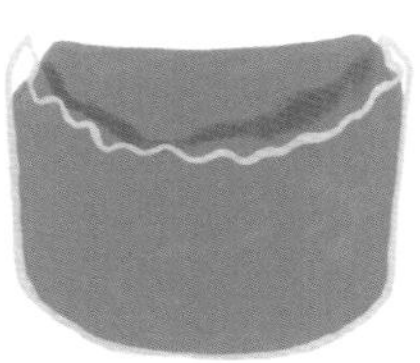

3 겹치는 질감을 자연스럽게 남기면서 안쪽을 채색한 후, 스케치 선을 참고해 크림치즈 덩어리 그림자를 미리 그려주세요.

●#b68966 ●#9b6b42

4 새로운 **레이어 4**를 추가하고 컵케이크 종이 틀의 외곽선을 그리고 채색해 주세요.

●#e5e0dc

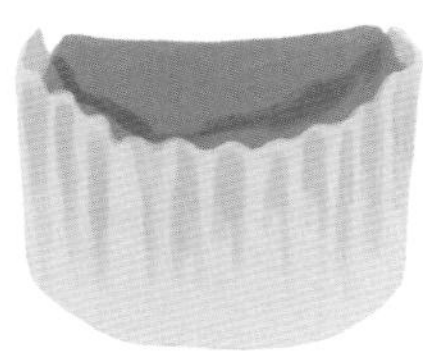

5 종이 틀 **레이어 4**에 **[알파 채널 잠금]**을 적용한 후, 스케치 선을 따라 애플펜슬 기울기와 필압을 조절하며 종이 틀의 주름을 그려주세요.

#c9bfb6

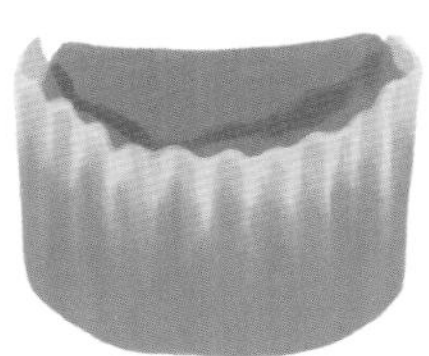

6 종이 틀 **레이어 4** 위로 새로운 **레이어 5**를 추가하고 **[클리핑 마스크]**를 적용한 후, [ENSEE Gouache] 브러시(불투명도 100%) 필압으로 농도를 조절하면서 아래쪽을 세로로 채색해 컵케이크가 비치는 느낌을 묘사해 주세요.

#b68966

7 조금 더 명도가 낮은 색으로 케이크가 비치는 부분에도 주름을 추가로 그려주세요.

#9b6b42

8 새로운 **레이어 6**을 추가하고 [ENSEE Pen] 브러시(불투명도 98%)로 컵케이크 위에 올라간 크림치즈 덩어리 외곽선을 그리고 채색해 주세요.

#f2efe8

9 크림치즈 **레이어 6**에 **[알파 채널 잠금]**을 적용한 후, 애플펜슬을 기울여 넓은 질감으로 오른쪽에서 왼쪽으로 곡선을 그리듯 채색해 짤 주머니로 올린 크림치즈의 그림자를 그려주세요.

#dcd4c3

10 '9번'처럼 왼쪽에서 오른쪽으로 곡선을 그리듯 채색해 밝은 부분의 입체감을 더해주세요.

#fbf8f1

11 새로운 **레이어 7**을 추가하고 [ENSEE Dry Ink] 브러시(불투명도 100%)로 2가지 색을 사용해 크림치즈 위에 뿌려진 크럼블 가루를 그려주세요.

#b3875f #916743

12 새로운 **레이어 8**을 추가하고 2가지 색을 사용해 크럼블 위에 로즈메리 잎을 그려 넣어 마치 밭에 심어진 당근처럼 묘사하고 완성합니다.

#7c8469 #acb594

❼ 포스터 만들기

BREAD and DESSERT

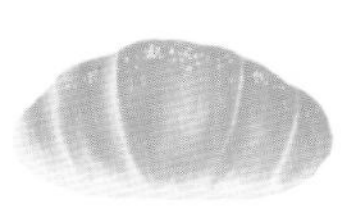

SALTED BUTTER ROLL

PRETZEL

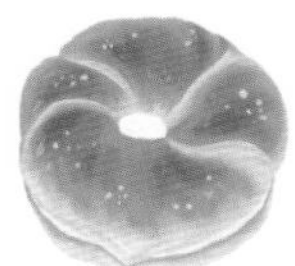

PRETZEL BAGEL

PUMPKIN PIE

CANNELE & MADELEINE

CARROT CUPCAKE

앞에서 그린 빵과 디저트 일러스트를 활용해 멋진 포스터를 만들어 보아요.

캔버스 크기 299×422㎜ (A3 포스터 사이즈)

해상도 300DPI

준비 파일 c5_1_sketch / ENSEE Texture2.jpg

브러시 ENSEE Pencil

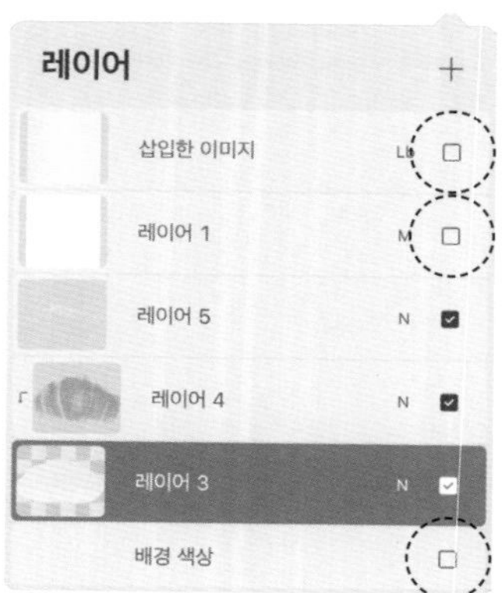

1 앞에서 그린 원본 파일들은 '배경 색상', '텍스처', '스케치' 레이어 체크 박스를 해제해 잠시 가린 후, **[동작 → 공유 → PNG]**에서 **'이미지 저장'**을 선택해 '사진' 앱에 각각 저장해 주세요.
(일러스트 소스 저장 226쪽)

PLUS 배경을 투명하게 저장해야 **'일러스트 소스'**로 사용할 수 있어요.

2 새로운 캔버스를 만들고 빈 **레이어** 1에 **스케치 파일**(c5_1_sketch)을 불러와 혼합 모드를 **곱하기**로 변경하고 불투명도를 10~20%로 조절합니다. 텍스처 파일(ENSEE Texture2.jpg)을 불러와 크기를 조절하고 아래와 같이 설정해 주세요.

- ENSEE Texture2 : 선형 번, 불투명도 45%

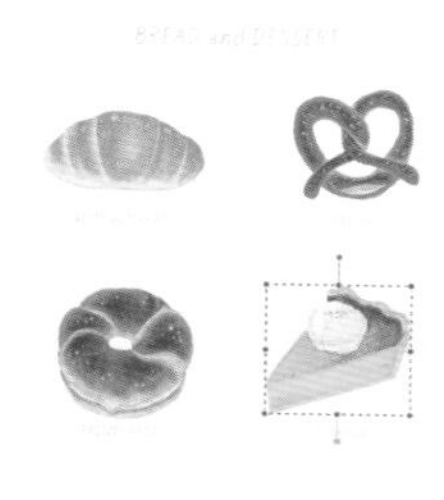

3 **[동작 → 추가 → 사진 삽입하기]**에서 메뉴를 선택하고 '1번'에서 저장한 일러스트 소스를 차례로 불러온 후, 스케치 위치를 참고해 **[변형] 툴**로 위치와 크기를 설정해 주세요.

PLUS **[변형] 툴**은 **'균등'**으로 설정해야 원본 비율을 유지하며 크기를 변경할 수 있어요.

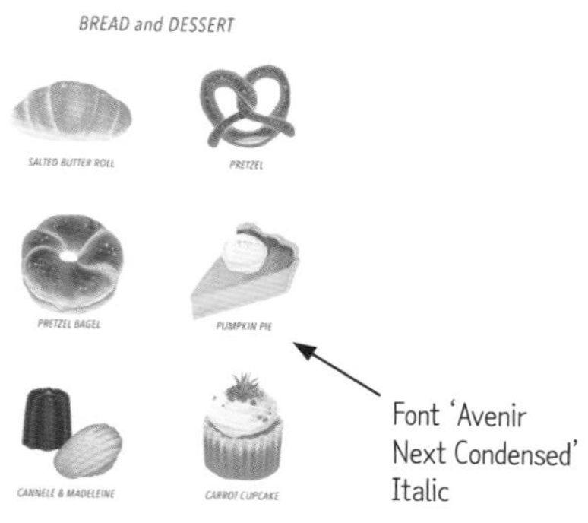

4 **[동작 → 추가 → 텍스트 추가]**에서 스케치 내용을 참고해 포스터 문구를 텍스트로 써주세요.(텍스트 추가 105쪽)

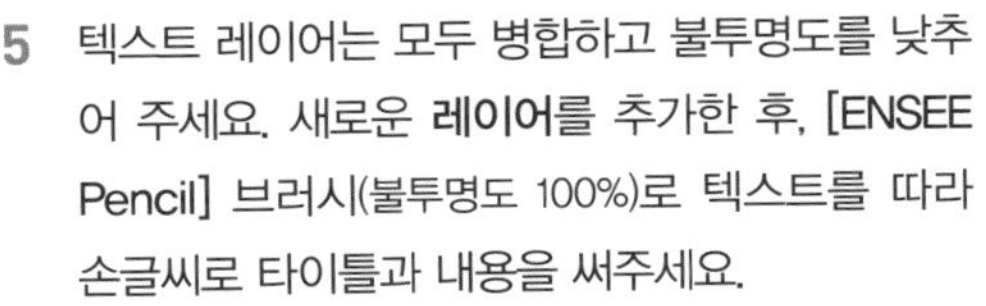

5 텍스트 레이어는 모두 병합하고 불투명도를 낮추어 주세요. 새로운 **레이어**를 추가한 후, [ENSEE Pencil] 브러시(불투명도 100%)로 텍스트를 따라 손글씨로 타이틀과 내용을 써주세요.

●#4e4e4e

6 텍스트 레이어는 체크 해제해 가려 완성합니다.

CHAPTER 6

그리기 실력 업그레이드

하루를 오래 간직하는 법, 그림일기

- 한 번에 그라데이션 적용하기

01 오늘의 서울 하늘
| 그라데이션과 최소한의 표현으로 노들섬 풍경화 그리기

02 오늘의 우리집 고양이
| 흐림 효과를 사용한 거리감과 움직임 표현

03 오늘의 카페 투어
| 혼합 모드로 빛과 그림자 연출하기

기억하고 싶은 순간을 그림일기로 기록하는 일은
그 순간을 오랫동안 간직하는 방법 중 하나이기도 합니다.
소소한 일상을 그리며 우리의 현재를 특별하게 만드는
기록을 해보아요.

#풍경화 #동물 그리기 #그라데이션 #흐림 효과 #혼합 모드

한 번에 그라데이션 적용하기

가우시안 흐림 효과로 그라데이션 만들기

브러시나 스머지 도구로 그라데이션을 표현할 수도 있지만 (블렌딩 67쪽) 조금 더 간단하게 한 번에 그라데이션을 적용해 보아요.

1. 직선을 그리고 안쪽에 **컬러 드롭**으로 색상을 채워 최소 2개 이상의 색상 조합을 만든 후, ①**조정** 에서 ②**가우시안 흐림 효과**를 선택합니다. (●#728aae ●#ecdcc5)

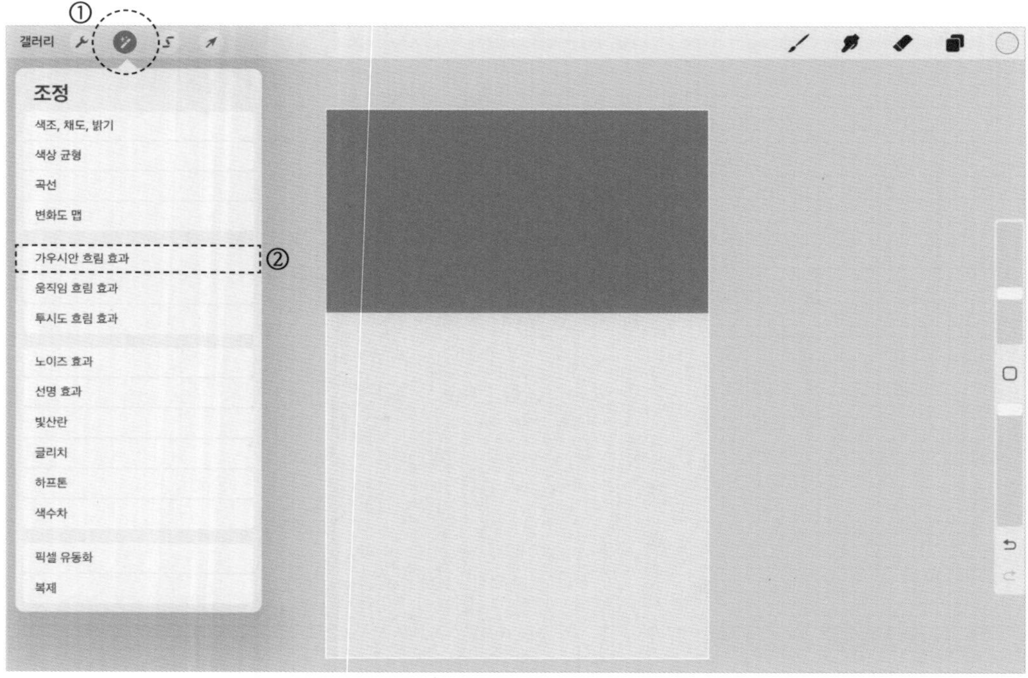

2. 애플펜슬이나 손가락을 터치한 상태에서 좌우로 움직이면 상단 **'가우시안 흐림 효과' 슬라이더**에 수치가 표시되면서 **전체적으로 흐림 효과가 적용**되어 색상이 섞여 자연스러운 그라데이션이 만들어져요.

TIP 같은 방법으로 색상 조합과 비율을 다르게 설정하면 더 다양한 그라데이션을 만들 수 있습니다.

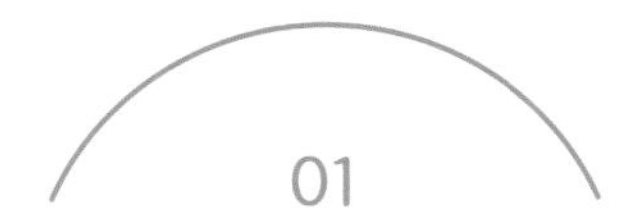

오늘의 서울 하늘

하루 끝에 마주한 하늘은 '오늘도 수고했어'라는 위로를 전하는 듯해요.
오늘 만난 하늘은 어떤 모습이었나요.

POINT 1

'가우시안 흐림 효과'를 적용해 그라데이션으로 해가 지기 전 노을이 물드는 하늘을 표현합니다.

POINT 2

[ENSEE Pen] 브러시를 사용해 단순한 역광 채색으로 풍경화를 완성합니다.

캔버스 크기 104×154㎜ (4×6 엽서 사이즈)

해상도 600DPI

준비 파일 c6_1_sketch.png / c6_1_final.png / c6_1_colorguide.png / ENSEE Texture1

브러시 ENSEE Pen / 서예 '분필'

색상 ●#728aae ●#ecdcc5 ●#e4aa9e ●#949fa7 ●#838e96 ●#5e6869 ●#303437 ●#282b30 ●#f6e0bf ●#d6736e ●#93a5c0 ●#ced8e8

1 빈 **레이어 1**에 **스케치 파일**(c6_1_sketch)을 불러와 혼합 모드를 **곱하기**로 변경하고 레이어 불투명도를 10~20%로 조절합니다.

2 스케치 **레이어 1** 위로 텍스처 파일(ENSEE Texture1)을 불러온 후, 크기를 조절하고 혼합 모드와 불투명도를 각각 '색상 번, 55%'로 설정해 주세요. (텍스처 152쪽)

3 스케치 **레이어 1** 아래로 새로운 **레이어 3**을 추가하고 [ENSEE Pen] 브러시(불투명도 100%)로 캔버스 3분의 1 지점에 퀵 셰이프를 사용해 직선을 그린 후, **'컬러 드롭'**으로 색상을 채워주세요.

(퀵 셰이프 77쪽 / 컬러 드롭 64쪽)

●#728aae

4 '3번'과 같은 방법으로 캔버스 2분의 1 지점에 직선을 그린 후, **'컬러 드롭'**으로 베이지 색상을 채운 후, 하단의 남은 공간에는 옅은 다홍색을 채워 주세요.

●#ecdcc5 ●#e4aa9e

5 **[조정 → 가우시안 흐림 효과]**에서 슬라이더를 움직여 흐림 효과를 65% 적용해 그라데이션으로 노을이 물드는 저녁 하늘을 표현합니다.
(그라데이션 적용하기 310쪽)

6 새로운 **레이어 4**를 추가하고 [ENSEE Pen] 브러시(불투명도 100%)로 스케치 선을 따라 한강 수평선 부분에 직선을 그린 후, 겹치는 질감을 자연스럽게 남기면서 안쪽을 채색해 주세요.

●#949fa7

7 새로운 **레이어 5**를 추가하고 스케치 선을 따라 하늘에 떠 있는 구름 외곽선을 그린 후, 겹치는 질감을 자연스럽게 남기면서 구름 외곽선 안쪽을 채색합니다.

●#838e96

8 새로운 **레이어 6**을 추가하고 스케치 선을 따라 멀리 보이는 빌딩 숲 외곽선을 그린 후, '7번'과 같은 방법으로 겹치는 질감을 자연스럽게 남기면서 빌딩 숲 외곽선 안쪽을 채색해 주세요.

●#5e6869

9 새로운 **레이어 7**을 추가하고 스케치 선을 따라 한강 철교를 그릴 3개의 선을 그려주세요.

●#303437

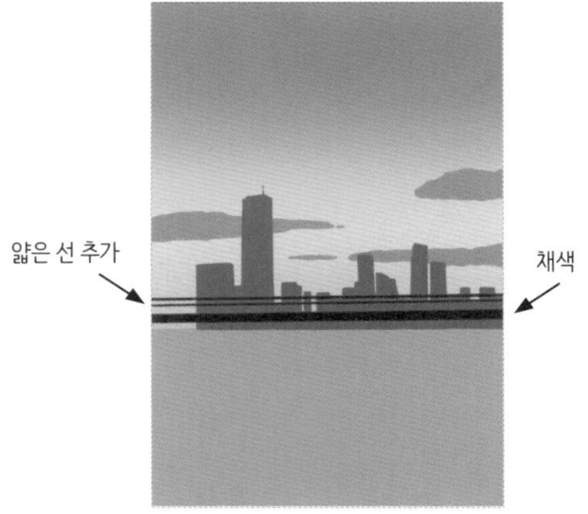

10 '9번'에서 그린 첫 번째 선 아래에 브러시 크기를 조절해 다른 선보다 얇은 선을 하나 더 그린 후, 가장 아래 칸 안쪽을 채색해 주세요.

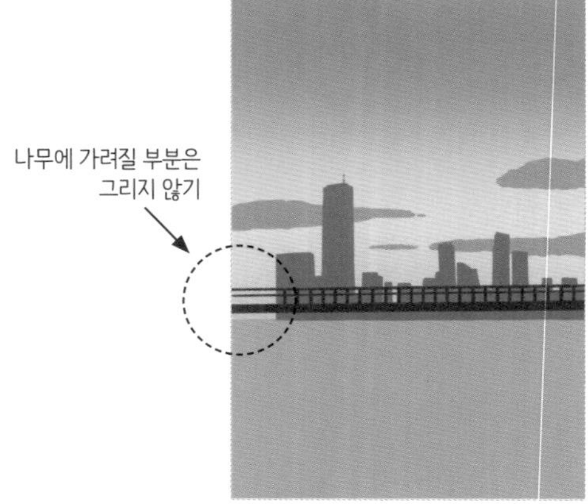

11 스케치 선을 따라 **가장 위의 가로선에서 시작**하는 일정한 간격의 세로선을 조금 두께가 있는 선으로 그려주세요.

TIP 나무에 가려질 부분은 그리지 않아요.

12 스케치 선을 따라 '11번'에서 그린 세로선보다 얇은 두께의 선으로 **가운데 가로선에서 시작**하는 일정한 간격의 세로선을 그려주세요.

PLUS 선 두께의 차이를 두어 그리면 한강 철교의 앞부분과 뒷부분의 거리감을 표현할 수 있습니다.

13 '11번'에서 세로선으로 그린 네모 칸 안에 X 모양을 하나씩 그려서 철교를 묘사해 주세요.

●#303437

14 스케치 선을 따라 한강 철교 상단 앞뒤에 짧은 기둥을 그리고 철교와 이어지는 아치형 선을 그려주세요.

15 '14번'에서 그린 아치형 선 안쪽에 스케치 선을 따라 V 모양을 연속으로 그려 철교를 묘사합니다.

PLUS 복잡해 보이는 철교이지만 순서대로 선을 하나씩 그리면 쉽게 완성할 수 있어요.

16 스케치 선을 따라 한강 철교 아래에 다리 외곽선을 그려주세요.

●#303437

17 겹치는 질감을 자연스럽게 남기면서 다리 외곽선 안쪽을 채색합니다.

18 새로운 **레이어 8**을 추가하고 **[서예 '분필']** 브러시(불투명도 100%)로 스케치 선을 따라 앞쪽에 잔디를 그리고 채색해 주세요.

●#282b30

19 잔디 경계선 부분에 애플펜슬 필압을 조절하며 방향과 길이가 다른 짧은 선을 뾰족뾰족하게 그려서 잔디 느낌을 표현해 주세요.

20 새로운 **레이어 9**를 추가하고 [ENSEE Pen] 브러시(불투명도 100%)로 스케치 선을 따라 왼쪽에 나무 외곽선을 그려주세요.

●#282b30

21 나무 외곽선 주변에 나무가 더 풍성해 보이도록 나뭇잎 덩어리 외곽선을 추가로 그린 후, 겹치는 질감을 자연스럽게 남기면서 나무 외곽선 안쪽을 채색해 주세요.

22 나무가 더 풍성해 보이도록 나무 주변으로 크고 작은 점을 불규칙하게 찍어서 끝에 보이는 이파리들을 표현해 주세요.

23 새로운 **레이어 10**을 추가하고 한강 철교 하단에 아래로 향할수록 길이가 짧아지는 가로선을 연속으로 그린 후 주변에 점을 찍어서 강물에 비치는 불빛을 그려주세요.

#f6e0bf

PLUS 가로선과 점들은 불규칙하게 그릴수록 자연스럽고 예쁜 불빛으로 표현됩니다.

24 '23번'과 같은 방법으로 나머지 다리 아래에도 강물에 비치는 불빛을 그려주세요.

TIP 다리 앞부분에만 불빛을 표현합니다.

25 한강 수평선 부분에 길이가 다른 선을 그리고 점을 찍어서 강물의 반짝임을 표현해 주세요.

#f6e0bf

26 새로운 **레이어 11**을 추가하고 한강 철교 가장 윗부분과 빌딩 옥상에 빨간색 점을 찍어 불빛을 그린 후, 오른쪽에서 넷째 빌딩에 세로선으로 조명을 그려주세요.

●#d6736e

27 새로운 **레이어 12**를 추가하고 스케치 선을 따라 잔디밭에 세로로 긴 조명들을 그리고 채색해 주세요.

●#303437

28 '27번'에서 그린 조명 왼쪽에 얇은 선을 그려 조명 불빛을 표현해 주세요.

●#f6e0bf

29 '28번'에서 그린 조명 불빛 왼쪽에 애플펜슬을 기울여 넓은 질감으로 채색해 조명에서 번지는 빛을 표현합니다.

30 빌딩 숲 **레이어 6** 위로 새로운 **레이어 13**을 추가해 화면에 표시된 4개의 빌딩에 세로선으로 조명을 그려주세요.

 #f6e0bf

31 스케치 선을 따라 가장 높은 63빌딩 앞부분에 같은 방향으로 가로선과 점을 찍어 창문에서 새어 나오는 불빛을 표현해 주세요.

32 브러시 **불투명도를 40%로 조절**한 후, 63빌딩 오른쪽 면에도 '31번'과 같은 방법으로 창문 불빛을 그려주세요.

#f6e0bf

33 오른쪽에서 넷째, 여섯째 빌딩을 제외한 나머지 빌딩에 같은 방법으로 가로선을 그려 불빛을 그려주세요.

#f6e0bf

34 새로운 **레이어 14**를 추가하고 오른쪽에서 넷째, 여섯째 빌딩에 '31번'과 같은 방법으로 파란색 불빛을 그려주세요.

#93a5c0

35 오른쪽에서 셋째, 여섯째 빌딩과 63빌딩 상단에 길이가 다른 가로선으로 간판 불빛을 간단하게 그려주세요.

#ced8e8

36 스케치 **레이어** 1 아래로 새로운 **레이어 15**를 추가해 스케치 선을 따라 한강 철교 아래에 동그라미와 짧은 가로선을 겹쳐 그려서 다리 조명을 그려 완성합니다.

#f6e0bf

02

오늘의 우리집 고양이

고양이를 가만히 보고 있으면 무슨 생각을 하고 있는지 궁금해질 때가 있어요.
고양이가 보는 시선은 어떨지 상상하며 그려보아요.

POINT 1

'가우시안 흐림 효과'를 사용해 거리감을 표현합니다.

POINT 2

'움직임 흐림 효과'를 사용해 움직임을 표현합니다.

캔버스 크기 104×154㎜ (4×6 엽서 사이즈)

해상도 600DPI

준비 파일 c6_2_sketch.png / c6_2_final.png / c6_2_colorguide.png / ENSEE Texture2

브러시 ENSEE Oil Pastel / ENSEE Pencil

색상 ●#a4a19f ●#f6f4f2 ●#efddb3 ●#424241 ●#e4cccc ●#edcd8e ●#96a58d

1 빈 **레이어 1**에 **스케치 파일**(c6_2_sketch)을 불러와 혼합 모드를 **곱하기**로 변경하고 레이어 불투명도를 10~20%로 조절합니다.

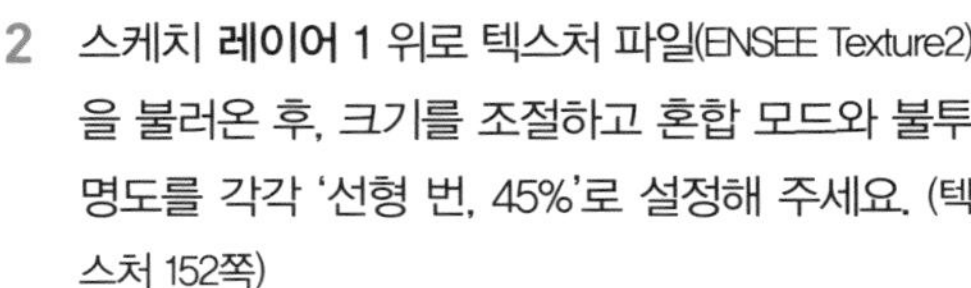

2 스케치 **레이어 1** 위로 텍스처 파일(ENSEE Texture2)을 불러온 후, 크기를 조절하고 혼합 모드와 불투명도를 각각 '선형 번, 45%'로 설정해 주세요. (텍스처 152쪽)

3 스케치 **레이어 1** 아래로 새로운 **레이어 3**을 추가하고 [ENSEE Oil Pastel] 브러시(불투명도 100%)로 스케치 선을 따라 고양이 외곽선을 그려주세요.

●#a4a19f

4 획을 그을 때마다 색감이 달라지는 오일 파스텔 브러시의 특징을 사용해 풍부한 색감이 느껴지도록 고양이 외곽선 안쪽을 채색합니다.

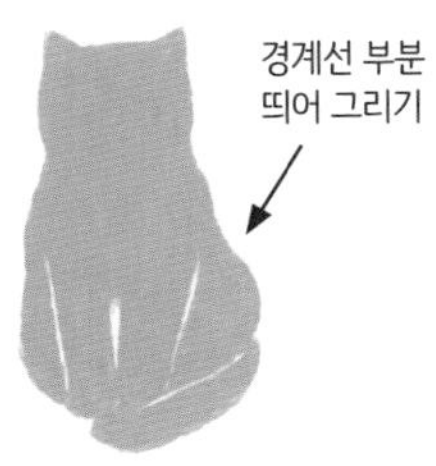

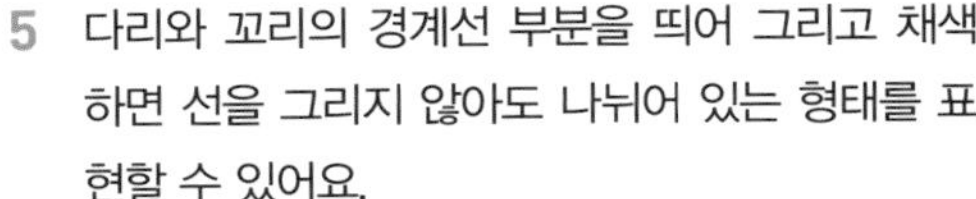

5 다리와 꼬리의 경계선 부분을 띄어 그리고 채색하면 선을 그리지 않아도 나뉘어 있는 형태를 표현할 수 있어요.

PLUS **[지우개]** 툴을 사용해 선 부분을 지워서 표현해도 좋아요.

6 새로운 **레이어 4**를 추가하고 스케치 선을 따라 고양이 입, 앞배, 앞발의 흰색 털을 그리기 위한 외곽선을 그려주세요.

#f6f4f2

7 풍부한 색감이 느껴지도록 '6번'에서 그린 흰색 털 외곽선 안쪽을 채색해 주세요.

8 새로운 **레이어 5**를 추가하고 [ENSEE Pencil] 브러시(불투명도 100%)로 스케치 선을 따라 노란색 눈을 그리기 위한 외곽선을 그린 후, 눈 안쪽을 채색해 주세요.

#efddb3

9 새로운 **레이어 6**을 추가하고 검은색 눈동자 외곽 선을 그려주세요. 왼쪽에 반짝이는 안광 부분을 남기고 눈동자 안쪽을 채색합니다.

●#424241

10 스케치 선을 따라 눈과 눈 사이에 뒤집어진 세모 모양의 코를 그린 후, ㅅ(시옷)을 쓰듯이 고양이 입을 그려주세요.

●#424241

11 스케치 선을 따라 고양이 귀 안쪽에 핑크색으로 세모 모양을 그리고 채색해 주세요. 귀와 얼굴이 만나는 부분은 지그재그로 채색해 털 느낌을 표현합니다.

●#e4cccc

12 새로운 **레이어 7**을 추가하고 **[ENSEE Oil Pastel]** 브러시(불투명도 100%)로 스케치 선을 따라 고양이 앞쪽과 주변에 크고 작은 원형을 그리고 채색해 꽃을 그려주세요.

●#edcd8e

13 브러시 크기를 줄이고 꽃 중심 밑으로 줄기를 그려주세요.

● #96a58d

14 고양이 위쪽에 물방울 모양을 그리듯이 떨어지는 꽃잎을 그리고 채색해 주세요.

● #edcd8e

15 **[선택]** 툴 **'올가미'**로 가장 앞의 큰 꽃을 선택한 후, **[조정 → 가우시안 흐림 효과]**에서 슬라이더를 움직여 흐림 효과를 6% 적용해주세요. (핸드북 21쪽)

PLUS 앞에 있는 꽃을 **'가우시안 흐림 효과'**를 사용해 흐리게 조정하면 마치 앞에 있어서 초점이 흐려진 듯 거리감을 표현할 수 있어요.

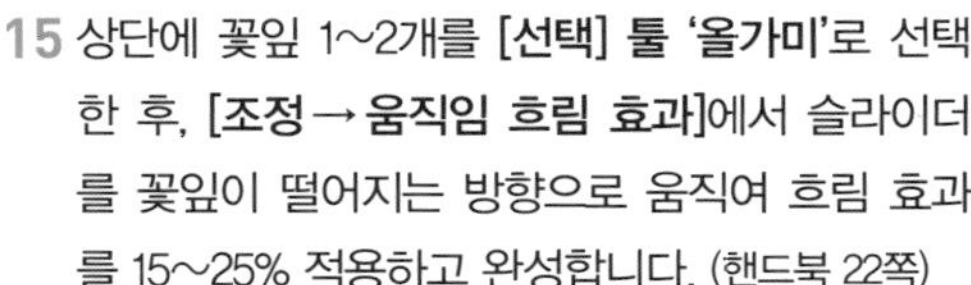

15 상단에 꽃잎 1~2개를 **[선택] 툴 '올가미'**로 선택한 후, **[조정 → 움직임 흐림 효과]**에서 슬라이더를 꽃잎이 떨어지는 방향으로 움직여 흐림 효과를 15~25% 적용하고 완성합니다. (핸드북 22쪽)

PLUS 떨어지거나 달려가는 등 움직이는 요소에 **'움직임 흐림 효과'**를 사용해 움직이는 방향으로 슬라이더를 조정하면 물체의 움직임을 표현할 수 있어요.

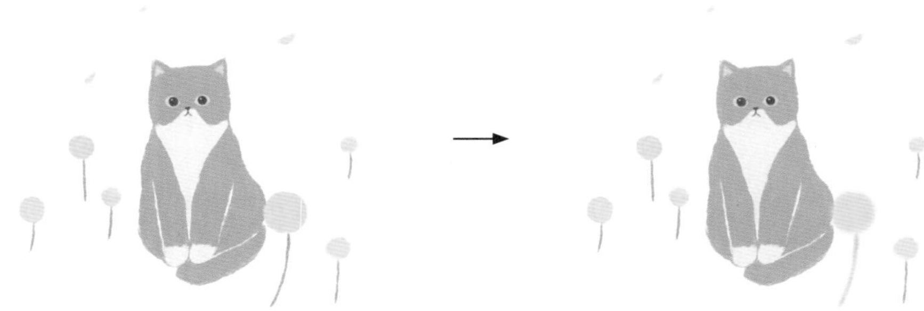

PLUS 흐림 효과를 적절하게 사용하면 훨씬 생동감 있게 연출할 수 있어요.

오늘의 카페 투어

좋아하는 카페에서 맛있는 디저트를 먹는 순간처럼 일상에서 지나칠 수 있는
작은 행복의 순간을 그림으로 기록해 보아요.
훨씬 의미 있는 추억이 될 거예요.

POINT 1

'곱하기' 혼합 모드를 사용해 그림자를 표현합니다.

POINT 2

'스크린' 혼합 모드를 사용해 빛을 표현합니다.

캔버스 크기 104×154㎜ (4×6 엽서 사이즈)

해상도 600DPI

준비 파일 c6_3_sketch.png / c6_3_final.png / c6_3_colorguide.png / ENSEE Texture1

브러시 ENSEE Oil Pastel / ENSEE Pencil / ENSEE Gouache / 스프레이 '털어주기'

색상 #f3e9db #b4c5da #f4f1ec #ded7cd #fffaf5 #dac3ac #f3f0e9 #48454f #768564 #b0a6b5 #eae5dd #bebdba #ebebeb #5a514f #b3a194 #5b5e6e #b8c8d5 #f1ede9 #303030 #535353 #473b35 #e7b771 #f8f7f4 #c6d4df #f2e6d7

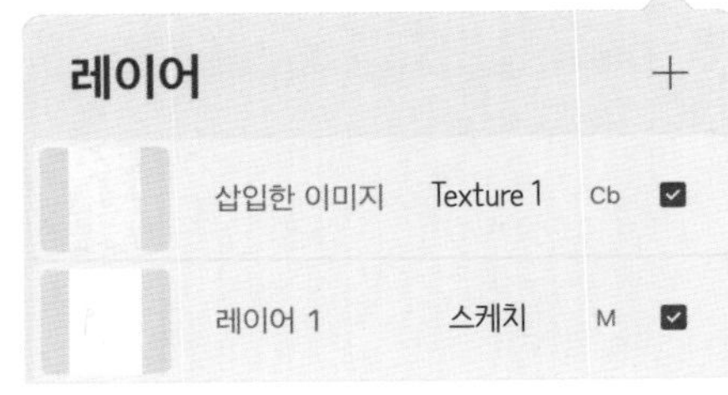

1 빈 **레이어 1**에 **스케치 파일**(c6_3_sketch)을 불러와 혼합 모드를 **곱하기**로 변경하고 레이어 불투명도를 10~20%로 조절합니다.

2 스케치 **레이어 1** 위로 텍스처 파일(ENSEE Texture1)을 불러온 후, 크기를 조절하고 혼합 모드와 불투명도를 각각 '색상 번, 100%'로 설정해 주세요. (텍스처 152쪽)

3 스케치 **레이어 1** 아래로 새로운 **레이어 3**을 추가하고 **[ENSEE Oil Pastel]** 브러시(불투명도 100%)로 스케치 선을 따라 중앙에 가로로 직선을 그린 후, 위쪽 벽 부분을 채색해 주세요.

#f3e9db

4 새로운 **레이어 4**를 추가하고 '3번'과 같은 방법으로 스케치 선을 따라 테이블이 될 직선을 가로로 그린 후, 아래쪽을 채색해 주세요.

#b4c5da

5 새로운 **레이어 5**를 추가하고 스케치 선을 따라 케이크 접시를 그리고 채색해 주세요.

#f4f1ec

6 명도가 낮은 색으로 스케치 선을 따라 접시 끝 부분에 간격을 두어 접시 외곽선과 같은 모양의 얇은 선을 그려 장식적인 요소를 추가합니다.

#ded7cd

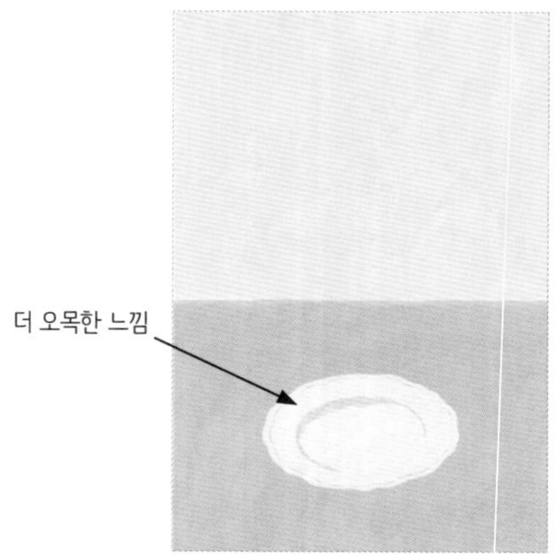

7 애플펜슬 필압을 조절하면서 접시 가운데 오목하게 들어간 부분을 묘사해 주세요. 선이 두꺼운 부분은 더 오목한 느낌으로 표현됩니다.

#ded7cd

8 새로운 **레이어 6**을 추가하고 [ENSEE Pencil] 브러시(불투명도 100%)로 스케치 선을 따라 접시 위에 케이크를 그리고 채색해 주세요.

#fffaf5

9 새로운 **레이어 7**을 추가하고 [ENSEE Oil Pastel] 브러시(불투명도 100%)로 스케치 선을 따라 케이크 안쪽에 케이크 시트 외곽선을 그리고 안쪽을 채색해 주세요.

#dac3ac

10 새로운 **레이어 8**을 추가하고 **레이어 혼합모드를 '곱하기'로 설정**한 후, 케이크 오른쪽 단면 상단에서부터 점점 흐려지는 느낌으로 채색해 그림자를 그려주세요.

#f3f0e9

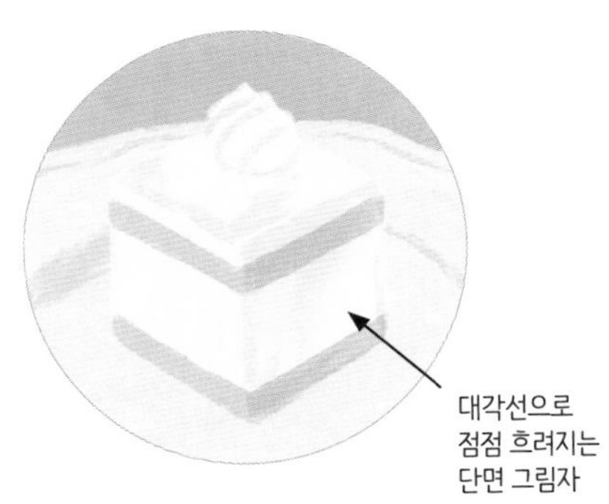

11 스케치 선을 따라 케이크 상단 왼쪽과 생크림 그림자도 그려주세요.

PLUS **'곱하기' 혼합모드**를 사용하면 따로 어울리는 그림자 색을 지정하지 않아도 아래 색상과 어우러지는 명암을 표현할 수 있습니다.

#f3f0e9

12 새로운 **레이어 9**를 추가하고 스케치 선을 따라 케이크 위에 블루베리를 그리고 채색해 주세요.

#48454f

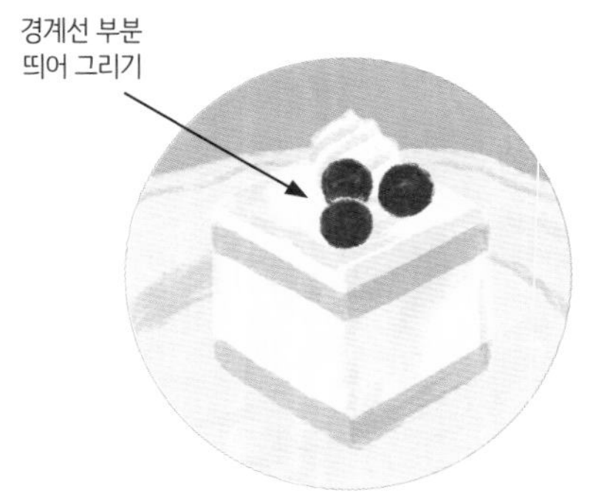

PLUS 블루베리가 겹치는 경계선 부분은 조금 띄어 그리고 채색합니다.

13 새로운 **레이어 10**을 추가하고 [ENSEE Pencil] 브러시(불투명도 100%)로 스케치 선을 따라 케이크 위에 허브 장식을 그리고 채색해 주세요.

●#76856

14 새로운 **레이어 11**을 추가하고 [ENSEE Oil Pastel] 브러시(불투명도 100%)로 스케치 선을 따라 케이크 사이 생크림 부분에 블루베리를 그리고 채색해 주세요.

●#b0a6b5

15 새로운 **레이어 12**를 추가하고 접시의 오목한 부분 오른쪽을 채색해 케이크로 인해 생기는 그림자를 표현해 주세요.

●#eae5dd

16 새로운 **레이어 13**을 추가하고 [ENSEE Pencil] 브러시(불투명도 100%)로 스케치 선을 따라 접시 위에 포크 외곽선을 그리고 채색합니다.

#bebdba

17 명도가 높은 색으로 포크 외곽 부분에 얇은 선을 그려 금속 재질의 반짝임을 표현해 주세요.

#ebebeb

18 새로운 **레이어 14**을 추가하고 [ENSEE Oil Pastel] 브러시(불투명도 100%)로 스케치 선을 따라 포크 손잡이 외곽선을 그리고 채색합니다.

#5a514f

19 [ENSEE Pencil] 브러시(불투명도 100%)로 스케치 선을 따라 포크 손잡이 모서리에 선을 그려 각이 있는 손잡이의 입체감을 표현합니다.

#b3a194

20 새로운 **레이어 15**를 추가하고 **[ENSEE Oil Pastel]** 브러시(불투명도 100%)로 포크 오른쪽에 접시 위에 생기는 포크 그림자를 그려주세요.

#eae5dd

21 새로운 **레이어 16**을 추가하고 스케치 선을 따라 코스터를 그리고 채색해 주세요.

#5b5e6e

22 **[ENSEE Pencil]** 브러시(불투명도 100%)로 스케치 선을 따라 코스터 오른쪽에 얇은 선을 그려 두께를 표현합니다.

#5b5e6e #b8c8d5

23 코스터 앞쪽 모서리에 애플펜슬을 기울여 넓은 질감으로 채색해 질감을 더해주세요.

#b8c8d5

24 새로운 **레이어 17**을 추가하고 **[ENSEE Oil Pastel]** 브러시(불투명도 100%)로 스케치 선을 따라 코스터 위에 컵 외곽선을 그려주세요.

#f1ede9

25 획을 그을 때마다 색감이 달라지는 오일 파스텔 브러시 특징을 사용해 풍부한 색감이 느껴지도록 컵 외곽선 안쪽을 채색합니다.

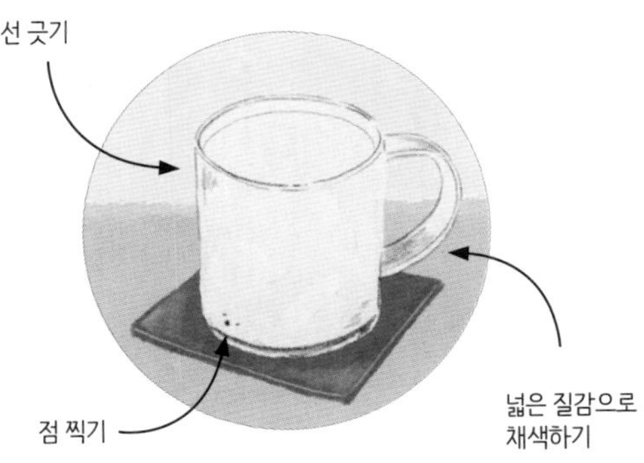

26 **[ENSEE Pencil]** 브러시(불투명도 100%)로 컵 입구, 하단, 손잡이에 불규칙하게 끊어진 선을 그려 도자기 컵의 투박한 느낌을 표현해 주세요.

●#303030

27 컵 손잡이와 표면에 애플펜슬을 기울여 넓은 질감으로 채색하거나 선을 긋고 점을 찍는 등 다양한 방법으로 도자기의 투박한 질감을 더해주세요.

●#303030

28 새로운 **레이어 18**을 추가하고 **[클리핑 마스크]**를 적용한 후, **[스프레이 '털어주기']** 브러시를 사용해 컵 표면에 불규칙한 무늬를 그려주세요.

●#535353

29 새로운 **레이어 19**를 추가하고 **레이어 혼합 모드를 '곱하기'로 설정**한 후, [ENSEE Oil Pastel] 브러시(불투명도 100%)로 컵 안쪽을 채색해 컵 색상과 어우러지는 그림자를 표현합니다.

●#eae5dd

30 새로운 **레이어 20**을 추가하고 컵 안쪽에 담긴 커피 외곽선을 그리고 안쪽을 채색해 주세요.

●#473b35

31 새로운 **레이어 21**을 추가하고 [ENSEE Pencil] 브러시(불투명도 100%)로 스케치 선을 따라 화병에 담긴 꽃의 줄기를 그려주세요.

●#768564

32 [ENSEE Oil Pastel] 브러시(불투명도 100%)로 스케치 선을 따라 줄기에서 이어지는 이파리 외곽선을 그린 후, 풍부한 색감이 느껴지도록 이파리 외곽선 안쪽을 채색합니다.

#768564

33 새로운 **레이어 22**를 추가하고 꽃줄기 위에 동그라미를 그리고 채색해 원형으로 꽃을 그려주세요. 동그란 꽃은 일정하게 그리기보다는 다양한 크기로 그려주세요.

#e7b771

34 새로운 **레이어 23**을 추가하고 [ENSEE Pencil] 브러시(불투명도 100%)로 스케치 선을 따라 화병 외곽선을 그려주세요.

#f8f7f4

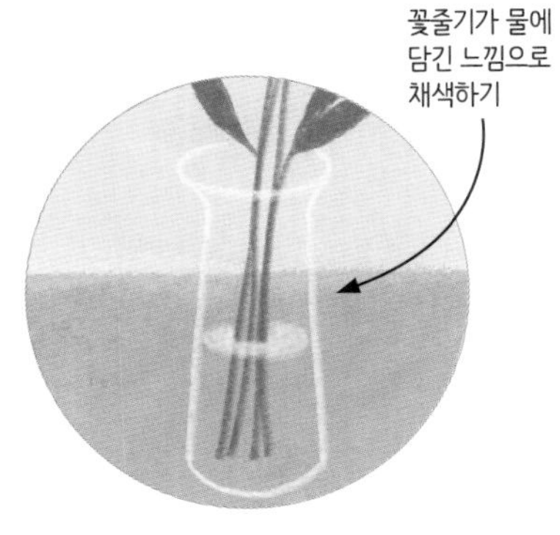

35 [ENSEE Pencil] 브러시 불투명도를 25%로 조절한 후, 화병에 담긴 물의 표면을 그려주세요.

#f8f7f4

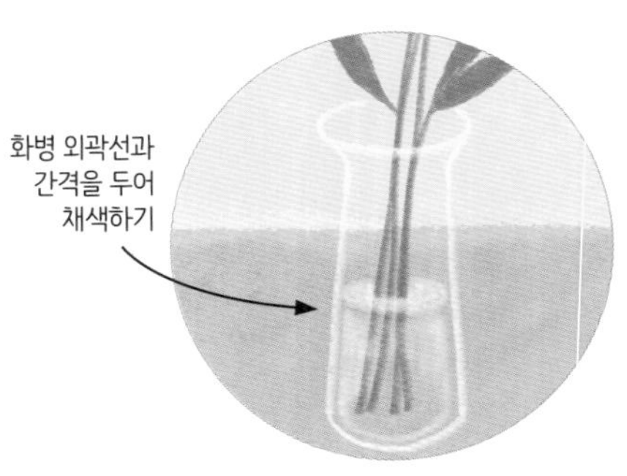

36 애플펜슬을 기울여 넓은 질감으로 물 표면 하단도 채색해 주세요.

#f8f7f4

37 테이블 **레이어 4** 위로 새로운 **레이어 24**를 추가하고 **레이어 혼합 모드를 '곱하기'로 설정**한 후, [ENSEE Gouache] 브러시(불투명도 100%)로 테이블 위에 생기는 접시와 케이크, 컵의 그림자를 그려주세요.

PLUS **'곱하기' 혼합 모드**를 사용하면 아래 색상과 어우러지는 명암 표현이 가능합니다.

#c6d4df

38 **[지우개] 툴** [ENSEE Gouache](불투명도 100%)로 '37번'에서 그린 그림자 끝부분을 필압을 조절하며 지워서 사물과 멀수록 흐려지는 그림자를 표현해 주세요.

39 스케치 **레이어 1** 아래로 새로운 **레이어 25**를 추가하고 **레이어 혼합 모드를 '곱하기'로 설정**한 후, [ENSEE Pen] 브러시(불투명도 100%)로 스케치 선을 따라 창문 그림자 외곽선을 그려주세요.

#f2e6d7

40 창문 그림자 외곽선 안쪽을 채색해 창문에서 드리우는 그림자를 표현하고 완성합니다.

PLUS **'곱하기' 혼합 모드**를 사용하면 아래 색상과 어우러지는 명암을 표현할 수 있습니다.

PLUS **'곱하기' 혼합 모드**는 밝은 색은 나타내지 않고 어두운 색은 더 어둡게 나타내어 아래 색상에 어울리는 그림자를 표현할 때 유용하게 사용할 수 있는 기능입니다.

41 창문 그림자 **레이어 25**를 체크 해제해 잠시 가리고, 새로운 **레이어 26**을 추가해 레이어 **혼합 모드를 '스크린'**으로 설정합니다. [ENSEE Gouache] 브러시(불투명도 100%)로 오른쪽 상단에 블라인드 빛 외곽선을 그려주세요.

#f2e6d7

42 외곽선 안쪽을 일정한 필압으로 얼룩이 최대한 지지 않게 채색해 주세요.

PLUS 얼룩 자국은 **[스머지] 툴**로 문지르면 지울 수 있어요.

43 **지우개 툴** [ENSEE Pen](불투명도 100%)으로 '42번'에서 그린 사각형 안쪽을 일정한 간격과 두께의 직선으로 지워서 블라인드 빛을 표현합니다.

44 블라인드 빛 왼쪽을 얇은 세로선으로 지워 블라인드 줄을 표현하고 완성합니다.

'곱하기' 혼합 모드

'스크린' 혼합 모드

PLUS **혼합 모드**를 사용하면 그림자와 빛 색상을 따로 지정하지 않아도 아래 색상과 자연스럽게 어우러지는 빛과 그림자를 쉽게 표현할 수 있어요.

나만의 굿즈 만들기

취미에서 N잡까지,
내가 그린 그림 활용법

01 포스터와 엽서 만들기
| 종이 종류와 두께 / 인쇄용 여백 캔버스 설정 / 지류 굿즈 제작

02 스티커 만들기
| 칼선 스티커 만들고 제작하기

03 굿노트 스티커 만들기
| 디지털 콘텐츠 제작과 사용

04 아크릴 키링 만들기
| 모양 아크릴 키링 제작

05 자글자글 움직이는 이모티콘 만들기
| 애니메이션 어시스트 / 자글자글 브러시 커스텀

취미로 그린 그림들을 활용해 내가 사용하고 싶은
굿즈를 만들고 '굿노트' 스티커, 이모티콘 같은
디지털 콘텐츠 제작까지 이어가 보아요.

#포스터 만들기 #엽서 만들기 #종이 종류
#인쇄용 여백 캔버스 #칼선 스티커 #이모티콘
#브러시 커스텀 #아크릴 키링 #굿노트 스티커

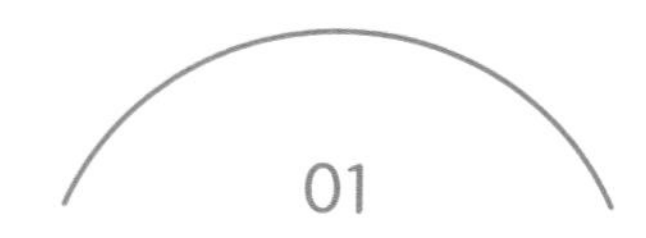

포스터와 엽서 만들기

포스터, 엽서 같은 지류(종이) 굿즈는 제작 단가가 저렴하고 제작 방법이 간단해 굿즈를 처음 제작할 때 선택하기 좋은 아이템입니다.

❶ 종이의 종류

종이 종류는 크게 표면의 **질감**(텍스처)과 광택 유무에 따라 **무광, 유광**으로 구분할 수 있습니다. 질감이 거의 없는 매끄러운 종이는 선명한 인쇄가 가능하다는 장점이 있고, 질감이 있는 종이는 제작 목적에 따라 종이가 가진 텍스처를 더해 인쇄할 수 있다는 장점이 있어요.

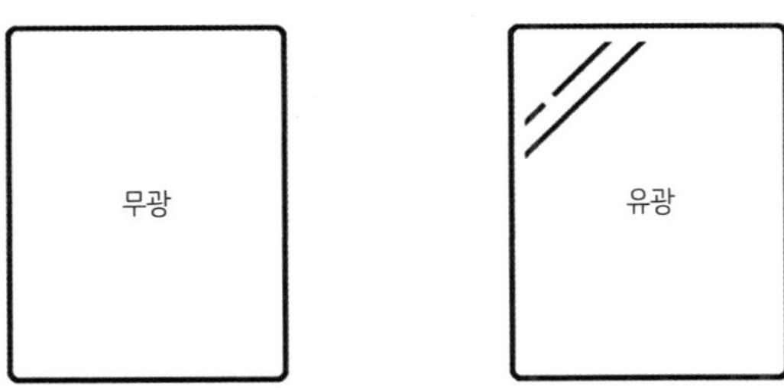

무광은 종이 표면에 광택이 없고 필기에 용이하지만 유광보다는 오염에 약합니다.

유광은 종이 표면에 광택이 있고 오염에 강하다는 장점이 있지만 표면이 미끄러워 필기가 어려워요.

✚ 코팅을 무광, 유광 중에 선택하기도 합니다.

❷ 종이의 평량과 두께의 관계

'g' 단위로 표기되는 종이의 평량은 종이 1㎡당 무게를 말합니다. 흔히 평량을 종이 두께라고 생각하기 쉽지만, 종이의 밀도와 중량을 나타내며 평량이 같다고 두께가 동일하지는 않습니다.

150g 50장 250g 50장

출처 : 오프린트미

하지만 **같은 종류의 종이일 경우에는 평량은 종이 두께를 나타내기도 합니다.** 평량이 높을수록 같은 면적에 밀도와 중량이 높고 종이가 두껍다는 것을 의미해요.

TIP 종이 종류가 같을 때, 250g 용지가 150g 용지보다 두꺼운 종이입니다.

❸ 제작 사이즈와 여백 확인

굿즈 제작 전, 제작 업체에서 안내하는 **제작 가이드 사이즈**를 꼭 확인해 주세요. 인쇄물은 보통 실제 상품 사이즈에 사방 1~2㎜씩 재단 여백이 있도록 작업 사이즈를 설정합니다.

✚ 예를 들어 상품 사이즈가 A3(297×420㎜) 크기일 때, 재단 여백이 사방 1㎜씩 필요할 경우, 작업 사이즈는 299×422㎜입니다.

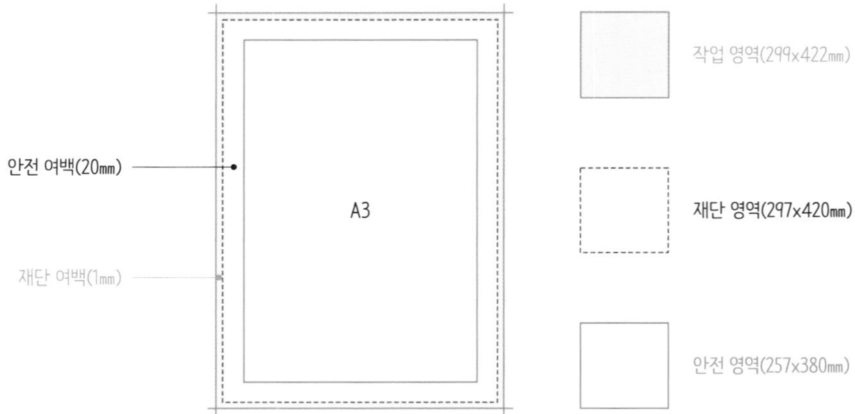

- **작업 영역 :** 전체에 이미지가 가득 차는 디자인일 때, 깔끔하게 재단될 수 있도록 여유있게 디자인을 채우는 영역입니다.
- **재단 영역 :** 실제 상품 사이즈입니다. 넓은 종이에 인쇄하고 상품 사이즈에 맞게 재단할 때 잘려나가는 재단선 부분이에요.
- **안전 영역 :** 재단 시 발생할 수 있는 오차 범위를 감안해 재단되지 않게 여유를 두는 안전 영역입니다. 주요 내용은 이 안전 영역 안에 들어가도록 디자인합니다.

❹ 포스터 만들기

1. 제작 가이드 사이즈 확인하고 인쇄용 캔버스 만들기

A3 사이즈 포스터의 용지 규격인 **[재단 영역]**은 297×420㎜이며, 작업 영역은 사방 1~2㎜ 여백을 설정하는데 제작 업체별로 요구하는 여백이 다르니 확인이 필요해요. '오프린트미'에서는 **사방 1㎜씩 여백이 있는 299×422㎜를 [작업 영역]으로 안내**하고 있습니다.

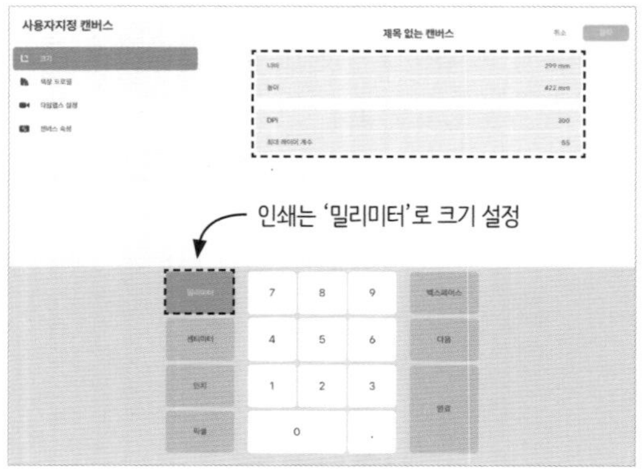

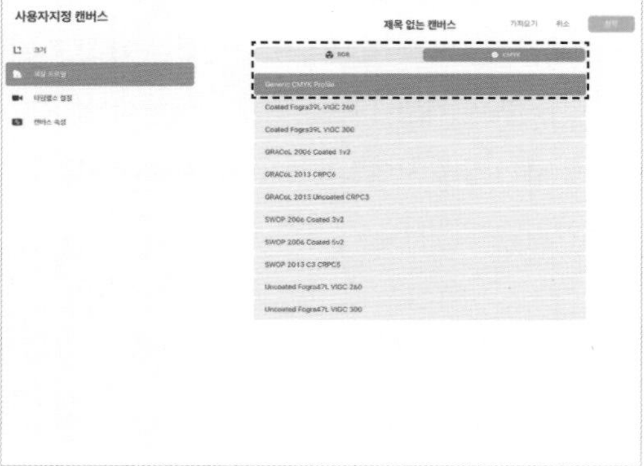

사용자 지정 캔버스에서 크기 299×422㎜, 해상도 300DPI로 설정한 후, **[색상 프로필 → CMYK]**에서 **'Generic CMYK Profile'**을 선택하고 오른쪽 상단의 **[창작] 버튼**을 눌러 포스터를 디자인할 새로운 캔버스를 만들어 주세요. (새로운 캔버스 만들기 27쪽)

2. 다른 파일에서 저장한 이미지 소스로 포스터 디자인하기

포스터로 만들 이미지 소스를 각각 **배경이 없는 PNG 파일로 '사진' 앱에 저장**하고(일러스트 소스 저장 226쪽) '1번'에서 만든 포스터 작업 파일로 돌아와 **[동작 → 추가 → 사진 삽입하기]**에서 저장한 일러스트 소스를 차례로 불러옵니다.

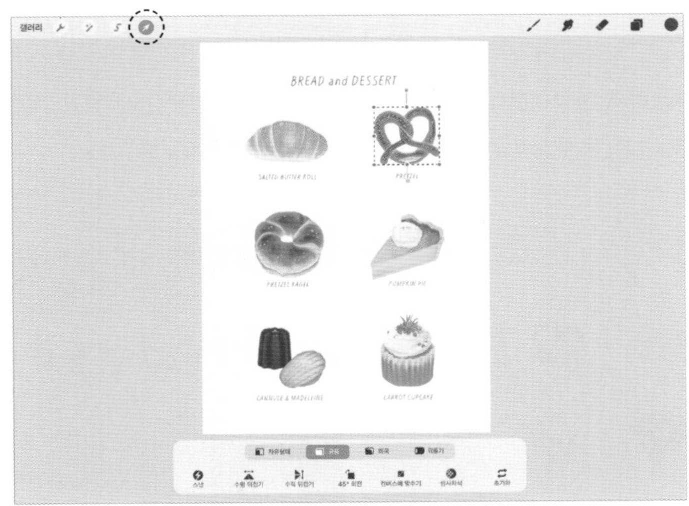

[변형] 툴로 위치와 크기를 설정하며 포스터를 디자인해 주세요. (포스터 만들기 305쪽)

TIP 텍스트 레이어는 꼭 '래스터화'해 주세요. 래스터화하지 않은 텍스트 레이어는 파일을 여는 컴퓨터에 해당 폰트가 없으면 폰트가 깨지거나 다른 폰트로 바뀔 수 있어요. (텍스트 래스터화 107쪽)

3. 레이어 정리하고 인쇄용 PDF 파일로 저장하기

디자인이 완료된 파일은 불필요한 레이어는 삭제하고 하나의 레이어로 병합해 정리해 주세요.

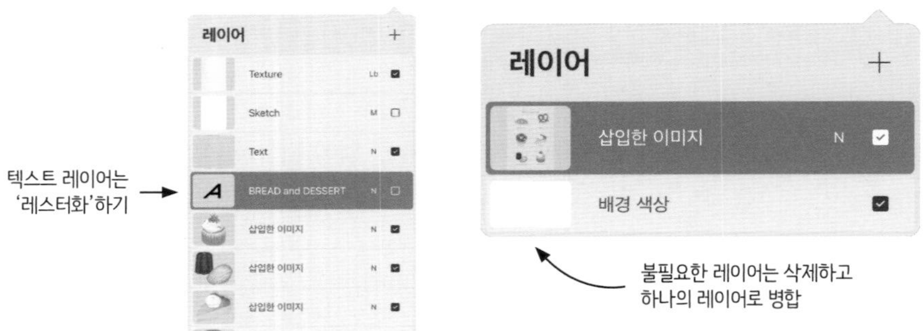

TIP 최종 업로드 파일에는 **인쇄할 이미지 레이어 하나만 남기고 정리**해야 인쇄 오류가 생기지 않아요.

TIP 레이어를 병합하기 전, 갤러리에서 작업 파일을 **하나 더 복제해 원본을 유지**해 주세요.

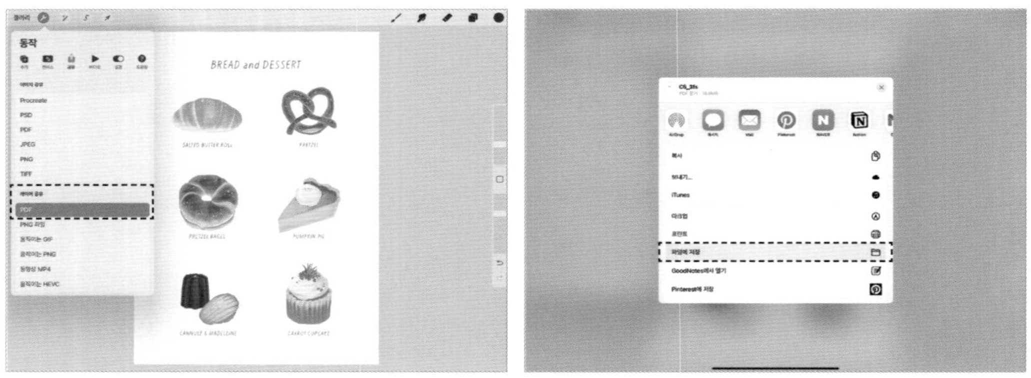

[동작 → 공유 → 레이어 공유 'PDF']를 차례대로 선택하면 나타나는 **'PDF 품질 선택'**에서 **[최상]을 선택**하고 **'파일에 저장'**을 눌러 아이클라우드에 인쇄용 PDF 파일을 저장해 주세요.

여백 레이어 만들고 인쇄 영역 미리 확인하기

1. A3 사이즈(297×420㎜, 300DPI)의 새로운 캔버스를 만들고 컬러 드롭을 사용해 아무 색이나 채운 후에 **레이어 옵션**에서 **'복사하기'**를 선택해 A3 사이즈의 컬러 레이어를 복사해 주세요.

2. 작업 중인 포스터 파일로 돌아와 **[복사 및 붙여넣기(세 손가락 쓸기) → 붙여넣기]**를 선택하면 A3 사이즈의 컬러 레이어가 **캔버스 중앙에 추가**됩니다.

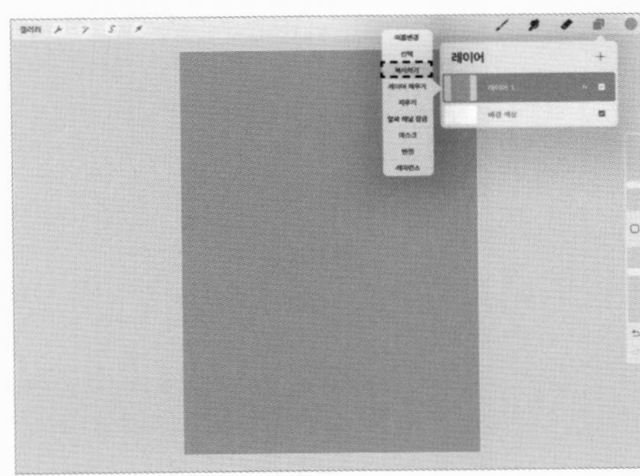

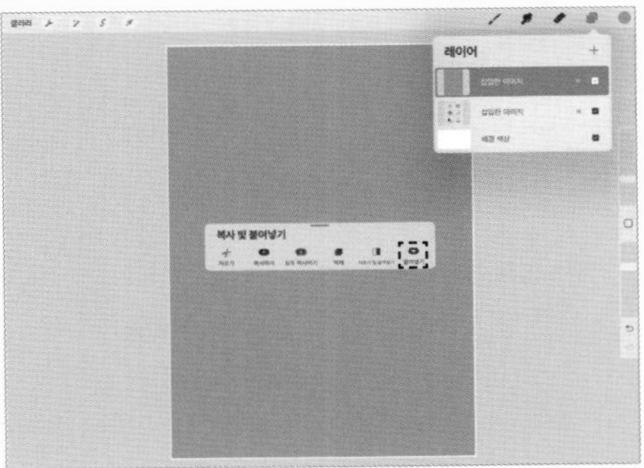

3. A3 **레이어 옵션**에서 **'선택'**을 누르면 나타나는 **[선택] 툴** 하단의 **'반전'**을 누르면 **선택이 반전되어 A3 영역 밖 여백 부분이 선택**됩니다. A3 레이어 위로 새로운 레이어를 추가하고 **선택된 여백 부분**에 컬러 드롭을 사용해 흰색(#ffffff)을 채운 후 '2번'에서 만든 A3 레이어는 삭제해 주세요.

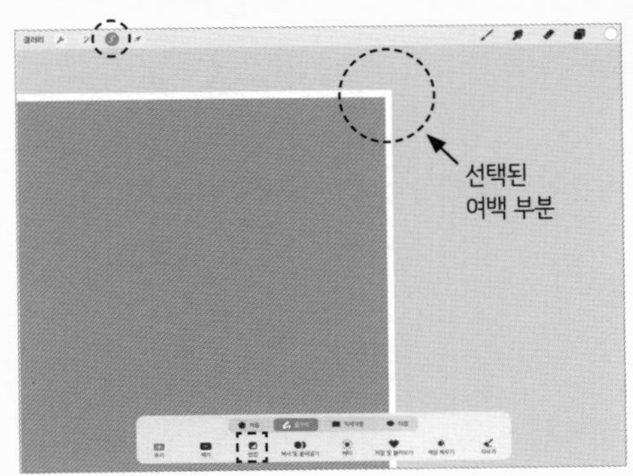

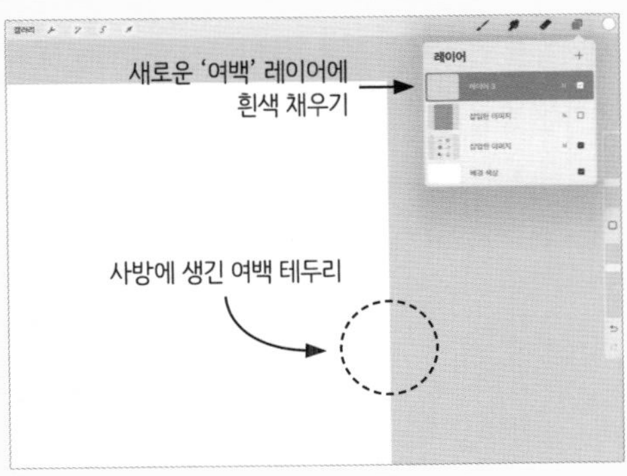

TIP 이렇게 여백 레이어를 만들어 두고 레이어를 껐다 켰다 하면 실제 상품 사이즈를 확인하며 포스터를 디자인할 수 있어요.

❺ 포스터 주문하기

1. 제작할 제품 종류와 제작 사양 선택하기

'오프린트미' 사이트(www.ohprint.me) ① **메뉴**에서 **[②사인/포스터 → '포스터']**를 선택한 후, 제작할 포스터 **사이즈(A3)와 용지, 용지 두께, 제작 수량**을 설정하고 **[시작하기] 버튼**을 눌러주세요.

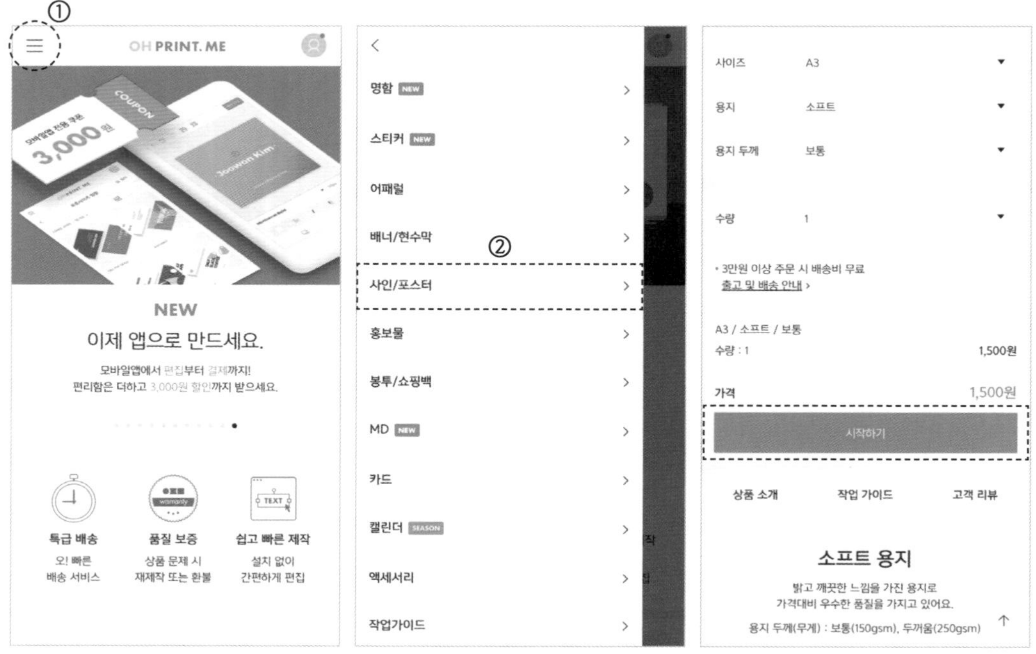

✚ 이 책에서는 컴퓨터를 사용하지 않고 **아이패드에서 바로 주문 가능**한 굿즈 제작 업체인 '오프린트미'에서 주문하는 방법을 기준으로 안내합니다.

✚ 앱스토어에서 **'오프린트미' 앱**을 설치하거나 **모바일 버전 사이트**로 접속해 이용해 주세요.

2. 포스터 디자인 업로드하기

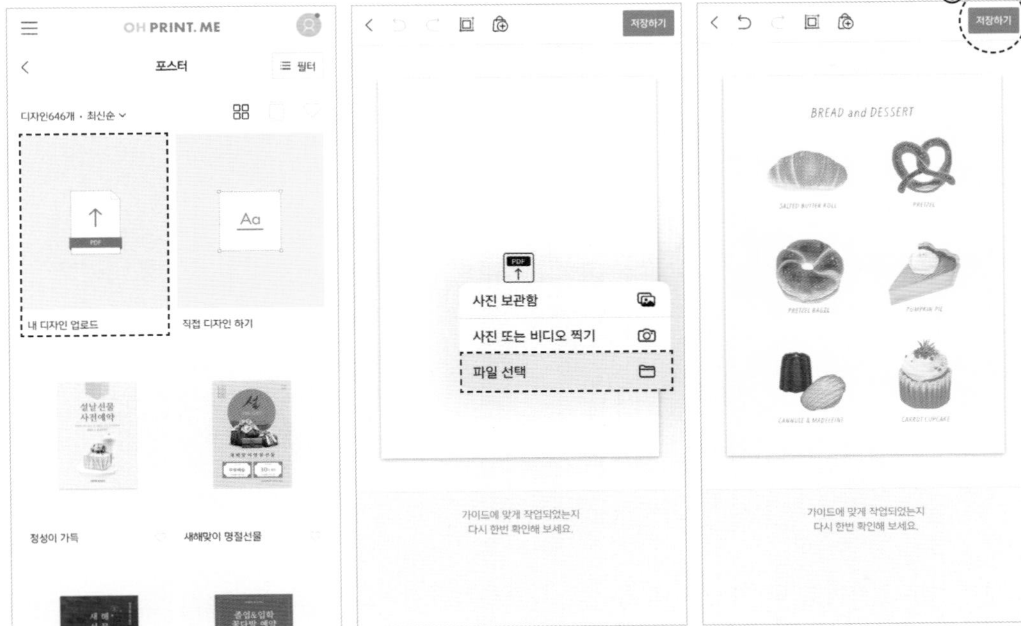

'내 디자인 업로드'에서 가로, 세로 방향을 선택해 주세요.
중앙에 [PDF] 아이콘을 누르면 나타나는 옵션에서 **'파일 선택'**을 눌러 아이클라우드에 저장해 놓은 **포스터 PDF 파일**을 불러와 최종 디자인을 확인한 후, 오른쪽 상단 **[③저장하기] 버튼**을 눌러 디자인을 저장해 주세요.

TIP 인쇄 PDF 파일이 작업 영역 사이즈와 동일하지 않을 경우에는 파일이 열리지 않으니 유의하세요.

3. 주문하기

최종 디자인과 제작 유의 사항을 **한 번 더 꼼꼼하게 확인**하고 주문을 완료합니다.

❻ 엽서 만들기

엽서도 포스터와 같은 지류(종이) 굿즈로 포스터와 제작 방법이 크게 다르지 않지만, 엽서 뒷장에 편지를 쓸 수 있는 디자인이나 정보가 들어갈 경우 **양면 인쇄**가 필요합니다.

1. 제작 가이드 사이즈 확인하고 인쇄용 캔버스 만들기

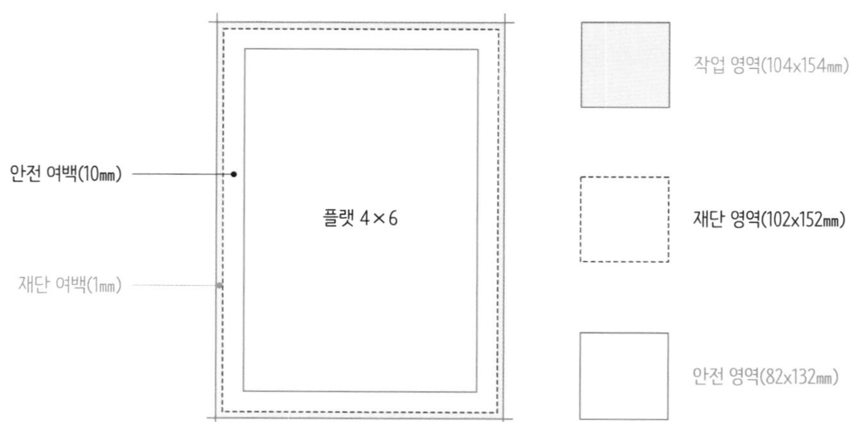

4×6 사이즈 엽서의 용지 규격인 **[재단 영역]**은 102×152㎜이며, 작업 영역은 사방 1~2㎜ 여백을 설정하는데 제작 업체별로 요구하는 여백이 다르니 확인이 필요해요. '오프린트미'에서는 **사방 1㎜씩 여백이 있는 104×154㎜를 [작업 영역]으로 안내**하고 있습니다.

사용자 지정 캔버스에서 크기 104×154㎜, 해상도 300DPI로 설정한 후, **[색상 프로필 → CMYK]**에서 **'Generic CMYK Profile'**을 선택하고 오른쪽 상단 **[창작] 버튼**을 눌러 엽서를 디자인할 새로운 캔버스를 만들어 주세요. (새로운 캔버스 만들기 27쪽)

2. 양면 엽서 '앞장' 디자인하기

앞서 그려두었던 CHAPTER 3-3 프리지어 일러스트(170쪽)를 활용해 엽서를 만들어 보아요.

프리지어 일러스트를 **'PNG' 파일 형식으로 '사진' 앱에 저장**하고 '1번'에서 만든 엽서 작업 파일로 돌아와 **[동작 → 추가 → 사진 삽입하기]**에서 저장한 일러스트를 불러와 주세요.

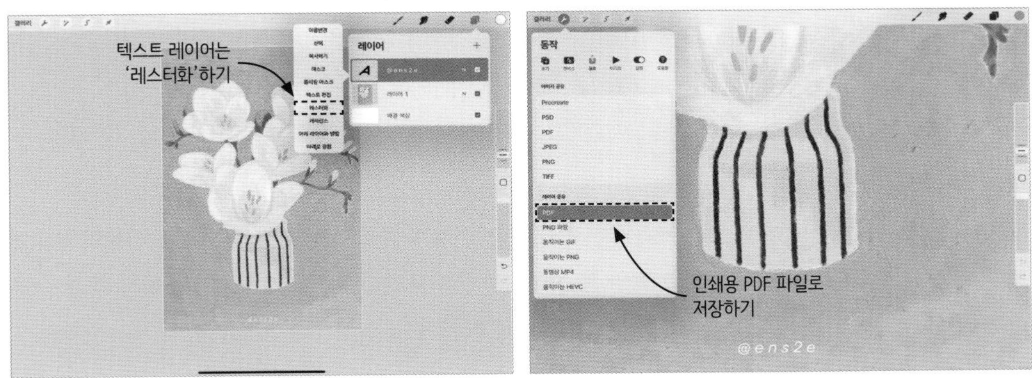

[동작 → 추가 → 텍스트 추가]에서 '@ens2e'라고 문구를 입력하고 **[변형] 툴**을 사용해 엽서 하단으로 위치를 이동하고 텍스트 레이어는 **레스터화**해 주세요. (텍스트 추가 105쪽)
엽서 앞장 디자인을 완료한 후, **인쇄용 PDF 파일로 저장**해 주세요. (인쇄용 PDF 파일 저장 352쪽)

3. 레이어 이동과 그리기 가이드 기능으로 양면 엽서 '뒷장' 디자인하기

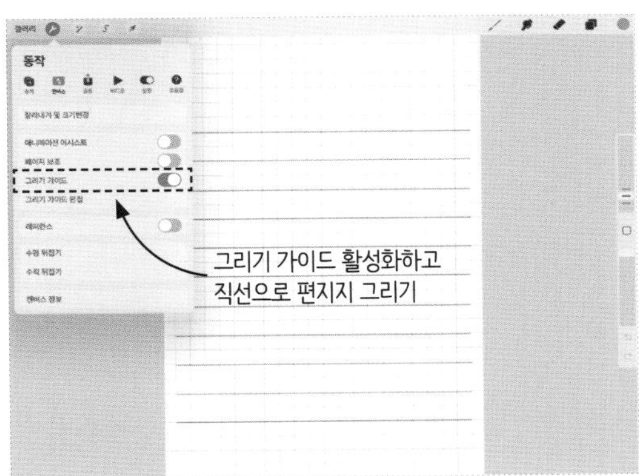

'1번'과 같은 방법으로 엽서 뒷장을 디자인할 새로운 캔버스를 만든 후, **[동작 → 캔버스 → 그리기 가이드]**를 차례대로 선택하고 **레이어 옵션에서 '그리기 도우미'를 활성화**합니다. 일정한 간격의 직선을 그려 편지지 칸을 만들어 주세요. (그리기 가이드 88쪽)

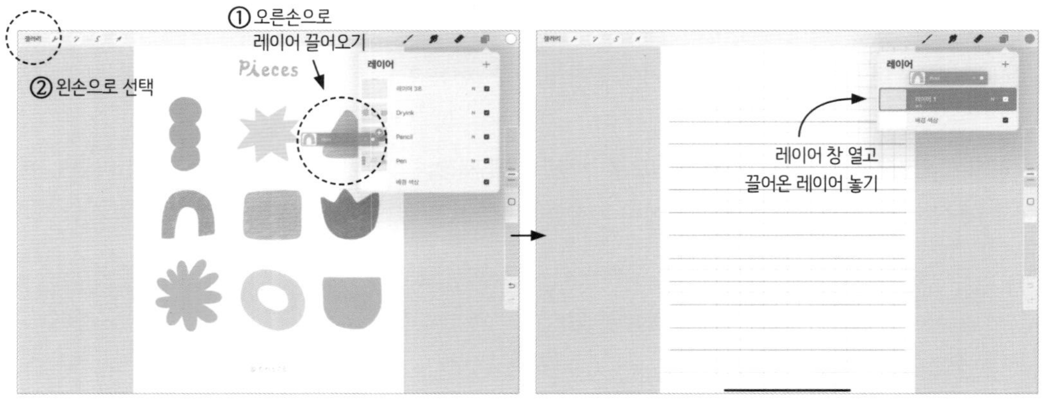

다른 파일에서 엽서 뒷장을 장식할 이미지 소스 레이어를 작업중인 파일로 가져와 볼게요.

'CHAPTER 2- 1 조각 수집' 일러스트(118쪽)에서 엽서 뒷장 디자인에 사용할 ①**1~2개 이상의 레이어를 동시 선택**하고 **손가락을 떼지 않고 꾹 누른 상태에서** ②**다른 손으로 [갤러리 → 엽서 뒷장 파일 → 레이어 창]을 차례대로 선택**해 작업 중인 엽서 뒷장 파일 레이어 창 안에 끌어온 레이어를 놓아주세요.

TIP 레이어를 이동하면 불투명도, 마스크, 텍스트 등 모든 효과는 해제됩니다. 레이어를 병합해 이동하거나 이동 후 다시 같은 효과를 적용해 주세요.

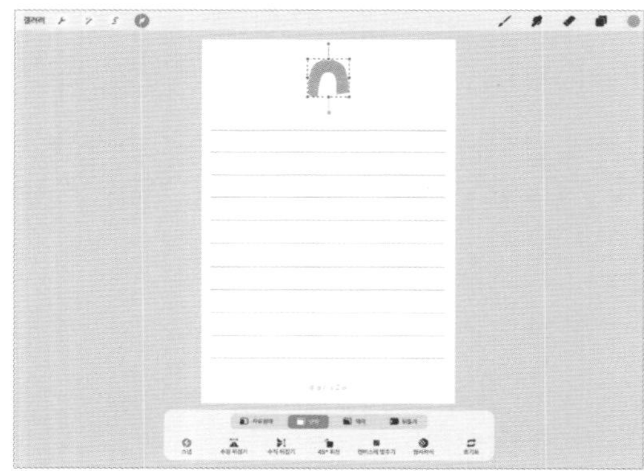

[변형] 툴로 레이어 위치와 크기를 조정하고 엽서 뒷장 디자인을 완료한 후, **인쇄용 PDF 파일로 저장**해 주세요. (인쇄용 PDF 파일 저장 352쪽)

TIP 아이클라우드에 엽서 앞장과 뒷장 PDF 파일을 각각 따로 저장해 주세요.

❼ 엽서 주문하기

1. 제작할 제품 종류와 제작 사양 선택하기

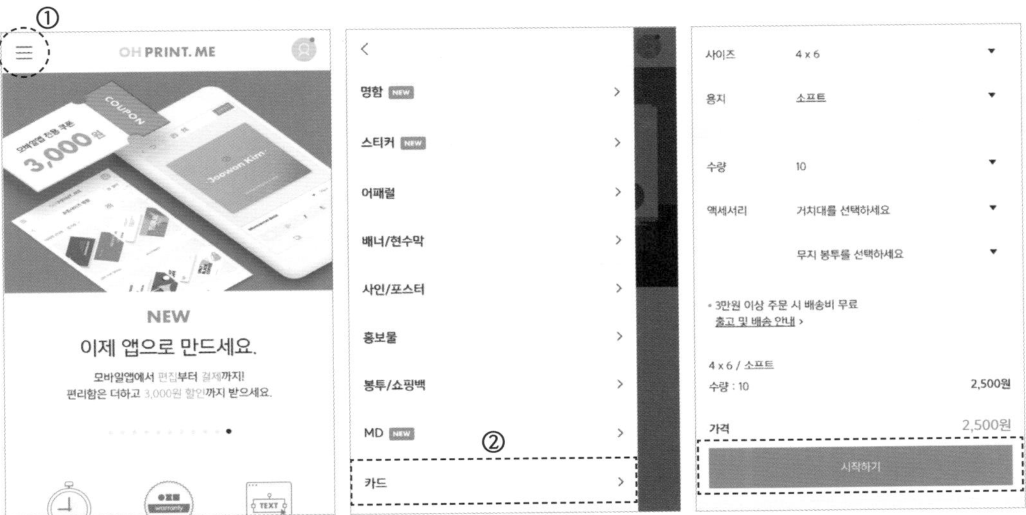

'오프린트미' 사이트(www.ohprint.me) ①**메뉴**에서 **[②카드 → '플랫']**을 선택한 후, 제작할 엽서 **사이즈(4×6)와 용지 종류, 제작 수량**을 설정하고 **[시작하기] 버튼**을 눌러주세요.

2. 양면 엽서 디자인 업로드하고 주문하기

'내 디자인 업로드'에서 가로, 세로 방향을 선택해 주세요.

중앙에 **[PDF]** 아이콘을 누르면 나타나는 옵션에서 **'파일 선택'**을 눌러 아이클라우드에 저장해 놓은 엽서 앞장과 뒷장 PDF 파일을 각각 표지와 내지에 불러와 최종 디자인을 확인한 후, 오른쪽 상단 **[③저장하기] 버튼**을 눌러 디자인을 저장하고 주문을 완료해 주세요.

TIP 인쇄 PDF 파일이 작업 영역 사이즈와 동일하지 않을 경우에는 파일이 열리지 않으니 유의하세요.

스티커 만들기

굿즈의 대표 상품 중 하나인 스티커는 사용 목적, 형태 등 다양한 아이디어를 적용해 제작할 수 있다는 점에서 매력적입니다.

❶ 스티커의 종류

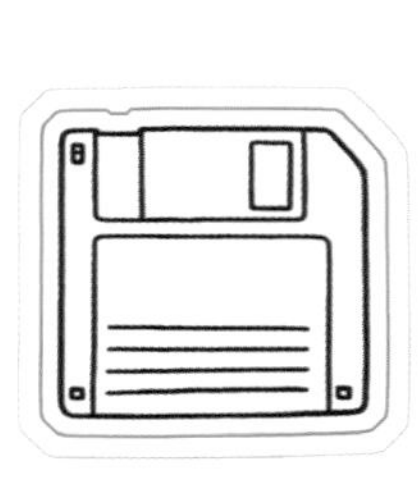

- **낱장 스티커 :** 스티커 모양으로 낱장으로 커팅한 스티커입니다.
- **DIY 칼선 스티커 :** 모양, 사이즈 등 자유롭게 스티커를 배치해 떼어쓸 수 있도록 칼선을 넣은 스티커입니다.
- **모양별 스티커 :** 제작 업체에서 제공하는 원형, 사각형 등 모양별 가이드에 맞게 디자인해 제작하는 스티커입니다.

❷ 스티커 용지

- **일반 스티커 :** 유포지, 크라프트, 홀로그램 등 사용 목적에 맞는 스티커 용지를 골라 제작할 수 있습니다.
- **리무버블 스티커 :** 떼었다 붙였다 할 수 있는 스티커입니다.
- **투명 스티커 :** 투명한 용지에 인쇄한 스티커입니다. 이미지 부분을 투명하게 하지 않으려면 백색 바탕 레이어를 추가 제작해야 해요.

TIP 스티커는 코팅 옵션에서 무광, 유광 중 하나를 선택해 제작할 수 있습니다.

❸ DIY 칼선 스티커 만들기

1. 제작 가이드 사이즈 확인하고 새로운 캔버스 만들기

'오프린트미'에서 안내하는 A6 사이즈 스티커의 작업 영역은 109×152㎜이며, 안전 영역은 105×148㎜입니다. 주요 정보는 안전 영역 안쪽에 작업해야 해요.

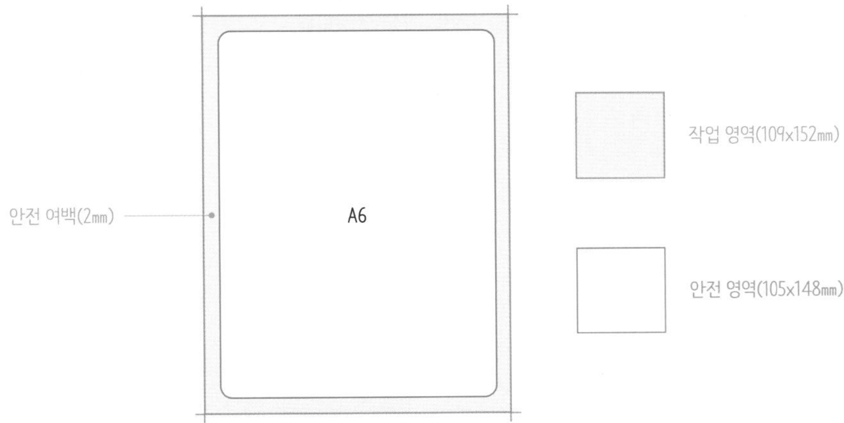

TIP **'오프린트미' DIY 스티커는 재단 개념이 없어 재단 영역이 없지만, 제작 업체에 따라 재단 영역이 있어 여백 설정이 필요한 경우도 있으니 작업 전 업체별 제작 가이드를 꼭 확인해 주세요.**

사용자 지정 캔버스에서 크기 109×152㎜, 해상도 300DPI로 설정한 후, **[색상 프로필 → CMYK]**에서 **'Generic CMYK Profile'**을 선택하고 오른쪽 상단 **[창작] 버튼**을 눌러 스티커를 디자인할 새로운 캔버스를 만들어 주세요. (새로운 캔버스 만들기 27쪽)

2. 다른 파일에서 저장한 이미지 소스로 스티커 디자인 하기

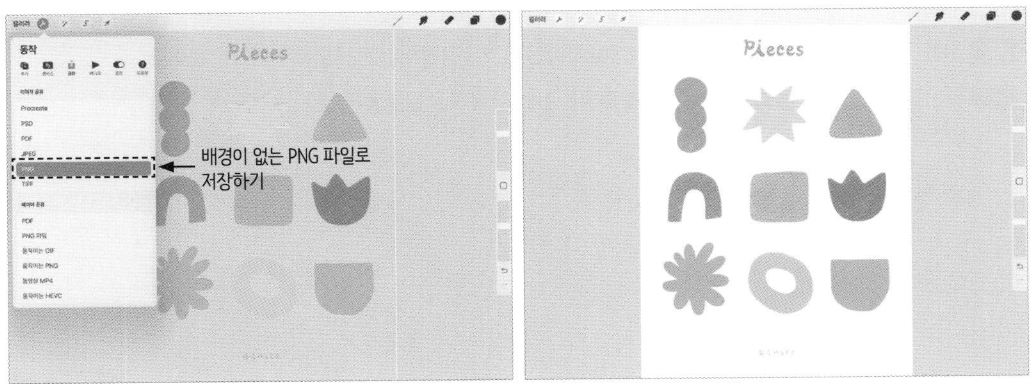

앞서 작업했던 'CHAPTER 2-1' 조각 수집 일러스트 파일(118쪽)에서 '배경 색상' 레이어를 체크 해제해 잠시 가린 후, **배경이 없는 PNG 파일로 '사진' 앱에 저장**합니다(일러스트 소스 저장 226쪽). '1번'에서 만든 스티커 작업 파일로 돌아와 **[동작 → 추가 → 사진 삽입하기]**에서 저장한 일러스트 소스를 불러와 디자인해 주세요.

TIP CHAPTER 2-1 조각 수집처럼 스티커 작업 사이즈에 맞게 작업한 디자인을 바로 사용하거나, 그려두었던 일러스트를 소스를 각각 배경이 없는 PNG 파일로 저장하고 하나씩 불러와 위치와 크기를 설정해 디자인하는 방법도 있어요.

3. 레이어 정리하고 인쇄용 PDF 파일로 저장하기

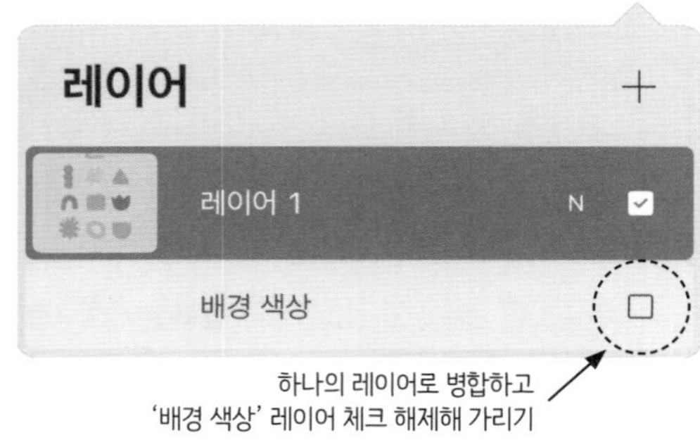

하나의 레이어로 병합하고 '배경 색상' 레이어 체크 해제해 가리기

디자인이 완료된 후, 불필요한 레이어는 삭제하고 하나의 레이어로 병합해 정리해 주세요. 칼선 제작을 위해 '배경 색상' 레이어는 체크 해제해 가립니다. **[동작 → 공유 → 레이어 공유 'PDF']**를 차례대로 선택하면 나타나는 **'PDF 품질 선택'에서 [최상]을 선택**하고 **'파일에 저장'**을 눌러 아이클라우드에 인쇄용 PDF 파일을 저장해 주세요.

TIP 최종 업로드 파일에는 인쇄할 이미지 레이어 하나만 남기고 정리해야 인쇄 오류가 생기지 않아요.

TIP 레이어를 병합하기 전, 갤러리에서 작업 파일을 **하나 더 복제해 원본을 유지**해 주세요.

❹ 칼선 스티커 주문하기

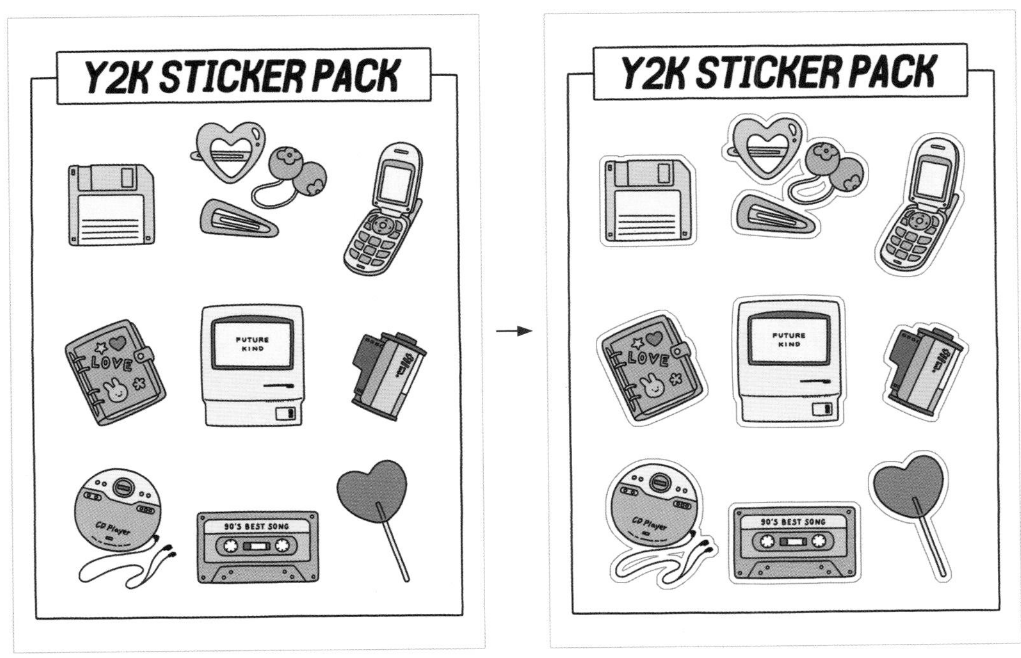

커팅이 필요한 스티커는 **칼선 레이어** 작업이 필요합니다. 칼선 제작을 위해서는 제작 업체에서 안내하는 칼선 색상과 간격, 두께를 준수하여 어도비 포토샵Adobe Photoshop 또는 어도비 일러스트레이터Adobe Illustrator에서 **'벡터' 방식의 패스 선을 추가로 작업**해야 합니다. 하지만 '오프린트미'에서 제공하는 자동 칼선 기능을 사용하면 복잡하고 어려운 칼선 제작 과정을 생략하고 칼선 스티커를 만들 수 있습니다.

1. 제작할 제품 종류와 제작 사양 선택하기

'오프린트미' 사이트(www.ohprint.me) ①**메뉴**에서 [②**스티커 → 'DIY'**]를 선택하고 제작할 **스티커 사이즈(A6)와 용지 종류, 칼선 유무, 코팅, 제작 수량**을 설정하고 **[시작하기] 버튼**을 눌러주세요.

2. 칼선 스티커 디자인 업로드

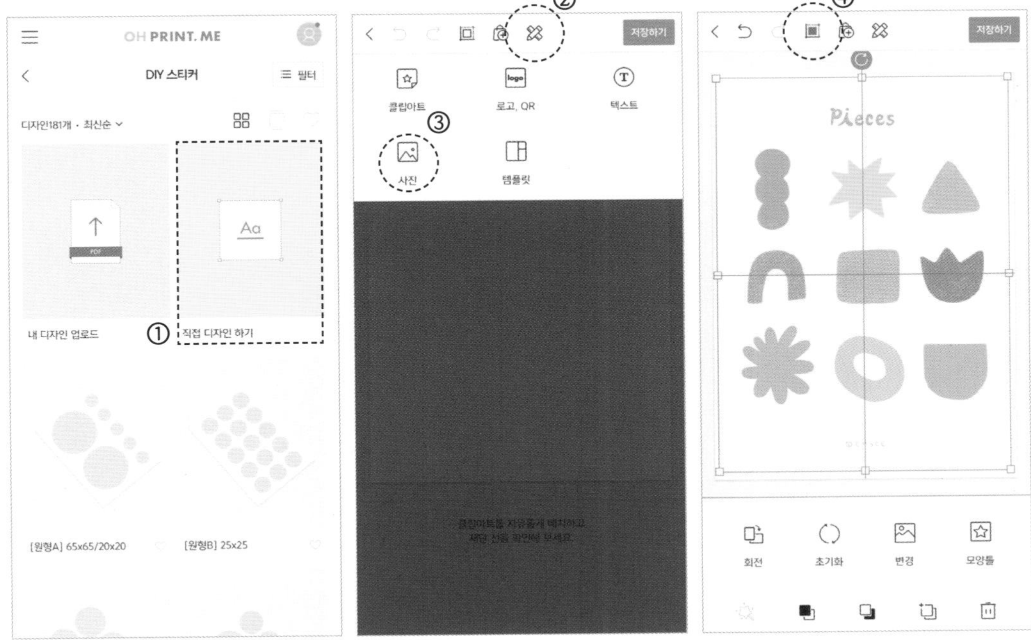

칼선을 자동으로 만들 수 있는 '**①직접 디자인하기**'를 선택합니다. 상단의 [**②편집**] 아이콘을 누르면 나타나는 메뉴에서 [**③사진→파일 선택**]을 선택하고 아이클라우드에 저장해 놓은 **배경이 없는 PDF 파일**을 불러오면 자동으로 스티커 칼선이 만들어져요.

✚ 배경이 있는 이미지는 자동 칼선이 만들어지지 않아요.

이미지 모서리의 포인트를 움직여 스티커 크기와 위치를 조정하고 최종 디자인을 확인해 주세요.

TIP 상단 [**④스마트 가이드**] 아이콘을 누르면 스냅 기능이 활성화되어 자동으로 정렬을 맞출 수 있습니다.

3. 칼선 스티커 주문하기

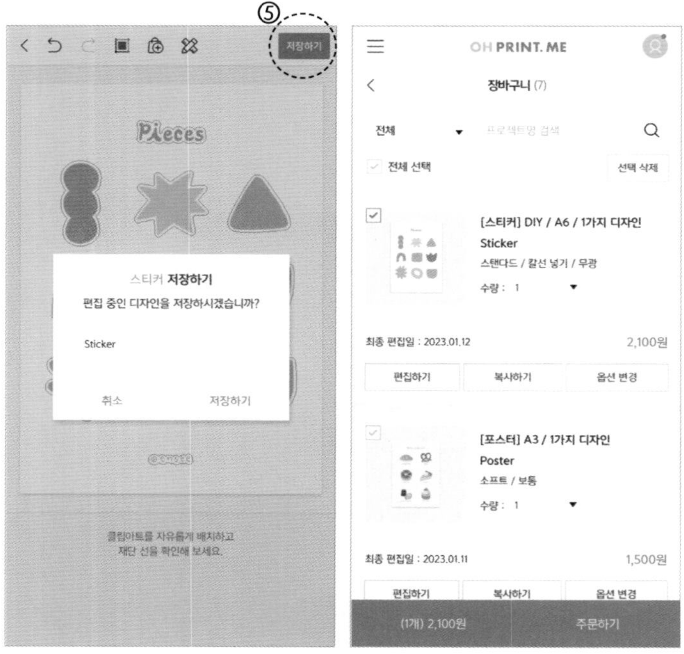

오른쪽 상단 [⑤**저장하기] 버튼**을 눌러 디자인을 저장하고 장바구니에 담아주세요. 최종 디자인과 제작 유의 사항을 한 번 더 꼼꼼하게 확인하고 주문을 완료합니다.

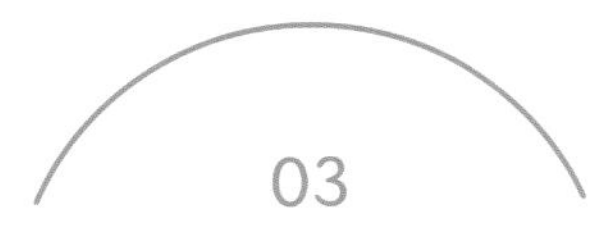

굿노트 스티커 만들기

'굿노트 GoodNotes'는 프로크리에이트와 같이 아이패드 필수 설치 앱 중 하나이지요. PDF로 된 책을 읽고 필기를 하거나 나에게 맞는 템플릿을 사용해 다양한 방식으로 기록할 수 있어요. 다이어리 같은 굿노트 템플릿에 대한 수요가 높아지니 굿노트를 꾸밀 수 있는 템플릿이나 스티커 같은 **디지털 콘텐츠**를 제작해 판매하는 경우도 많아졌어요. 굿노트 다이어리를 꾸미기에 좋은 스티커를 함께 만들고 사용해 보아요.

❶ 굿노트 스티커 만들기

굿노트 스티커는 인쇄가 아니라 따로 정해진 판형은 없지만, 실제 스티커로 제작할 수도 있으니 A6 스티커 판형으로 만들어 보겠습니다.

1. 새로운 캔버스 만들기

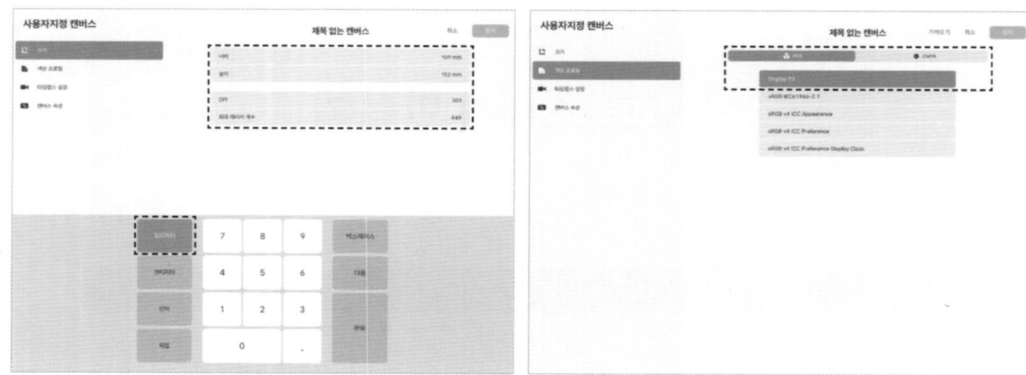

사용자 지정 캔버스에서 A6 스티커 사이즈인 크기 109×152㎜, 해상도 300DPI로 설정한 후, **[색상 프로필 → RGB]**에서 **'Display P3'**를 선택하고 오른쪽 상단 **[창작] 버튼**을 눌러 굿노트 스티커를 디자인할 새로운 캔버스를 만들어 주세요. (새로운 캔버스 만들기 27쪽)

2. 일러스트 소스 활용해 스티커 디자인하기

앞서 작업했던 'CHAPTER 2-1 조각 수집' 일러스트 파일(118쪽)에서 굿노트 스티커로 만들 일러스트 레이어를 불러옵니다. 모두 오른쪽으로 스와이프해 **동시 선택**하고 **꾹 누른 상태에서 다른 손으로 [갤러리 → '1번'에서 만든 스티커 파일 → 레이어 창]을 차례대로 선택**해 끌어온 레이어를 놓아주세요. (다른 파일로 레이어 이동하기 357쪽)

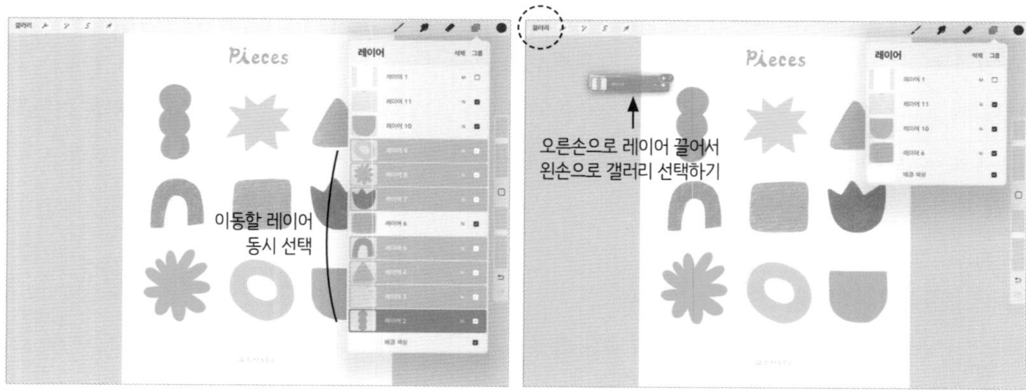

레이어 창 안에 끌어온 레이어를 놓으면 원래 있던 위치에 레이어가 복사됩니다. **[변형] 툴**을 사용해 크기와 위치를 설정해 주세요.

3. 마스킹 테이프와 투명 스티커 만들기

새로운 레이어를 추가하고 **[ENSEE Pen]** 브러시(불투명도 100%)로 끝이 지그재그 모양인 직사각형 형태의 마스킹 테이프를 그리고 채색해 주세요. **마스킹 테이프 레이어에 [알파 채널 잠금]을 설정**하고 스트라이프 무늬를 추가로 그려 장식합니다.

새로운 레이어를 추가하고 **퀵 셰이프**를 사용해 동그라미를 그려주세요. **동그라미 레이어 불투명도를 60%로 조절**하면 굿노트에서 투명 스티커로 사용할 수 있어요.

같은 방법으로 다양한 형태, 무늬의 마스킹 테이프, 도형 스티커를 추가로 그린 후, 스티커 프레임을 꾸며 스티커 세트를 디자인합니다. (스티커 프레임 만들기 134쪽)

'배경 색상' 레이어를 체크 해제해 잠시 가린 후, **배경이 없는 PNG 파일로 '사진' 앱에 저장**해 주세요.
(일러스트 소스 저장 226쪽)

❷ 굿노트 스티커 사용하기

'굿노트' 앱에서 **[신규 → 노트북]**을 선택한 후, 표지와 종이를 설정하고 **[생성] 버튼**을 눌러 새로운 노트를 만들어 주세요.

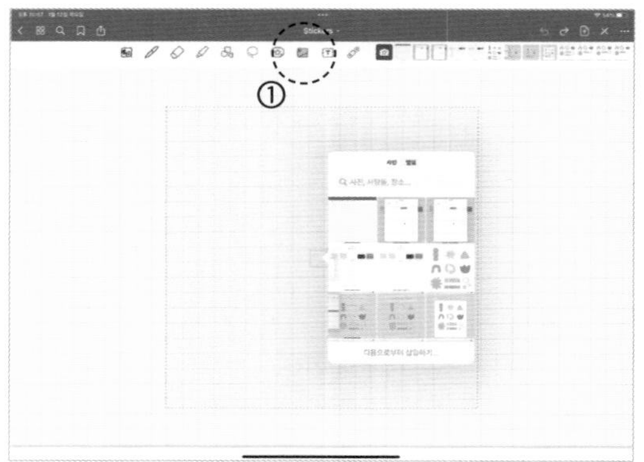

상단 [①사진]을 누르면 나타나는 **'사진' 앱**에서 저장해 두었던 굿노트 스티커 이미지를 불러온 후, 이미지를 한 번 더 터치하면 나타나는 옵션에서 **'②자르기'**를 선택합니다.

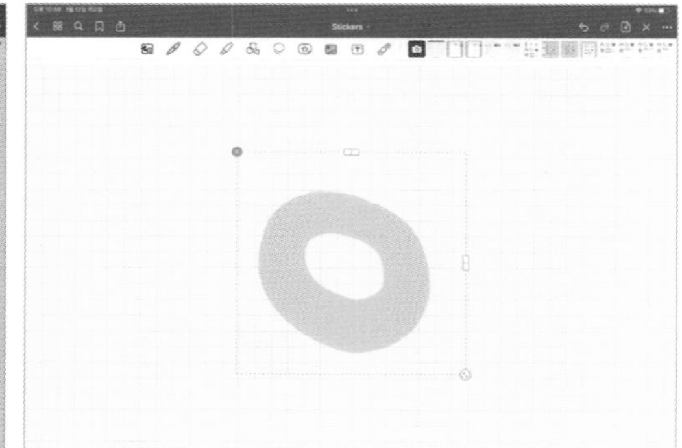

'자르기'에서 **'Rectangle(사각형 선택)'** 또는 **'Freehand(자유형 선택)'**로 사용할 스티커 부분을 선택한 후, 오른쪽 상단의 **[완료] 버튼**을 누르면 잘린 스티커 하나만 보이게 됩니다. 각 포인트를 움직여 크기와 위치를 조정해 주세요.

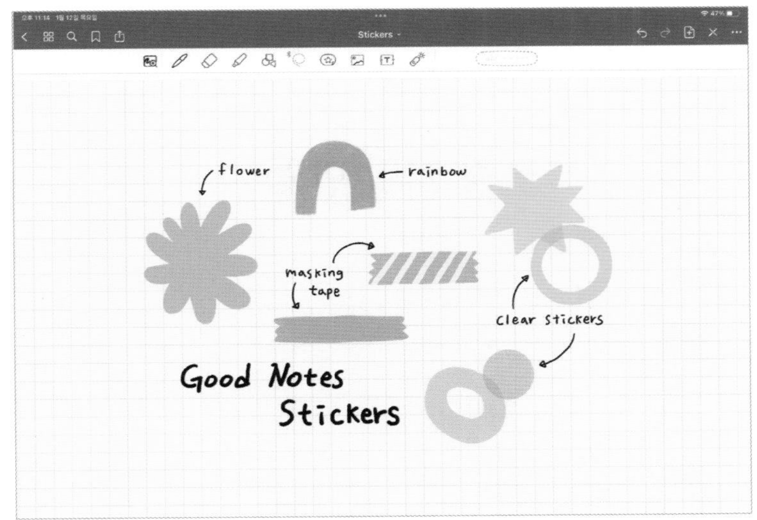

같은 방법으로 스티커를 불러와 크기와 위치를 조정하고 주변에 글씨를 써서 굿노트를 예쁘게 꾸며 보아요.

아크릴 키링 만들기

그려두었던 그림을 활용해 작고 귀여운 아크릴 키링을 만들어 보아요.

❶ 굿즈 제작을 위한 PNG 파일로 저장하기

그려두었던 'CHAPTER 5-3 프레첼' 일러스트를 아크릴 키링으로 만들기 위해 **배경이 없는 PNG 파일로 '사진' 앱에 저장**해 주세요. (일러스트 소스 저장 226쪽)

❷ 아크릴 키링 주문하기

'오프린트미' 사이트(www.ohprint.me) ①**메뉴**에서 [②**MD → '아크릴 키링'**]을 선택한 후, **형태는 자율형, 사이즈는 10~100㎜ 사이로 입력하고 아크릴 종류와 고리, 고리 색상, 제작 수량**을 설정하고 **[시작하기] 버튼**을 눌러주세요.

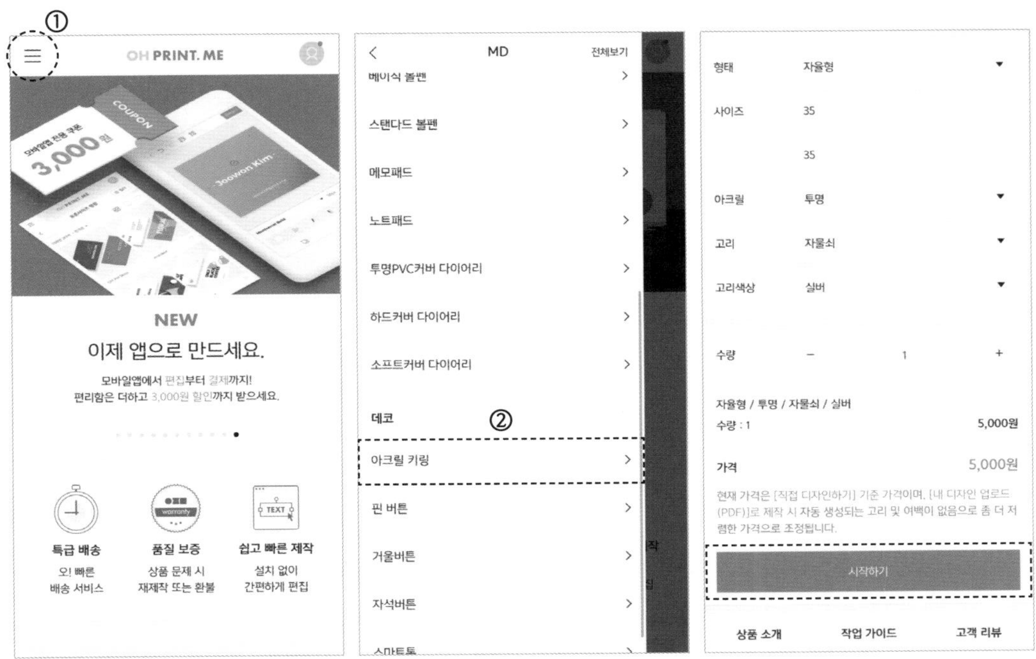

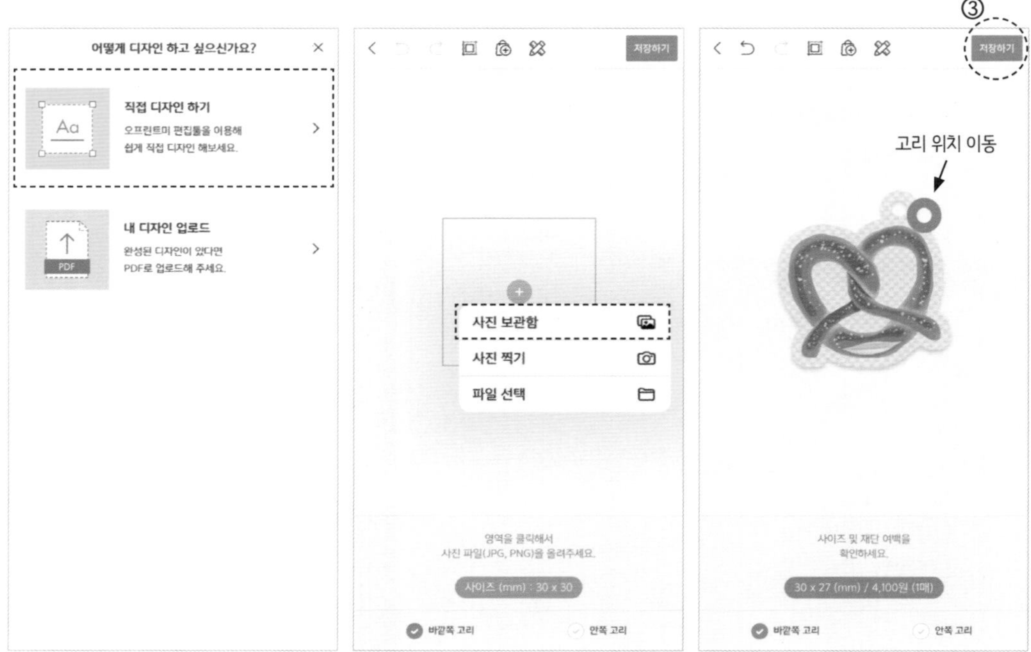

아크릴 키링 모양을 자동으로 재단해 주는 **'직접 디자인 하기'**를 선택합니다. 가운데 **플러스 [+] 버튼**을 누르면 나타나는 메뉴에서 **[사진 보관함]**을 선택하고 '사진' 앱에 저장해 두었던 **배경이 없는 PNG 파일**을 불러오면 자동으로 아크릴 키링이 만들어져요.

✚ 배경이 있는 이미지는 일러스트 모양대로 자동 재단되지 않으니 유의하세요.

'바깥쪽 고리'와 '안쪽 고리' 중 하나를 선택하고 고리를 원하는 위치로 이동한 후, 오른쪽 상단 **[③저장하기] 버튼**을 눌러 디자인을 저장하고 주문을 완료해 주세요.

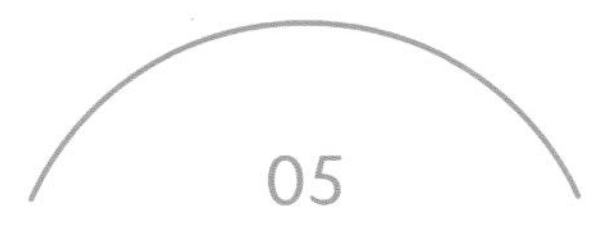

자글자글 움직이는 이모티콘 만들기

애니메이션 어시스트 기능을 사용하면 간단하게 **움직이는 이모티콘 부터 모션 그래픽까지 도전**할 수 있어요. "안녕"하고 손을 흔드는 귀여운 토끼 이모티콘을 만들며 애니메이션 어시스트에 대해 알아보아요.

❶ 자글자글 브러시 커스텀 하기

[서예 '모노라인'] 브러시를 사용하면 깔끔한 선 느낌의 일반적인 캐릭터를 그릴 수 있지만 조금 더 재미있는 선 느낌을 위해 모노라인 브러시를 자글자글하게 선이 그려지는 브러시로 커스텀해 보아요.

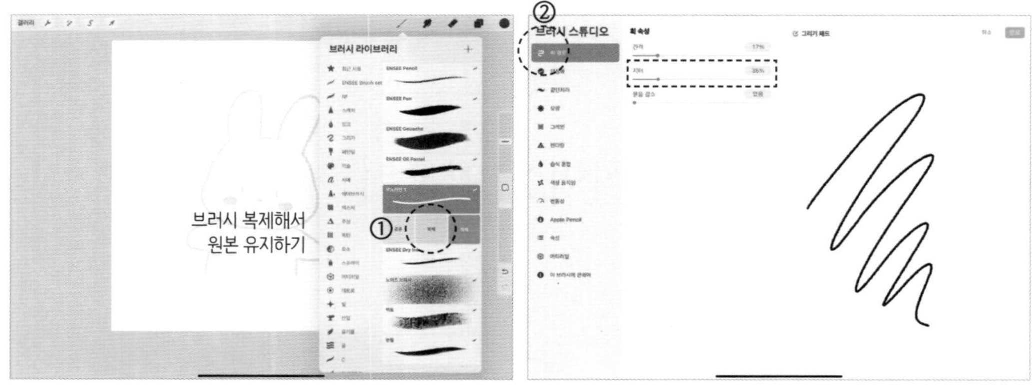

[서예 '모노라인'] 브러시를 왼쪽으로 스와이프하고 [①**복제**]해서 원본을 유지해 주세요.

복제한 모노라인 브러시를 선택한 후, 한 번 더 터치하면 나타나면 **'브러시 스튜디오'** [②**획경로**]에서 **'지터' 값을 35%로 설정**한 후 오른쪽 상단 **[완료] 버튼**을 눌러 브러시 커스텀을 완료합니다.

깔끔한 선이 특징인 모노라인 브러시가 자글자글한 선이 그려지는 브러시로 커스텀 되었어요.

❷ 기본형 캐릭터 만들기

1. 이모티콘 작업 캔버스 만들기

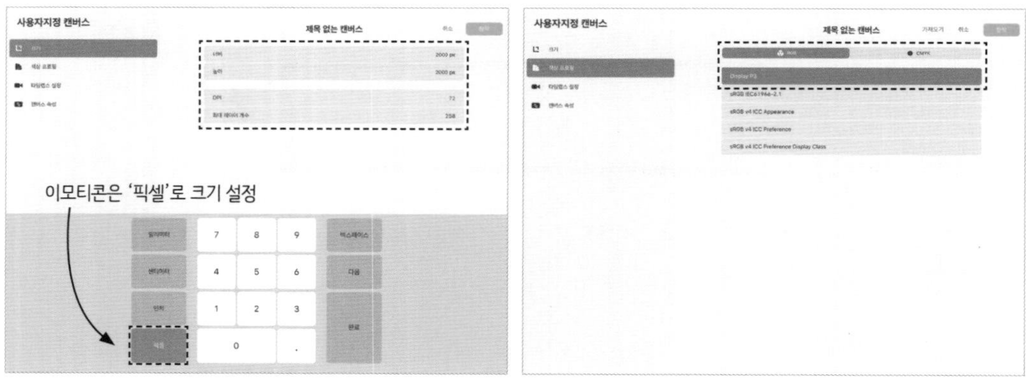

카카오 이모티콘 권장 사이즈는 360×360px(픽셀)로 너무 **작은 크기**에요. 원본은 되도록 크게 작업하는 것이 다른 곳에 활용하기에도 좋으니 **사용자 지정 캔버스**에서 크기 2000×2000px(픽셀), 해상도 72DPI로 설정합니다. 웹에서 사용할 파일이므로 **[색상 프로필 → RGB]**에서 **'Display P3'**를 선택하고 오른쪽 상단 **[창작]** 버튼을 눌러 새로운 캔버스를 만들어 주세요. (새로운 캔버스 만들기 27쪽)

2. 기본형 캐릭터 그리기

빈 **레이어 1**에 **스케치 파일**(c7_5_sketch)을 불러와 혼합 모드를 **곱하기**로 변경하고 레이어 불투명도를 10~20%로 조절해 주세요.

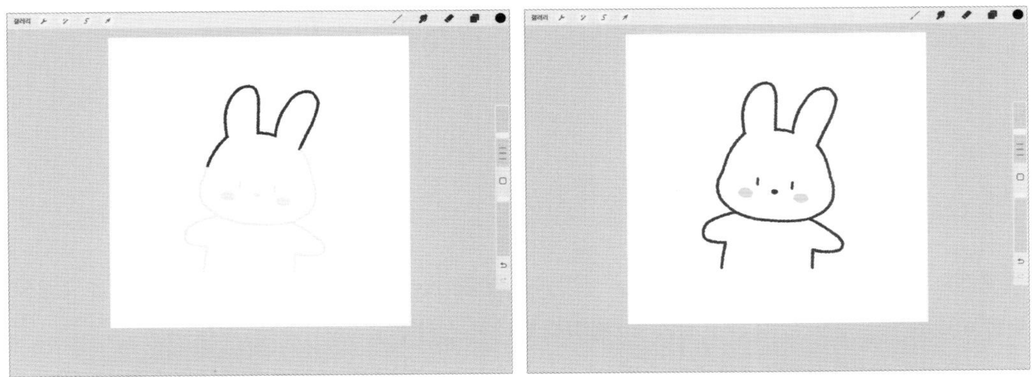

스케치 **레이어 1** 아래로 새로운 **레이어 2**를 추가하고 앞서 커스텀한 **[자글자글 '모노라인']** 브러시(크기 24%, 불투명도 100%)로 스케치 선을 따라 토끼 머리와 몸, 눈, 코를 그려주세요.(● #444444)

분홍색(● #f3c6c6)으로 볼을 채색해 기본형 캐릭터를 완성하고 스케치 **레이어 1**은 삭제해 주세요.

❸ 움직이는 이모티콘 만들기

1. 움직이는 이모티콘 연속 동작 그리기

[①동작 → 캔버스]에서 **'애니메이션 어시스트'**를 **활성화**해 주세요. (애니메이션 어시스트 핸드북 6쪽)

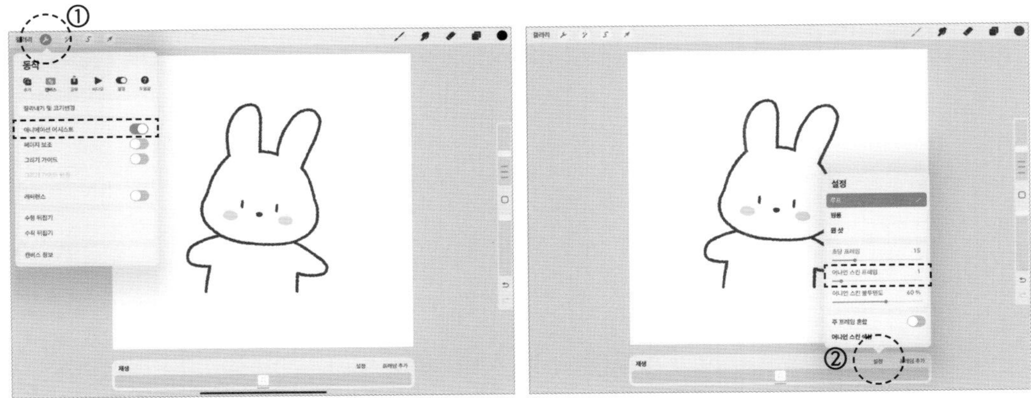

애니메이션 어시스트 **[②설정]**에서 **[어니언 스킨 프레임]**을 **'1'로 설정**하면 앞뒤 프레임을 하나씩만 보면서 연속 동작을 그릴 수 있어요.

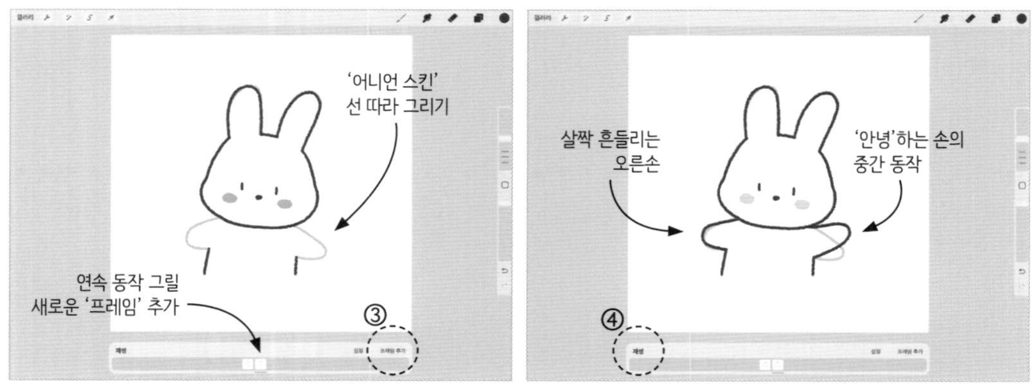

[③**프레임 추가**]를 눌러 연속 동작을 그릴 새로운 **프레임2**(레이어)를 추가한 후, 움직이지 않을 부분인 토끼 머리와 몸통, 눈, 코, 볼을 **프레임 1의 빨간색 어니언 스킨 선**을 따라 먼저 그려주세요.

✚ 프레임 1개는 레이어 창의 레이어 하나, 그룹 하나와 같아요. 프레임을 추가하면 레이어 창에 레이어도 추가되고, 레이어를 삭제하면 해당 프레임도 함께 삭제됩니다.

TIP 이전 동작에서 움직임 변화가 없는 부분도 선을 따라 다시 그리면 움직이는 선 느낌의 이모티콘을 만들 수 있어요.

오른손은 살짝 흔들리는 느낌으로 움직이도록 **프레임 1**(1번째 동작)보다 조금 위에 선을 그리고, '안녕' 하고 움직이는 왼손은 '안녕'의 중간 동작인 중앙까지 올라온 위치에 그려주세요.

TIP 작업 중간에 [**④ 재생**]을 눌러 움직일 때 어색한 부분이 없는지 수시로 확인하며 그립니다.

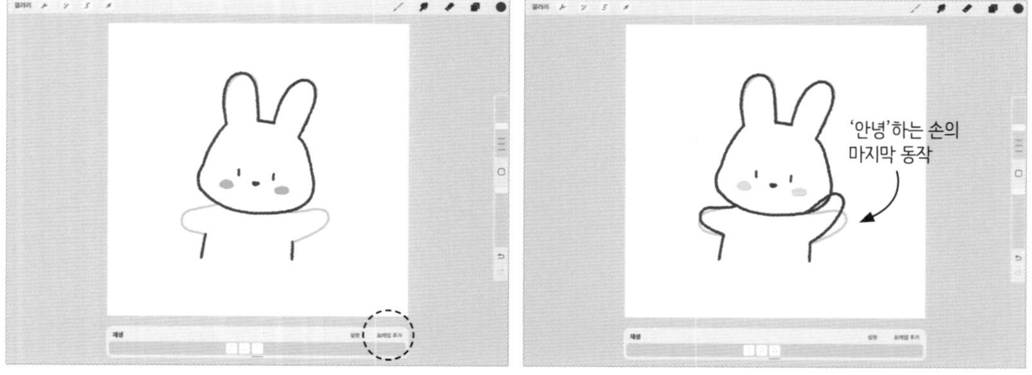

[**프레임 추가**]를 눌러 새로운 **프레임 3**(레이어)을 추가한 후, 움직이지 않을 부분인 토끼 머리와 몸통, 눈, 코, 볼을 **프레임 2의 빨간색 어니언 스킨 선**을 따라 먼저 그립니다. 오른손은 살짝 흔들리는 느낌으

로 **프레임 2**(2번째 동작)보다 조금 위에 선을 그리고 '안녕' 하고 움직이는 왼손은 '안녕'의 마지막 동작인 토끼 머리 옆까지 올라온 위치에 그려주세요.

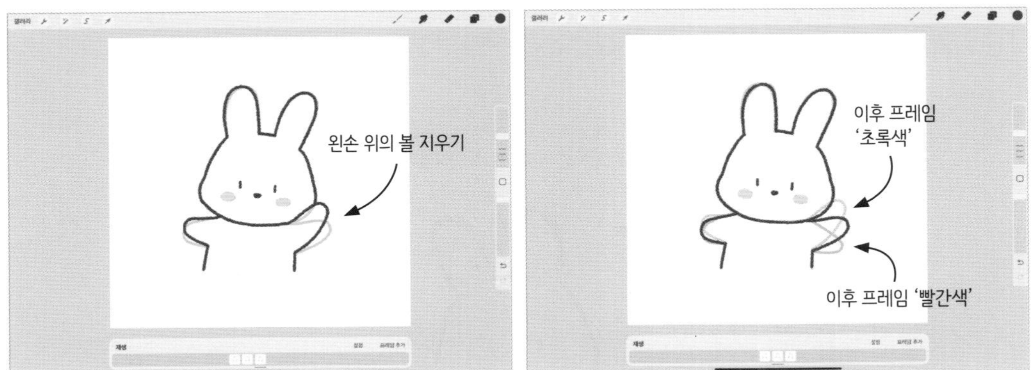

왼손으로 넘어간 토끼 볼 부분은 같은 브러시의 지우개를 사용해 지워주세요.

✚ 어니언 스킨은 이전 프레임이 빨간 색, 이후 프레임이 초록색으로 표시됩니다.

TIP 간단히 3개의 동작으로 그렸지만 중간 연속 동작이 많을수록 부드럽게 움직입니다.

2. 애니메이션 속도 설정하기

[설정]에서 **'초당 프레임'**을 조절하면 애니메이션의 속도를 조절할 수 있어요. 초당 프레임을 '8'로 설정해 주세요.

TIP '초당 프레임' 숫자가 높을수록 빠르게, 낮을수록 느리게 움직여요.

3. 그룹 프레임으로 채색하기

애니메이션 어시스트에서 **레이어 1개는 프레임 1개**로 인식하기 때문에 **레이어를 나눠 채색할 때는 그룹으로 묶어서 작업**해 주세요. 여러 개의 레이어를 그룹화하면 프레임 1개로 인식합니다. 그룹 프레임으로 레이어를 나눠 토끼 이모티콘을 채색해 보아요.

애니메이션 어시스트가 활성화되어 있으면 채색을 위해 레이어를 추가할 때마다 1개의 프레임으로 인식해 헷갈릴 수 있기 때문에 **[동작 → 캔버스]에서 '애니메이션 어시스트'를 해제**해주세요

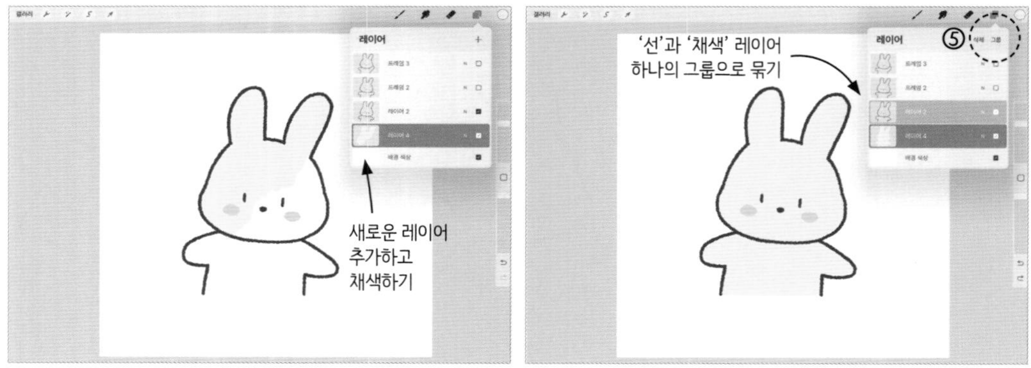

첫 번째 토끼 레이어 아래로 새로운 레이어를 추가하고 **[ENSEE Pen]** 브러시(불투명도 100%)로 토끼 안쪽을 채색한 후(#fcf2d8), 토끼 **'선'과 '채색' 레이어를 동시 선택해 [⑤그룹]**으로 묶어주세요. (레이어 그룹 53쪽)

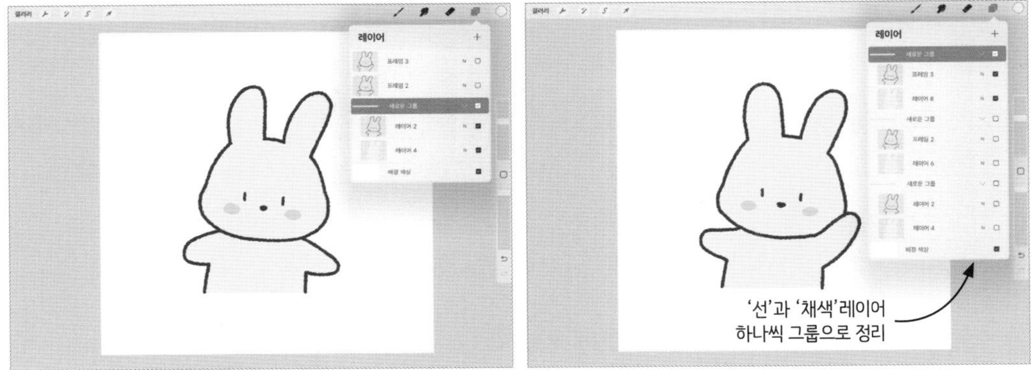

같은 방법으로 각 토끼 '선' 레이어 아래에 새로운 레이어를 추가하며 채색하고 '선' 레이어와 '채색' 레이어를 하나씩 묶어서 그룹으로 정리합니다.

모든 레이어가 보이도록 체크 박스를 체크한 후, 다시 **[동작 → 캔버스]에서 '애니메이션 어시스트'를 활성화**하면 레이어를 여러 개로 나눠 작업했지만 **그룹 1개가 하나의 프레임으로 인식**되어 애니메이션이 재생되는 것을 확인할 수 있어요.

TIP 레이어를 나눠 애니메이션을 작업할 때 이 방법을 사용해 주세요.

4. 애니메이션 배경, 전경 설정하기

[프레임 옵션] 설정으로 애니메이션에서 항상 뒤에 있는 요소와 항상 앞에 있는 요소를 추가해 보아요.

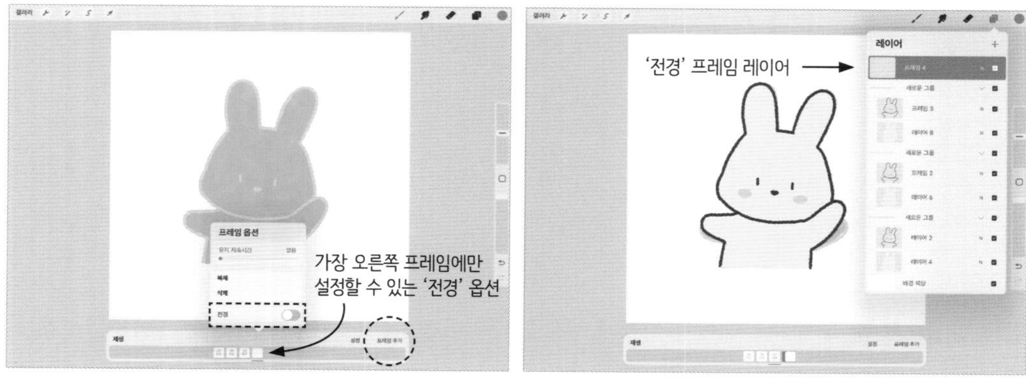

[프레임 추가]를 눌러 전경 요소를 그릴 새로운 **프레임 4**(레이어)를 추가한 후, 프레임을 한번 더 터치하면 나타나는 **'프레임 옵션'에서 [전경]을 체크**해 주세요.

TIP '전경' 옵션은 가장 오른쪽 프레임에만 설정할 수 있어요. '전경' 프레임은 레이어 창의 가장 상단에 위치한 레이어와 같습니다.

'전경' 프레임(레이어)에 항상 앞에 보일 요소인 초록색 덤불을 그리고 채색해 주세요. (● #79a078)

덤블 프레임에 '전경' 옵션을 설정했기 때문에 **재생**을 누르면 토끼 프레임이 하나씩 보이며 움직이는 동안 **항상 앞에 보이는 요소**가 됩니다.

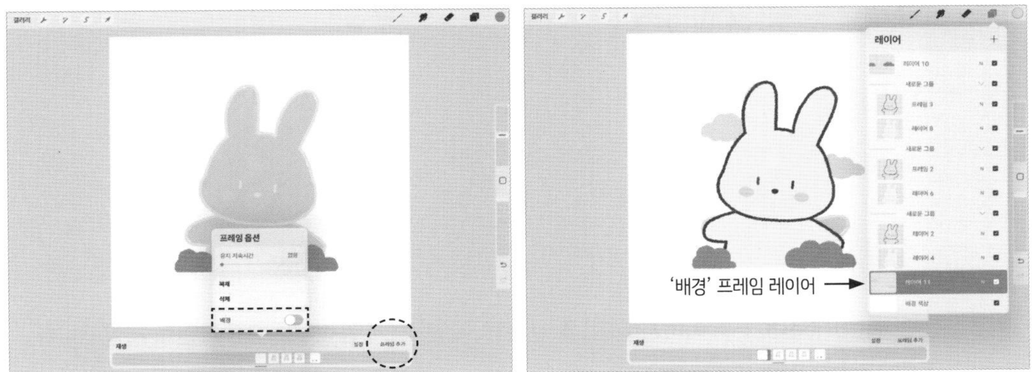

같은 방법으로 새로운 프레임을 추가하고 **끌어서 프레임 가장 왼쪽으로 이동**한 후, **프레임 옵션에서 [배경]을 체크**하면 배경 프레임에 그린 요소는 항상 뒤에 보입니다.

TIP 배경에 색을 채우거나 구름 같은 배경 요소를 그릴 때 사용해요.

❹ 움직이는 이모티콘 저장하기

애니메이션 작업이 완료된 후, [**①동작 → 공유**]에서 **'레이어 공유'의 '움직이는 GIF'**를 선택해 주세요.

'최대 해상도'로 [②**내보내기 → 이미지 저장**]을 선택해 '사진' 앱에 **움직이는 GIF 파일로 저장**합니다.

TIP

그림 크기 조정하기

2000×2000px(픽셀)로 작업한 이모티콘을 카카오 이모티콘 권장 사이즈인 360×360px(픽셀)로 저장하기 위해서 원본 파일을 복제해 원본을 유지합니다. 복제한 파일 [①**동작 → 캔버스 → 잘라내기 및 크기변경**]에서 ②**캔버스 리샘플**을 체크하고 **사이즈를 360×360px로 변경한 후 저장**해 주세요.

+ '캔버스 리샘플'은 '캔버스'를 잘라내는 것이 아닌 **이미지 크기 변경**입니다.

최신 프로크리에이트 핸드북 PDF를 다운로드하세요.

프로크리에이트 기능 찾아보기

* 핸드북은 'H'로 표기합니다.

나만 알고 싶은
아이패드 드로잉의 모든 것

제1판 1쇄 인쇄 2023년 8월 1일
제1판 1쇄 발행 2023년 8월 8일

지은이 최미경
펴낸이 나영광
펴낸곳 크레타
출판등록 제2020-000064호
책임편집 정고은
편집 김영미
기획 정상은
디자인 강수진

주소 서울시 서대문구 홍제천로6길 32 2층
전자우편 creta0521@naver.com
전화 02-338-1849
팩스 02-6280-1849
포스트 post.naver.com/creta0521
인스타그램 @creta0521
ISBN 979-11-92742-12-0 03000

책값은 뒤표지에 있습니다.
잘못 만들어진 책은 구입하신 서점에서 바꿔드립니다.